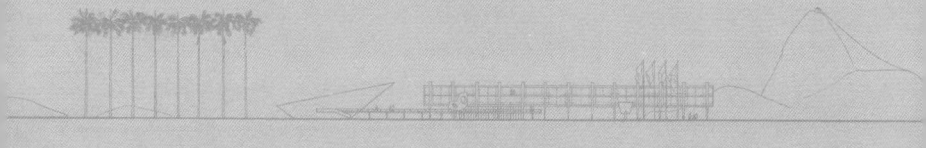

CONSTRUINDO A MEMÓRIA DO FUTURO

SABRINA MARQUES PARRACHO SANT'ANNA

Construindo a memória do futuro
uma análise da fundação do
Museu de Arte Moderna do Rio de Janeiro

FGV
EDITORA

Copyright © 2011 Sabrina Marques Parracho Sant'Anna

Direitos desta edição reservados à
Editora FGV
Rua Jornalista Orlando Dantas, 37
22231-010 | Rio de Janeiro, RJ | Brasil
Tels.: 0800-021-7777 | 21-3799-4427
Fax: 21-3799-4430
editora@fgv.br | pedidoseditora@fgv.br
www.fgv.br/editora

Impresso no Brasil | Printed in Brazil

Todos os direitos reservados. A reprodução não autorizada desta publicação, no todo ou em parte, constitui violação do copyright (Lei nº 9.610/98).

Os conceitos emitidos neste livro são de inteira responsabilidade do(s) autor(es).

1ª edição – 2011

PREPARAÇÃO DE ORIGINAIS
Sandra Frank

REVISÃO
Elisa Rosa e Fatima Caroni

PROJETO GRÁFICO DE MIOLO E CAPA
Letra e Imagem

IMAGEM DA CAPA
MAM-RJ, desenho de fachada principal, corte e vista geral.
AFO 1944. Acervo Fundação Castro Maya

FICHA CATALOGRÁFICA ELABORADA PELA BIBLIOTECA MARIO HENRIQUE SIMONSEN/FGV

Sant'anna, Sabrina Marques Parracho.
  Construindo a memória do futuro : uma análise da fundação do Museu de Arte Moderna do Rio de Janeiro / Sabrina Marques Parracho Sant'anna. — Rio de Janeiro : Editora FGV, 2011.
264 p.

  Inclui bibliografia.
  ISBN: 978-85-225-0930-0

  1. Museu de Arte Moderna do Rio de Janeiro — História 2. Arte moderna — Séc. XX. I. Fundação Getulio Vargas. II. Título.

CDD — 069.0981

Para meus pais.

"Todos estavam imbuídos de espírito pioneiro, todos olhavam fixamente para a condição presente das artes com nojo e aversão, todos eram críticos a propósito do papel atualmente atribuído às artes na sociedade, todos zombavam do passado e ridicularizavam os cânones que este acalentava, todos teorizavam a respeito de seus próprios recursos, atribuindo um sentido histórico mais profundo a suas realizações artísticas; todos seguiram o modelo dos movimentos revolucionários, preferiram agir coletivamente, criaram e coordenaram irmandades semelhantes a seitas, discutiram ardentemente programas comuns e escreveram manifestos; todos olharam para além do reino das artes propriamente dito, encarando as artes e os artistas como tropas avançadas do exército do progresso, precursoras coletivas dos tempos ainda por vir, esquemas preliminares do modelo universal de amanhã e, às vezes, um aríete destinado a pulverizar as barreiras empilhadas no caminho da história."

(Zygmunt Bauman. *O mal-estar da pós-modernidade*, 1998:123)

Agradecimentos

Muitas foram as pessoas e as instituições que, das mais diversas formas, contribuíram para a realização deste livro. Sem sua essencial contribuição, o trabalho muito dificilmente teria tomado os rumos que tomou. Agradeço, portanto:
- à Coordenação de Aperfeiçoamento de Pessoal de Nível Superior, que, pela bolsa concedida, tornou possível o levantamento do vasto material desta pesquisa e viabilizou a perspectiva comparada deste trabalho;
- aos responsáveis pelo Programa de Pós-Graduação em Sociologia e Antropologia da UFRJ, que, mais uma vez, se fez presente em minha trajetória intelectual, contribuindo, como sempre, com a valiosa formação, com as inúmeras oportunidades dadas, com os professores desta casa, que foram interlocutores incansáveis;
- aos membros do Departamento de Línguas Germânicas e Literatura da Universidade de Colúmbia, onde fui aceita como *visiting scholar* no período de minha bolsa sanduíche em Nova York, o que permitiu a realização de pesquisa imprescindível a este livro e o acesso a muitas das discussões que nortearam a construção de meu objeto;
- a Luiz Camillo Osório e ao Museu de Arte Moderna pelo apoio;
- aos membros do Departamento de Pesquisa do Museu de Arte Moderna do Rio de Janeiro, que, no decorrer destes anos, tão generosamente cederam seu arquivo e parte da preciosa documentação que compõe o material desta pesquisa e, especialmente, a Rosana de Freitas e Franz Manata, que tão gentilmente franquearam à pesquisa a correspondência pessoal de Niomar Moniz Sodré arquivada no museu;
- aos responsáveis pelos museus Castro Maya, pela cessão da valiosa documentação de seu acervo e aos funcionários da Chácara do Céu, sempre tão solícitos;
- aos dirigentes dos arquivos do Museu de Arte Moderna da cidade de Nova York, no Queens, pela abertura de seus arquivos e da documentação que embasa a segunda parte deste trabalho;

- aos responsáveis pela Fundação Rockefeller, em Terrytown, que abriga a documentação do MoMA de Réne d'Harnoncourt e que abriu seu acervo à pesquisa;
- aos responsáveis pelo arquivo da Hochschule für Gestaltung, pela documentação sobre a Escola de Ulm; à Zentralbibliothek de Zurique, pela cessão dos catálogos de exposição de Max Bill; e à Bill Haus, em Zumikon, pelas informações relevantes;
- ao professor Andreas Huyssen, por me haver recebido em coorientação na Universidade de Colúmbia, possibilitando a pesquisa e em muito contribuindo para as discussões deste livro;
- aos professores José Reginaldo Gonçalves e Lígia Dabul pelo incentivo e pelos sempre proveitosos comentários, que em muito contribuíram para dar a este livro a feição que tem hoje;
- ao professor André Botelho, por ter acompanhado este trabalho tão de perto, trazido questões tão caras a este livro e sido sempre o interlocutor de todas as horas;
- aos alunos do Núcleo de Pesquisa em Sociologia da Cultura e, em especial, a Mireille Discher, Flávio André Rodrigues, Luciana Lang e Tarcila Formiga, que tanto contribuíram para as discussões e crescimento de um grupo de pesquisas sobre o pensamento concreto no Rio de Janeiro;
- a Antônio João Augusto da Costa, pelos múltiplos auxílios que tantas vezes tornaram mais fácil o cotidiano da vida acadêmica;
- a Vera Lúcia Lima, pela pesquisa de imagens no Arquivo Nacional;
- a Renata Bertol, Frederico Coelho e Luiz Santos, pela amizade e apoio.

Ainda, e especialmente, agradeço à professora Glaucia Villas Bôas, pela orientação e pela contribuição sempre valiosa, não só à pesquisa, mas, sobretudo, à minha formação. Sem ela, este livro dificilmente teria tido lugar.

Finalmente, agradeço ao Fernando e à minha família, por terem sempre me apoiado, em todos os momentos.

Sumário

Prefácio. O MAM e o MoMA em perspectiva comparada
Glaucia Villas Bôas — 11

Apresentação — 16
Introdução — 21

PARTE I — 33
Capítulo 1. Os primeiros anos de fundação
do MAM carioca (1945-1952) — 39
    Os fundadores do Museu de Arte Moderna — 39
    O discurso de modernidade e civilidade
        no Museu de Arte Moderna — 50
    O museu de Raymundo Ottoni de Castro Maya — 62
Capítulo 2. Uma "nova fase" para
o Museu de Arte Moderna (1952-1958) — 81
    A ruptura no Museu de Arte Moderna — 81
    Modernização e desenvolvimento
        no Museu de Arte Moderna (1952-1958) — 92
    O museu de Niomar Moniz Sodré — 124

PARTE II — 141
Capítulo 3. O MoMA como modelo ou de como o Museu de
Arte Moderna de Nova York não veio parar no Rio de Janeiro — 145
    O MoMA — 152
    A missão — 159
    O escopo — 180
    MoMA e MAM — 191

Capítulo 4. O MAM do concretismo
e o MoMA do expressionismo abstrato   193
    O Museu de Arte Moderna do Rio de Janeiro
      e o Grupo Frente   197
    O Museu de Arte Moderna de Nova York
      e o expressionismo abstrato   217

Considerações finais   230
Referências   235
Apêndice. Sobre Ulm   256

Prefácio
O MAM e o MoMA em perspectiva comparada

Glaucia Villas Bôas

São muitas as qualidades deste livro de Sabrina Parracho Sant'Anna: a escrita fluente e agradável, que foge ao tom acadêmico sem deixar de contemplar as regras básicas da linguagem sociológica; o conjunto de cartas, boletins de museus, mapas e catálogos de exposições, discursos proferidos e não proferidos, documentação ainda não explorada por outros pesquisadores, que ela buscou e encontrou nos arquivos do Museu de Arte Moderna do Rio de Janeiro (MAM), da Fundação Castro Maia no Rio de Janeiro, do Museu de Arte Moderna de Nova York (MoMA) e da Fundação Rockfeller, em Terrytown, entre outros que percorreu durante a realização da pesquisa; e, finalmente, mas não menos importante, a escolha de uma abordagem comparativa da criação do MAM e do MoMA, que realçou as diferenças e as semelhanças entre as duas instituições, possibilitando uma resposta à altura do leitor curioso e interessado nas múltiplas formas de construção de museus de arte moderna. Creio que essa escolha deveria estar anunciada no título do livro, o que a autora, talvez pelo desejo de ressaltar a ideia de uma memória do futuro, não fez. Não resta dúvida, porém, que o conhecimento do MAM através de uma perspectiva comparada com o MoMA é uma das contribuições mais relevantes de seu trabalho.

Mas tudo isso é pouco para falar da originalidade do livro. Ao comparar a criação dos museus carioca e nova-iorquino, e fazer distinções finas de suas proximidades e diferenças, a socióloga está questionando, sem hesitações e concessões, o conceito de modernidade como uma totalidade. Em seu lugar, distingue *modernidade* como uma experiência histórica múltipla e diferenciada, na qual o moderno do *aqui* pode não ser o de *acolá* e vice-versa. O paradigma de que as inovações e vanguardas estão nas grandes cidades estrangeiras como Paris, Nova York, Londres e Berlim, e as cidades periféricas se limitam a uma imitação grosseira e incompleta do que se passa "lá fora" perde vigor quando Sabrina Sant'Anna adverte com argumentos sólidos que os compassos e os descompassos da institucionalização dos dois museus existiram, não sendo adequado, no entanto, analisá-los a partir de um ideal de modernidade, em que o "moderno" encontra-se por excelência, no exterior, no estrangeiro, fora do Brasil.

Quem visita hoje o Museu de Arte Moderna do Rio de Janeiro, situado no parque do Flamengo, entre o mar, os jardins de Burle Max e a passarela levíssima que liga o edifício ao centro da cidade, pouco sabe de sua história. Não há no museu um folheto ou livreto explicativo. Nem inscrições em suas paredes. Recentemente a publicação do livro *Museu de Arte Moderna do Rio de Janeiro. Arquitetura e construção* (2010) com belas fotografias da construção do edifício que abriga o MAM, projetado por Affonso Eduardo Reidy, foi um passo importante na preservação da memória do museu. O livro de Sabrina Sant'Anna soma-se àquela iniciativa, empenhando-se, entretanto, na recuperação da história do museu sem cair na armadilha de uma cronologia ávida por estabelecer períodos e nomeá-los de acordo com os acontecimentos políticos e históricos nacionais, estaduais ou da cidade. Evitou também explicar a existência do museu como efeito dos processos de industrialização e urbanização do país. Afastando-se sensivelmente desses vieses analíticos, o cerne da compreensão da fundação do MAM está nos discursos sobre o moderno, que entram em disputa, dialogam, se cruzam e interpenetram no processo de "colocar o museu no mundo".

Um conjunto discursivo de peso associa-se às figuras de Raymundo Ottoni de Castro Maya e Niomar Moniz Sodré, os primeiros diretores do MAM. Sabrina Sant'Anna chama a atenção para a imagem que tinham de si próprios e como esta autoimagem se inscreve nas duas concepções concorrentes que, inicialmente, orientaram a vida do museu.

Raymundo Ottoni de Castro Maya dirigiu o museu de 1945 a 1952. Homem de fortuna e erudição, a quem se deve a compra de maior parte das gravuras e desenhos de Jean Baptiste Debret, cujo efeito repercutiu na recepção especial que teve o mestre francês no país, Castro Maya se definia como um representante da elegância, do bom gosto e da cultura artística, que pretendia, à maneira de seus companheiros de geração, aproximar a tradição brasileira à modernidade. Seu ideal era então a aceitação de um modelo de civilidade brasileira no mundo da cultura e foi o que procurou fazer nos anos em que dirigiu o MAM. Considerava o Museu de Arte Moderna uma instituição capaz de empreender suas atividades com bom-senso, equilíbrio e bom gosto com vistas a elevar o grau de civilidade da população. A esta primeira concepção do museu de natureza civilizatória, que aproximava a tradição ao que poderia ser chamado de moderno, conjugava-se uma administração pessoalizada e apoiada nos círculos de amizade de Castro Maya com homens de alta cultura, como Rodrigo de Melo Franco de Andrade, San Tiago Dantas, Alfred Barr Jr., Nelson Rockfeller, barão de Saavedra e Josias Leão.

A segunda fase dos anos de fundação do MAM se inaugura com a demissão de Raymundo Castro Maia provocada por desentendimento entre o colecionador e Niomar Moniz Sodré, esposa de Raul Bittencourt, proprietário do *Correio da Manhã*, jornal de grande circulação na cidade. Em *Construindo a memória do futuro: uma análise da fundação do Museu de Arte Moderna do Rio de Janeiro*, a autora revela o aparecimento de outra concepção para o museu de arte moderna, desta vez vinculada à autoimagem de Niomar Moniz Sodré. Mulher rica, de família tradicional da Bahia, Niomar Sodré procurava a todo custo se distinguir pela ousadia e pela capacidade de transgredir os costumes antigos das famílias de posse. Contrapunha ao desprendimento, erudição e prestígio de Castro Maya a ação dos empreendedores "modernos" dispostos a "arregaçar as mangas", trabalhar com eficiência e não fazer concessões ao passado. Assim é que Niomar Moniz Sodré, ao dirigir o museu de 1952 a 1958, não só acompanha a construção do edifício projetado por Affonso Reidy, como implementa nova forma de administrar a instituição através do estabelecimento de rotinas e regras. A imagem de empreendedora moderna *versus* a imagem aristocrática de Castro Maya é analisada em detalhes por Sabrina Sant'Anna permitindo ao leitor compreender que as disputas ocorridas durante o processo de fundação do MAM representavam, na verdade, duas concepções distintas do moderno a concorrer por legitimidade e reconhecimento.

Ao exame dos discursos que nortearam os primeiros anos do Museu de Arte Moderna acrescenta-se a comparação do MoMA com o MAM. Criado em 1929, em meio à grave crise econômica, o MoMA foi fundado por um grupo de mulheres, membros de famílias ricas norte-americanas colecionadoras de arte. Reconhecendo sua atuação dentro da cidade de Nova York, desde então um símbolo da modernidade, o MoMA foi dirigido por Alfred Barr Jr. durante décadas até sua aposentadoria em 1968. Uma das missões do museu nova-iorquino era superar a distância temporal entre as conquistas da arte e a aceitação dessas conquistas pelo público. O museu, conforme Sabrina Sant'Anna, permanece como colecionador e promotor da arte do presente, definida como uma redescoberta da arte do passado, ao contrário do MAM, que preferia arriscar, exibindo obras de arte a serem consagradas no futuro. A julgar pelas narrativas da instituição, o MoMA considerava suas atividades pedagógicas de formação de um público capaz de apreciar a arte moderna um de seus objetivos principais, entendendo que a recepção, o apoio e a consagração de artistas não era sua responsabilidade. Eis outra diferença-chave no entendimento da história das duas instituições.

Apesar do interesse demonstrado por Nelson Rockfeller, Superintendente dos Estados Unidos na América Latina, na fundação de um museu de arte no Rio de Janeiro, a autora mostra como as instituições seguiram caminhos distintos. Algumas das iniciativas do MAM carioca, em seu afã pela construção de um futuro, foram mais ousadas do que as do MoMA, considerando-se, por exemplo, o pioneirismo do MAM em patrocinar a arte abstrata e concreta enquanto o MoMA, mais prudente, se ocupava em preparar um público para a arte abstrata, e, associando suas atividades às injunções da política norte-americana, considerava o futuro uma decorrência de ações cautelosas do presente. A relação dos dois museus com as vanguardas artísticas é outro ponto forte do argumento da autora no sentido de evidenciar como o MAM do Rio de Janeiro, ao abrigar os artistas plásticos concretos, volta-se, efetivamente, para a construção da memória do futuro enquanto a recepção do expressionismo abstrato no MoMA foi tardia e associada ao tempo presente.

Construindo a memória do futuro: uma análise da fundação do Museu de Arte Moderna do Rio de Janeiro contribui assim para uma sociologia histórica das instituições voltadas — em suas atividades mais diversificadas — para as artes plásticas na cidade do Rio de Janeiro, com abordagem inovadora e rica documentação. É obra de pesquisadora experiente e ousada em suas escolhas.

Apresentação

Ao dar início ao processo de escritura de minha tese de doutoramento, deparei-me com pressupostos que antecediam a escolha de meu objeto de estudo — escolhas epistemológicas *a priori*, é claro, como bem apontaria Mulckay (1979) — e que, embora norteassem toda a reflexão da pesquisa, não apareciam, e nem deveriam aparecer, na urdidura do texto. Estes pressupostos, embora apareçam descritos em outras publicações (Sant'Anna, 2005a, 2006a) e possam ser excluídos do livro ou ser incluídos nas notas de rodapé, reservadas aos leitores mais pacientes, devem ser, acredito, de algum modo explicitados, para que melhor se compreendam as idas e vindas de uma tessitura que, de outra maneira, pareceria absolutamente linear. Antes de dar início a este livro, mas sabendo que o início já foi dado, procuro conceder algum espaço para a elucidação dos caminhos que me levaram a refletir sobre o Museu de Arte Moderna (MAM) carioca do ponto de vista de seu projeto de modernidade; projeto que se deu ao mundo como a sucessão de acontecimentos que acompanharam os primeiros anos de sua fundação.

Em minha dissertação de mestrado (Sant'Anna, 2004), discuti as redes de sociabilidade que, em meados do século XX, haviam feito emergir, no Rio de Janeiro, um movimento cultural em nome da mudança nas artes plásticas. "Grupo Frente", "concretismo" e, finalmente, "neoconcretismo" eram nomes que compunham uma série de designações para uma associação que se havia reunido e mantido unida, em nome da inovação, por cerca de uma década.

Uma vez enquadrados sob a denominação *concretismo carioca*, foram tomados como unidade e analisados do ponto de vista de seu marco identitário e da conformação de um discurso coletivo que parecia capaz de, para além dos nomes e dos conceitos, fazer emergir no mundo redes de sociabilidade.

Pensando o conceito de modernidade tal como entendido pelo grupo como chave de compreensão desta forma social que se constituiu no tempo, encontrei na ideia da experimentação o que parecia explicar a formação e a *trajetória do concretismo carioca*. Dei, portanto, por encerrada a pesquisa e, embora soubesse que *inúmeras eram as questões sem resposta e inúmeras as questões ainda por suscitar*, o esgotamento reflexivo deixava, então, a *pesquisa em aberto, à espera de outros que terminassem* a tarefa de rever ou repensar as questões propostas (Sant'Anna, 2004:77).

Passado, contudo, o diário debruçar-me sobre o conceito, a repetição cotidiana que em demasia me aproximava de meu objeto e me vedava a curiosidade de saber o que já parecia sabido; passado, em suma, o tempo devido, as novas questões cujas respostas pareciam tão sem importância voltaram a fazer sentido. Assim, mais uma vez em face da pesquisa que havia consumido dois anos, outro problema parecia insistir em aparecer. Se fazia sentido supor que o grupo do concretismo carioca havia construído uma identidade coletiva sobre um conceito de modernidade como experimentação, e se era, de fato, verdade que esse conceito se ligava indissoluvelmente ao mito de origem do próprio grupo, evocando em seu esteio um espaço comum em que experiências eram partilhadas e um discurso coletivo era cuidadosamente elaborado, fazia sentido perguntar pelo lugar deste espaço.

Nesta medida, procurei entender aqui por que o Museu de Arte Moderna foi acionado pelo concretismo carioca como mito de origem de sua formação e, nesse percurso, procurei entender o que foi essa instituição nos seus primeiros anos de vida, de que modo se apresentou ao público e foi gesto discursivo na cidade.

Dentro desse problema, outras questões surgiram. Ao olhar o modo como o conceito de museu de arte moderna foi concebido para ser interpretado pelos artistas que o rodeavam, foi preciso refletir sobre os portadores sociais que pensaram o museu, criaram a instituição, levaram adiante os ideais de sua fundação, entraram em relação dialógica, discutiram e brigaram pela correta interpretação do plano de sua criação e, finalmente, concretizaram um museu que se fez ao longo do tempo, mudando de compleição na medida da relação de seus fundadores e diretores. Assim, o problema levantado nesta pesquisa é procurar entender os diferentes conceitos de museu de arte moderna, do ponto de vista das relações sociais estabelecidas em seu quadro diretor e de como as respectivas autoimagens dos principais personagens do MAM foram reveladoras das mudanças processadas no museu ao longo dos primeiros anos de sua concretização.

Finalmente, diante das diferentes formas de conceber o Museu de Arte Moderna do Rio de Janeiro, veio à tona a comparação com outras instituições do mesmo tipo. O museu de arte moderna, como lugar de memória que acorre ao futuro e que só existe como projeção da ação presente num tempo posto à frente, aparecia, então, como modelo transnacional que, surgindo em tempos distintos e lugares diversos, poderia ser consequência necessária de determinantes sociais. Assim, de um lado surgiu o problema de discutir recorrentes questionamentos que apontavam para o lugar do museu num amplo processo de desenvolvimentismo latino-americano e incorporação de modelos norte-americanos no país, em meados do século XX. De outro, levantou-se a questão de entender se, ao contrário, não seria a ideia de museu de arte moderna uma etapa universal e necessária na história da arte moderna, correspondendo a determinado passo no processo de crítica ao universo museico pelas vanguardas e que resultaria na atual musealização diagnosticada em tempos de pós-modernismo. A comparação com o Museu de Arte Moderna de Nova York (MoMA) surgiu, então, como possibilidade de pensar longos processos dados no tempo.

Para isso, foi preciso olhar para a relação entre os dois museus, buscando entender até que ponto se poderia pensar o MAM como instituição colada a seu congênere e modelo estrangeiro. Foi, então, necessário olhar para as especificidades de cada instituição e perceber as flagrantes descontinuidades que as separavam. As ideias de cópia, influência e importação de paradigmas foram, portanto, postas de lado, para que fosse possível entender o modo como os dois museus se colocaram no mundo, pondo em movimento os processos e relações em que se inseriam.

Para resolver cada um desses problemas, debrucei-me sobre os anos de fundação do MAM, período que vai de 1945, ano em que encontro a primeira referência à instituição, até 1958, data de conclusão da primeira etapa da atual sede do museu, no aterro do Flamengo, quando os processos de institucionalização pareciam receber um fim simbólico na materialidade da "casa própria".

Os materiais de pesquisa foram coletados, sobretudo, nos arquivos do Centro de Memória do Museu de Arte Moderna do Rio de Janeiro; da Fundação Castro Maya, no Museu da Chácara do Céu; da Biblioteca Nacional; do Centro de Pesquisa e Documentação da Fundação Getulio Vargas; do Museu de Arte Moderna de Nova York; da Biblioteca da Universidade de Colúmbia, na cidade de Nova York; da Fundação Rockefeller, em Terrytown; e da Hochschule für Gestaltung, em Ulm. Nesses arquivos, pude encontrar vasta documentação que abrangia: atas de reunião (MAM, 1949-1958); estatutos de museus (MAM, 1951 e 1953; MoMA, 1929 e 1931); pareceres e relatórios (MAM e MoMA, 1948-1958); discursos proferidos e não proferidos (MAM e MoMA, 1948-1958); jornais (*Correio da Manhã*, 1948-1958); recortes de jornal da imprensa da época (arquivos do MoMA e do MAM); catálogos de exposições (MAM e MoMA, 1948-1958); boletins de museus (MAM, 1952-1959; MoMA, 1945-1959); brochuras (MAM e MoMA, 1929-1998); correspondências internas e externas, ativas e passivas (MAM e MoMA, 1945-1959); projetos arquitetônicos (MAM, 1951; 1954); mapas de exposição (MAM, 1952); e uma série de pequenas notas, papeletas, rascunhos e toda sorte de escritura que não sei se cabem em qualquer classificação possível (MAM e MoMA, 1943-1960).

Toda esta documentação deverá aparecer na urdidura do livro, mas procurei evitar os limites de uma categorização mais sistemática, para que fosse aberto o diálogo que esses acontecimentos discursivos estabeleceram entre si, e os inusitados momentos em que cartas, jornais, quadros e listas de compras parecem se tocar. A divisão dos capítulos não acontece, portanto, senão na medida em que o objeto é posto, respostas são dadas e novas perguntas feitas ao material.

Assim, na introdução, apresento uma breve discussão do objeto, debatendo a relação entre o MAM e o mundo contemporâneo.

Em seguida, na parte I deste livro, trato de dois diferentes momentos na formação do Museu de Arte Moderna do Rio de Janeiro, dividindo-a em dois capítulos, nos quais reflito sobre o conceito de modernidade apresentado pelo museu. Procuro entender de que modo este conceito é devedor das formas sociais que o põem em movimento e procuro, no grupo de fundadores, sua chave ordenadora. Cindida entre os dois principais fundadores do museu, esta primeira parte apresenta um capítulo inicial dedicado a Raymundo Ottoni de Castro Maya e um segundo capítulo endereçado a Niomar Moniz Sodré.

Na parte II, procuro comparar os museus de arte moderna do Rio de Janeiro e de Nova York. No capítulo 3, chamo atenção para proximidades e diferenças pontuais entre as duas instituições. No capítulo 4, retorno ao problema da relação entre museu e vanguarda, procurando entender como diferentes fluxos da vida construíram diferentes modos de conceituar o mundo, criando diferentes instituições e ordenando diferentes formas de sociabilidade.

Finalmente, apresento as considerações finais desta pesquisa, que se iniciou em 2002. É, portanto, com certa satisfação — e não sem alguma nostalgia —, que dou fim a esta apresentação e início à urdidura mesma deste livro.

Introdução

Pensar um *museu de arte moderna* é pensar a produção de uma coleção inscrita no presente como sistema de objetos produzidos pela vanguarda dos homens de seu tempo, contemporâneos do futuro. Produzir uma coleção de arte moderna é cristalizar um presente que ainda não foi, eleger clássicos que ainda serão. Um museu de arte moderna estabelece a mediação entre o futuro desejado e aquele que está, de fato, por vir. Mais que retorno à memória total, é a constituição de um devir. Com efeito, um museu de arte moderna supõe a construção de uma memória do futuro, passado do que ainda não foi. Patrimônio duplamente moderno: por um lado, porque é a construção de uma ideia que só se estabelece na experiência como formação político-ideológica de grupos com identidade partilhada; de outro, porque a ideia de uma coleção de arte moderna supõe um esforço deliberado de adivinhar e construir um futuro que está em aberto.

No entanto, se os museus de arte moderna emergiram no mundo como instituições absolutamente singulares, eles ainda assim dialogaram com as instituições que lhes foram contemporâneas. A história dos museus de arte moderna remonta ao Luxembourg de Paris, que, desde 1818, acolhia obras de artistas vivos, e à fundação da Tate Britain, criada em Londres, em 1897, para abrigar as obras da arte contemporânea que não entravam na National Gallery. A partir de 1929, a fundação do Museu de Arte Moderna de Nova York daria atenção renovada a esses lugares de exibição e, no meio do século XX, uma série de museus de arte moderna se espalharia pelo mundo. Entre essas novas instituições estaria o MAM carioca.

Assim, cada um desses museus, inserido no espaço de relações que lhe era correspondente, parece ter emergido interpretando o mundo à sua volta e as instituições de seu tempo. De fato, qualquer tentativa de estudar um museu de arte moderna implica refletir sobre seu lugar como instituição de memória que se estabeleceu em diálogo com o mundo museico que habitava. Vale, portanto, fazer aqui uma breve revisão das instituições que deram, ao Museu de Arte Moderna do Rio de Janeiro, parâmetros em que se espelhar e modelos críticos aos quais reagir.

Surgidos ao fim do século XVIII e início do século XIX, após a Revolução Francesa e o restabelecimento do Louvre, os museus reconstruíram identidades nacionais e ofereceram a seu público formas coletivas de enquadrar o mundo. Uma vez instituídos, se propuseram a civilizar a população, normatizando corpos (Bennet, 1995) e ditando padrões de comportamento como bastiões da alta cultura (Huyssen, 1997).

Do mesmo modo, os museus apareceram no Brasil, e também na Europa, como patrimônios da nação (Sepúlveda, 2003). Construídos como narrativas de um passado partilhado, surgiram como instituições capazes de recriar um mito de origem comum, de forjar um sentido de pertencimento e de constituir identidades coletivas, conformando "romances nacionais" (Gonçalves, 2002b:116).

Ao olhar os museus que, em 1950, habitavam o universo do MAM — constituindo seu horizonte de expectativas, estabelecendo modelos em que se espelhar e parâmetros a recusar — poder-se-ia pensar numa história que aponta para uma inevitável tendência de ruptura em meados do século XX.

No século XIX o Brasil contava com 10 museus, entre eles o Museu Nacional, o Museu Goeldi e o Museu Paulista. Todos eles, conforme lembra Myriam Sepúlveda, com exceção do Museu Naval e Oceanográfico (1858), "tinham alguma relação com as práticas classificatórias dos elementos encontrados na natureza" (Sepúlveda, 2004:55). A partir deles, enquadravam-se identidades nacionais pelo vínculo com a riqueza natural e as relações de dominação que supunham (Sepúlveda, 2004), baseavam-se no território para constituir uma identidade do exótico (Süssekind, 2000), ou apoiavam-se na ciência para constituir uma definição de identidade e alteridade baseada na raça (Schwartz, 1977). Apresentando o país à imagem que lhe deveria corresponder, exibiam, como museus de história natural, uma ideia de nação que se apresentava como portadora de um mundo fora da civilização.

A emergência de movimentos modernistas e a década de 1930, contudo, inaugurariam o sentido dos museus da modernidade e apresentariam a constituição de um patrimônio que recuperava, de um lado, o passado histórico e, de outro, um mito coletivo de origem. Remetendo aos grandes feitos de outrora, construía-se, então, uma monumentalidade nacional capaz de dar sentido à narrativa compartilhada de um passado comum e vincular "os brasileiros de ontem aos de hoje" (Gonçalves, 2002b:117), forjando um novo sentido de identidade brasileira. Tratava-se de conceder espaço aos portadores de um sentido de civilização brasileira, apresentando em tempo cronológico uma história nacional. Abria-se espaço à busca da origem da brasilidade, concedendo aos elementos da nação o estatuto da autenticidade.

Em 1937 fundava-se o Museu Nacional de Belas Artes, que aparecia no bojo do movimento de institucionalização do passado histórico. Centrado na vinda da missão francesa para o Brasil (Mafra de Souza, 1985), recriava, com uma ideia de academia de arte brasileira, a narrativa de uma tradição artística nacional. Ao lado do Museu Histórico Nacional e do Museu Imperial (Sepúlveda, 2003:111-113), enfatizava a constituição de um passado histórico para o Estado. Colecionando uma iconografia centrada em paisagens do século XIX, constituiria uma história da arte feita no Brasil; uma arte que, orientada por "regras de um saber técnico, um modo de olhar e classificar racionalmente figuras e vistas" (Süssekind, 2000:39), exibia a imagem da natureza como paisagem desbravada e construída pela cultura. Inaugurava-se um sentido de história da arte na formação de um país.

Assim, fosse buscando a origem autêntica, fosse buscando linearidade histórica, os museus dos anos 1930 teriam integrado o discurso do patrimônio histórico e artístico e teriam procurado encontrar uma essência nacional. De um lado, buscaram atualizar e rotinizar um pensamento social e um modernismo que encontrava na cultura a "fonte de solidariedade social de tipo nacional, que precisava ser forjada como exigência da construção do moderno Estado-nação brasileiro" (Botelho, 2005:35). De outro, procuraram o reconhecimento de um processo de civilização universal no qual o Brasil se tornaria "uma nação plenamente moderna, civilizada e madura, na medida em que os brasileiros [viessem] a reconhecer, assumir e defender sua cultura ou 'tradição' como parte da civilização universal" (Gonçalves, 2002a:46).

No entanto, em face dos museus da tradição nacional da primeira metade do século XX, um museu de arte moderna em muito pouco parece se assemelhar às imagens do patrimônio apresentadas até então. Ainda que exibisse uma coleção para ser vista e, ao enquadrar o mundo, fornecesse instrumentos coletivos de estar aí, dificilmente se esperaria encontrar nele alguma referência explícita a um passado nacional compartilhado. A arte moderna se apresentava, então, como expressão de civilização universal e, mais do que isso, parecia remeter ao outro, Europa distante. Se havia alguma identidade que nos irmanava como brasileiros era a possibilidade de ver, no futuro, um país moderno.

Assim, o MAM parece se enquadrar num novo movimento de ruptura. Antítese dos romances nacionais, o museu viveria, então, um momento reflexivo de busca de um novo paradigma. O fim dos anos 1940 e o início da década de 1950 pareciam assistir à emergência de uma nova concepção de museu, senão de uma nova maneira de ver o mundo, com a qual o Museu de Arte Moderna se identificava. Os museus da tradição, construindo a nacionalidade como bastiões da alta cultura, pareciam ceder lugar a uma nova forma de pensar a memória. Democracia e universalização se tornavam, de fato, valores a serem defendidos. Darcy Ribeiro, ao refletir sobre a fundação do Museu do Índio[1] na cidade, diria que "o que se impunha era criar um museu voltado mais para a compreensão humana do que para a erudição".[2] A seu lado, depois de pesquisar as instituições norte-

---

[1] Para uma análise da fundação do Museu do Índio, ver Abreu (2007).
[2] Site oficial da Fundação Darcy Ribeiro. Disponível em: <www.fundar.org.br/darcy_antropologia_musindio_1.htm>. Acesso em: 12 jun. 2007.

-americanas, afirmava José Valladares, em 1946, que "o que mais impressiona, quando se consideram as múltiplas atividades do museu americano, é que se procura colocar toda aquela suntuosidade, beleza e competência a serviço do povo" (Valladares, 1946).

Ideais de popularização do universo museico pareciam dar início a um processo de espetacularização, que abriria as instituições à cultura de massas. Conferências, bibliotecas, exposições temporárias e exibições de filmes tornar-se-iam técnicas comuns aos espaços de memória que desejavam aproximar-se de seu público.

O museu do Rio de Janeiro parecia manter o passo com um movimento de fundação dessas novas instituições. Não apenas na capital, mas também em São Paulo (1947), Florianópolis (1949) e Resende (1950) seriam criadas instituições nos mesmos moldes do MAM carioca (Lourenço, 1999). A arte moderna aparecia no país como sistema de objetos dignos de serem preservados e rememorados. Por oposição aos museus da tradição, estas novas instituições se impunham como símbolos da modernidade, buscando no presente os objetos que deveriam ser lembrados no futuro.

Num olhar *a posteriori*, seria possível enquadrar a mudança museológica num movimento linear, que acompanhou toda década de 1950, na direção de um processo de mudança social e modernização. É extensa a bibliografia que encontra nesse período fatos materiais que engendrariam um mundo da vida permeado por intensas mudanças nos mais diversos campos da sociabilidade.[3] Como notam Novais e Cardoso de Mello (2004:585), a década de 1950 assistiria à incorporação da modernidade pelo cotidiano, aparecendo para seus protagonistas sob a forma de uma "sociedade em movimento". O fim do Estado Novo, em 1945, o processo de democratização que

---

[3] O meio do século XX parecia viver uma tomada de consciência das mudanças que se operaram nos diversos setores da vida contemporânea e um desejo de não perder o passo. Mesmo as fachadas das lojas que povoavam as ruas de São Paulo eram objeto de perplexidade para Leopoldo Haar: "As banais, impróprias e sobrecarregadas vitrinas dos últimos 50 anos hoje cedem lugar às conquistas da arte, da ciência, da psicologia etc. — exigências estéticas do homem que usa geladeira, conhece as sulfas e é contemporâneo de Max Bill" (Bandeira, 2002:21). Ver Toledo (1997); Ortiz (2001); Arruda (2001); Lourenço (1999).

a ele se seguiu, as novas formas de associação política e sindical, os processos de urbanização e crescente industrialização do país eram apenas alguns dos índices que afirmavam para as elites intelectuais que o Brasil mudava para melhor. Segundo Mário Pedrosa:

> Na década decisiva de 1940-1950, em que toma impulso o surto de industrialização através do mecanismo de substituição de importações, a população urbana do país cresceu 45%; com um aumento populacional de 10.500.000 pessoas, 5.800.000 são absorvidas pelo setor urbano. As cidades brasileiras de ponta crescem. As de 100.000 habitantes crescem em número e absorvem 47% do acréscimo urbano, enquanto as metrópoles chamam a si percentagem ainda maior desses brasileiros — são milhões que deixam a roça —, o isolamento da vida rural em troca da fermentação cosmopolita da vida urbana [Pedrosa, 1986:253].

Na década que se seguiria, "mais de oito milhões de pessoas [teriam migrado] para as cidades, à época cerca de 24% da população rural do país" (Novais e Cardoso de Mello, 2004:581). As cifras da indústria nacional se multiplicaram. Em 1955 o primeiro veículo nacional seria produzido: o Romi-Iseta. Na corrida pela modernidade, o Brasil não parecia estar mais tão atrás. A partir de 1950, a televisão foi apresentada aos lares brasileiros e, no rádio, "cantores e rainhas emocionam multidões", dando ao público a unidade da experiência nacional (Lourenço, 1999). Em todo o Brasil, a experiência seria compartilhada pelos meios de comunicação de massa.

Juscelino Kubitschek seria eleito anunciando 50 anos em cinco. O horizonte político era o desenvolvimentismo, e o lema, o progresso. Por oposição ao ensaísmo, ao elogio ao mundo de *Casa grande e senzala* (Arruda, 2001), as ciências sociais se institucionalizaram, refletindo sobre a mudança social. Denominado modernidade, modernização ou desenvolvimento, havia, em todo caso, o diagnóstico do desejo de mudança.

Brasília foi construída: uma capital utópica para um novo país.[4] Na arquitetura, o moderno foi consagrado. Niemeyer, Lúcio

---

[4] Associando as representações de natureza a uma imagem essencializada de país, marcado pelo passado e pelo exótico, Mário Pedrosa encontrava no concretismo

Costa, Reidy e outros consolidaram um novo cânone arquitetônico, pontuando a vida urbana com símbolos do futuro planejado. Em 1951 Francisco Matarazzo Sobrinho instituiu ainda a Bienal de São Paulo, que, nos moldes da Bienal de Veneza, serviria para "proteger, cultuar e premiar"[5] a arte moderna, querendo abrir nossas artes para o mundo e provar que "São Paulo e o Brasil est[avam] à altura"[6] das demais nações do mundo.

Em meio a representações de construção de um novo país, também no âmbito da cultura inovações formais apareceriam no eixo Rio-São Paulo. Movimentos em prol da descontinuidade surgiriam a todo instante. A música era a bossa nova, o cinema era o cinema novo. Nas artes e na poesia, o concretismo assinalava o sentido do moderno, ditando as normas da ruptura. Segundo Maria Arminda do Nascimento Arruda, o meio do século XX foi marcado por um "ambiente moderno".[7]

O discurso de Juscelino Kubitscheck à época da abertura da V Bienal Internacional de Artes de São Paulo parece em tudo referendar a ideia de que as mudanças ocorridas no escopo da cultu-

---

a chave para fundar uma nova sensibilidade e, com ela, os portadores sociais da modernidade. De fato, a recusa ao figurativismo estava também associada à construção de outra paisagem brasileira, e era na construção de objetos no mundo, no concretismo, na arquitetura moderna de Reidy, Lúcio Costa e Niemeyer, nestes objetos prenhes de uma nova sensibilidade, que se abriam as possibilidades de um novo país. Não havia arte moderna possível que não levasse em conta a estetização da vida que estas formas representavam: novas formas capazes de construir novas paisagens e o novo país utópico que Brasília antecipava (Pedrosa, 1981:317-336).

[5] "Falou o senhor Flávio Guimarães no Senado Federal". *Jornal do Brasil*, Rio de Janeiro, 6 out. 1951.

[6] Depoimento de Francisco Matarazzo Sobrinho, publicado no catálogo da II Bienal de São Paulo (1953).

[7] "Na vivência de muitos dos seus contemporâneos, o Brasil, nos meados do século XX, ensaiava trilhar um alvissareiro caminho histórico, anunciador do efetivo rompimento com as peias que o atavam ao passado, passado este que se recusava a morrer. É como se a *débacle* do Estado Novo, a instauração de instituições democráticas e a emergência de um surto desenvolvimentista sem paralelos descortinassem a possibilidade de 'forjar nos trópicos este suporte de civilização moderna'" (Arruda, 2001:17).

ra nada mais foram que a resposta necessária aos acontecimentos que mudaram a vida material do país naquele momento. Disse ele:

> Quando novamente nos reunimos para confrontar e admirar as obras exponenciais da arte universal, sob a égide da mesma convocação, nosso país acelerou o ritmo com o alto propósito de assim corresponder, no plano da autonomia econômica e da evolução industrial e técnico, ao avanço que se evidencia no plano das nossas artes aqui representadas.[8]

Contemporâneas de seu tempo, as elites intelectuais fizeram parte de um movimento que diagnosticou coletivamente a década de 1950 como momento de mudança. Os diversos campos da produção de cultura brasileira dialogaram, naquele momento, tendo em vista a construção da sociedade (Oliveira, 2005). A partir de discursos compartilhados, construíram, a despeito de toda diferença que os separava, um léxico comum e um horizonte de entendimento em torno do conceito de moderno (Sant'Anna, 2005b). É, nesse sentido, paradigmático o diálogo que se estabeleceu entre os poetas concretos paulistas e a sociologia de Guerreiro Ramos.

Em entrevista ao jornal *Estado de Minas*, afirmava Haroldo de Campos:

> Como adverte Guerreiro Ramos (*A redução sociológica*), forma-se, em dadas circunstâncias, uma "consciência crítica" que já não mais se satisfaz com a "importação" de objetos culturais acabados, mas cuida de produzir outros objetos nas formas e com as funções adequadas às novas "exigências históricas", produção que não é apenas de "coisas", mas é também de ideias. Esse processo é verificável no campo artístico, onde, por exemplo, a poesia concreta operou uma verdadeira "redução estética" com relação à contribuição de determinados autores que fundamentalmente elaboravam a linguagem do tempo, totalizando-as e transformando-as sob condições brasileiras no mesmo sentido em que Guerreiro Ramos fala em uma "redução tecno-

---

[8] "Kubitschek falou sobre arte no Jóquei Clube". *O Estado de S. Paulo*, São Paulo, 22 set. 1959. Primeiro caderno, p. 6.

lógica", na qual se "registra a compreensão e o domínio do processo de elaboração de um objeto, que permitem uma utilização criativa e criadora da experiência teórica estrangeira" [Campos, 1961 apud Ramos, 1996:14].

Partilhando um universo de sentido comum, estes discursos deram origem, em seus respectivos campos, a projetos de uma nova sociedade que são passíveis de entendimento. "Redução sociológica" e "redução estética" foram tentativas de criar, em cada um dos âmbitos da produção de bens de cultura, obras que, formuladas de acordo com as necessidades nacionais, fizessem uma nova sociedade brasileira.

Olhando a uma distância de mais de meio século, parece fácil atribuir unidade aos discursos diversos que compartilharam uma mesma época. Todavia, não é senão *a posteriori* que a unidade do "ambiente moderno" seria atribuída ao período e que a seleção de fatos concretos da vida cotidiana ganhariam o sentido da narrativa linear (Clifford, 1988b). Se é verdade que os sujeitos da vida social partilharam, na década de 1950, de um mundo da vida comum, realidade última à qual deram significados coletivos (Schutz e Broderser, 1974), o fato é que a materialidade dos acontecimentos implica sempre um processo de interpretação, seleção e enquadramento dos fatos, supondo, à medida que a vida se desenrola, sujeitos que fazem sempre com que ela aconteça. Se "acontece com muita frequência que atribuímos a nós mesmos, como se elas não tivessem sua origem em parte alguma senão em nós, ideias, reflexões, ou sentimentos e paixões, que nos foram inspirados por nosso grupo" (Halbwachs, 1990:47), também é verdade que os pensamentos são pensados e se supõem portadores de discursos que interpretam e conferem novos significados ao mundo em que vivem; agentes que dialogam, concordam, discordam e criam novos conceitos.

Assim, embora este momento possa ser pensado como uma unidade, o fato é que supõe o encontro de discursos e práticas que atualizam e opõem modos diversos de pensar e agir aqui e agora. Imersos no mundo dos homens de seu tempo, os fundadores do Museu de Arte Moderna compartilharam um fluxo conceitual comum; mas, ainda que não estivessem sozinhos no mundo,[9] ao formar uma instituição de modernidade, operaram com enquadramentos que emergiram na concepção de um projeto, plano para ação futura, e tiveram que lidar com divergências, disputas, conceitos múltiplos e narrativas, nem sempre coerentes, da realidade. Ao tomar posição em face da vida social, acionaram as interpretações do presente, tendo em vista um passado coletivo e um futuro potencial.

Ainda que o Museu de Arte Moderna pudesse ser enquadrado na vaga de instituições que surgiram no meio do século XX e que, ao incorporar as críticas ao mundo museico como espaço dos mausoléus, pudesse dar um novo sentido às instituições, contribuindo para um sentimento de ruptura e para um "mesmo impulso construtivo" (Côrtes, 2002) que hoje dão unidade aos anos 1950, o fato é que a instituição se pôs no mundo como *um* discurso entre os muitos que habitaram o universo destes homens e, mesmo que se apresente sob a aparência da unidade institucional, é sempre bom lembrar que ambiguidades e tensões são inerentes à vida social.

Assim, se houve de fato uma vaga de novas instituições, nenhuma delas se apresenta como discurso idêntico e homogêneo. Há dessemelhanças patentes, mesmo entre instituições aparentemente similares.

A título de comparação, vale lembrar a constituição do Museu de Arte Moderna de São Paulo e das bienais que vêm em seu encalço. O museu paulista é contemporâneo do carioca, portador de uma história verdadeiramente similar e, no entanto, encara o processo de modernização de um modo absolutamente distinto, buscando sempre apresentar a cidade como espaço do processo de modernização e o museu como consequência necessária desse processo.

O *museu de arte moderna*, ao assumir posição em face das instituições museicas que lhe antecederam e lhe foram contemporâneas, buscou fundar uma memória que, construindo-se na disputa

---

[9] Segundo Halbwachs (1990:53), "nossas lembranças permanecem coletivas, e elas nos são lembradas pelos outros, mesmo que trate de acontecimentos nos quais só nós estivemos envolvidos e com objetos que só nós vimos. É porque, em realidade, nunca estamos sós".

entre conservação e modernidade e fazendo-se no cotidiano da própria institucionalização, lidou com suas próprias contradições e fundou uma instituição que demanda reflexão. O modelo de museu da tradição nem sempre é recusado, e a ideia de museu da modernidade passa a ser constituída no próprio sentido da discussão de seus protagonistas.

Assim, se o Museu de Arte Moderna do Rio de Janeiro pode ter sua emergência justificada como parte de um processo que o encompassa, o fato é que reduzi-lo ao processo implica esquecer os protagonistas da mudança em que teve origem. Nessa medida, se o MAM pode ser classificado na muito peculiar vaga de museus dos anos 1950, vale dizer que a classificação não é, em si mesma, explicativa da especificidade da instituição e da relação que estabeleceu com o mundo à sua volta.

Nesta medida, procuro dar início a este livro, tendo em vista o modo como o MAM carioca constituiu ideias de memória e de modernidade no diálogo de modelos que convergiam e se opunham. Em lugar de pensar numa etapa temporal que teria substituído a outra, procuro entender como os agentes de institucionalização do museu enunciaram discursos que foram — ora percebidos como novíssimos, ora tidos como anacrônicos — constituindo, na própria relação dialógica, uma história dos museus no Brasil.

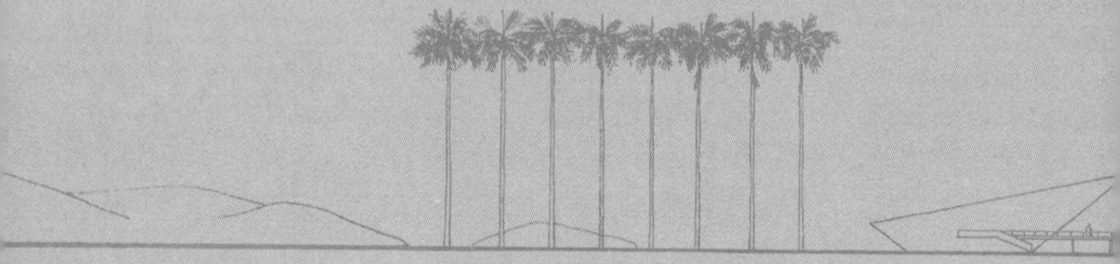

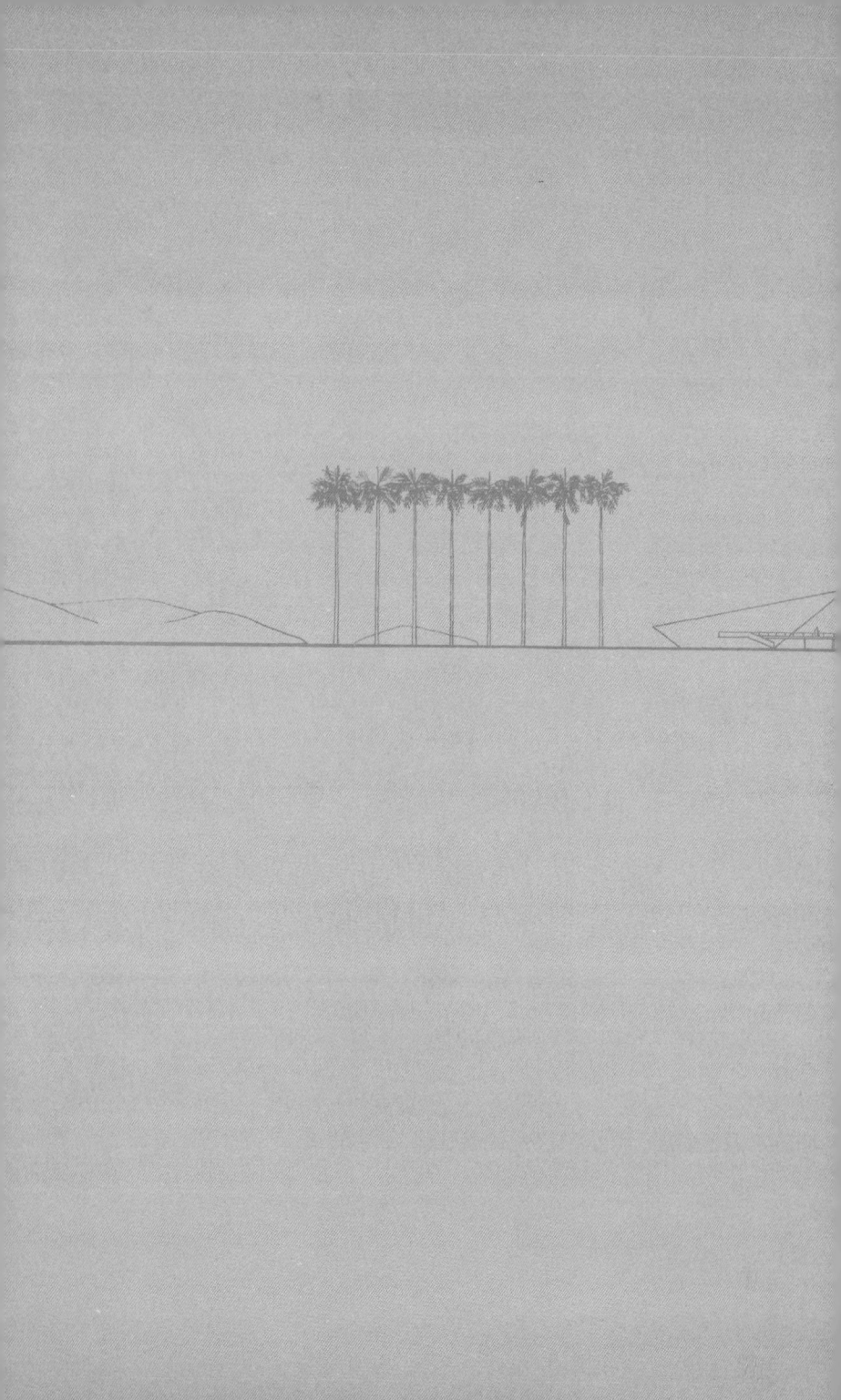

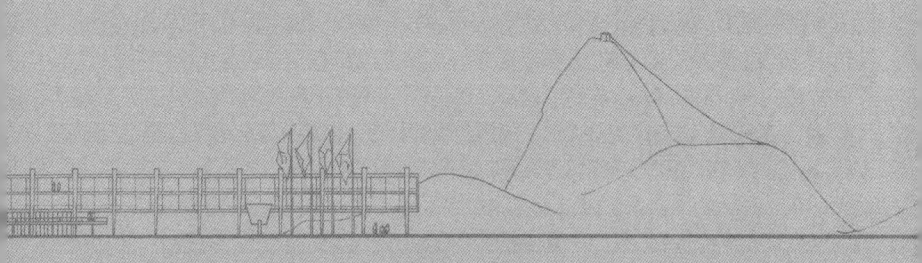

Parte I

Em 3 de maio de 1948, reuniu-se, no Rio de Janeiro, a Assembleia Geral de constituição do Museu de Arte Moderna. Lavrada no Registro Civil de Pessoas Jurídicas, a ata da reunião foi assinada pelos 19 presentes. Do livro de atas de reuniões do MAM, era o primeiro registro de assembleia, primeiro gesto oficial de sua criação. A instituição deixava de existir como projeto e ganhava a existência material de uma "sociedade civil". Na ocasião, Raymundo Ottoni de Castro Maya foi aclamado presidente; Gustavo Capanema, presidente de honra; Manuel Bandeira, primeiro vice-presidente; Marcelo Roberto, segundo vice-presidente; Josias Leão, diretor executivo; Rodrigo Melo Franco de Andrade, vice-diretor executivo; Maria Barreto, secretária-geral; Antônio Bento de Araújo Lima, secretário adjunto; barão de Saavedra, tesoureiro; Quirino Campofiorito, tesoureiro adjunto; e Lúcia Miguel Pereira, bibliotecária. Entre os 19 presentes, 11 haviam recebido um cargo na organização do museu, e todos somar-se-iam a outros 200, considerados membros fundadores.

A referida ata da constituição do "Museu de Arte Moderna do Rio de Janeiro" parece ser inequivocamente o documento que funda e dá concretude ao MAM carioca.[10] Ainda assim, a leitura da ata e da bibliografia existente sobre o museu leva a uma primeira dificuldade que se impõe ao objeto, qual seja, a definição precisa de uma data para a fundação do MAM. No site oficial do museu,[11] a cronologia da instituição começa de fato em 1948, ano da ata inaugural. No entanto, historiadores, críticos, sociólogos e personagens hesitam entre datas alternativas: 1949, ano da primeira exposição,[12] e, surpreendentemente, 1951, ano de eleição do Conselho Executivo da instituição.[13]

---

[10] Ata da Assembleia Geral de constituição do Museu de Arte Moderna do Rio de Janeiro (1948).

[11] Site oficial do Museu de Arte Moderna do Rio de Janeiro. Disponível em: <www.mamrio.org.br/index.php?option=com_content&task=blogsection&id=7&Itemid=32>. Acesso em: 24 jan. 2007.

[12] Cf. Arruda (2001), Parada (1993) e também o Relatório de atividades do Museu de Arte Moderna 1949/1950, mais especificamente o doc. 19, em que Castro Maya parece estabelecer essa data para a fundação do museu.

[13] Cf. Corrêa (2001) e *Lembranças do futuro* (2005) — depoimento de Carmem Portinho.

A documentação existente denota esforços ainda anteriores à oficialização do museu. Na documentação de René d'Harnoncourt, na Fundação Rockefeller, data de 15 de março de 1945 o primeiro comentário sobre a ideia de fundar um *museu de arte moderna* na cidade do Rio de Janeiro. Trata-se de uma carta de Henrique Mindlin,[14] já renomado arquiteto, a René d'Harnoncourt, então diretor do MoMA nova-iorquino.[15] A carta desejava dar prosseguimento a uma conversa iniciada na noite anterior e visava à possibilidade de "fazer algo aqui, com relação ao Museu de Arte Moderna".[16] A nota escrita no dia seguinte a uma reunião em sua casa parece absolutamente entusiasmada com uma inestimável chance de fazer, no Brasil, algo similar à instituição norte-americana. No momento de escritura da carta, Mindlin dizia que já havia entrado em contato com Paulo Almeida Camargo, diretor do Instituto de Arquitetos do Brasil, e com Portinari, que, segundo ele, havia tido a ideia de "convidar pessoas proeminentes para fundar algo como uma sociedade de amigos do Museu de Arte Moderna".[17] A carta de Henrique Mindlin, acionando outros possíveis interessados, parece marcar o início da mobilização em torno do novo museu.

Dando prosseguimento à investida, em 26 de novembro de 1946, também Nelson Rockefeller,[18] empresário do petróleo americano e presidente do Museu de Nova York, escreveria a Raymundo Ottoni de Castro Maya, com vistas a fundar um museu de arte moderna no Brasil. A carta evocava uma reunião formal entre os dois, Rubens Borba de Moraes, Oscar Niemeyer, Alcides de Rocha Miranda, Ro-

---

[14] Em viagem aos Estados Unidos em 1944, Henrique Mindlin teria entrado em contato com o circuito de artes norte-americano e mantido relação com o MoMA nova-iorquino, conforme atesta a menção a seu nome nas correspondências de Alfred Barr Jr., diretor executivo do MoMA, e de René d'Harnoncourt, presidente do mesmo. Cf. carta de Porter MacCray a Alfred Barr Jr. (1957) e carta de Paxton Haddow a René d'Harnoncourt (1954).
[15] Documentação de René d'Harnoncourt. Série II-7. Arquivos do Museu de Arte Moderna de Nova York.
[16] Id.
[17] Carta de Henrique Mindlin a René d'Harnoncourt (1945).
[18] Para uma descrição mais detalhada da atuação de Rockefeller junto ao MAM, ver capítulo 3 na parte II.

drigo de Melo Franco e Aníbal Machado, no sentido de criar uma instituição congênere ao MoMA nova-iorquino no Rio de Janeiro.[19]

Desde 1945, portanto, havia-se iniciado na cidade um esforço para erguer aqui um *museu de arte moderna*. Em 1947 foi confeccionada uma logomarca para a instituição e, depois de intenso trabalho de Maria Barreto, foi depositado o registro do museu no Ministério do Trabalho.[20] Em 24 de setembro do mesmo ano apresentou-se, ao Departamento Nacional de Propriedade Industrial, o registro do título do Museu de Arte Moderna.[21]

Assim, finalmente, em 3 de maio de 1948, quando se reuniam em assembleia geral os fundadores do museu, promulgando em ata a "Constituição do Museu de Arte Moderna do Rio de Janeiro", havia em torno de sua ideia uma rede de sociabilidade, tomadas de decisão e acontecimentos discursivos que antecederam e prepararam a fundação do MAM, fundação que se concretizaria e ganharia dimensão material apenas em 1949, quando seria finalmente inaugurado para o público, com exposição que se intitulava *Pintura europeia contemporânea*, na sede provisória do museu, no último andar do recém-construído edifício Boavista, projetado por Oscar Niemeyer em 1946.

Importante ressaltar, entretanto, que não é casual a definição do ano de 1951 como o ano da fundação do museu, três anos depois da promulgação da ata de sua constituição e dois anos depois da inauguração de sua primeira exposição. A data de 21 de março de 1951 aparece correntemente como alternativa ao ano de 1948 (Corrêa, 2001; Portinho apud Magalhães, 2005). O marco se refere à reunião da "Assembleia Geral Extraordinária do Conselho Deliberativo para eleição da Comissão Executiva e aprovação do projeto de reforma dos atuais estatutos e outras deliberações".[22] A data é digna

---

[19] Carta de Nelson Rockefeller a Raymundo Ottoni de Castro Maya (1946).
[20] Cf. carta de Maria Barreto a Raymundo Ottoni de Castro Maya (1947).
[21] Apresentação do registro de título do Museu de Arte Moderna ao Departamento Nacional de Propriedade Industrial (1947).
[22] Ata da Assembleia Geral Extraordinária do Conselho Deliberativo para eleição da Comissão Executiva e aprovação do projeto de reforma dos atuais estatutos e outras deliberações (1951).

de nota, porque marca a eleição de Niomar Moniz Sodré para a Diretoria Executiva do museu. Após a reunião, uma sucessão de mudanças e deliberadas inovações passariam a acompanhar a instituição, dando nova feição ao museu e dotando-o de concretude material na cidade. Novas sedes, novas exposições e novos sócios seriam conquistados para o MAM e, conforme sugere a imprensa da época, instaurar-se-ia uma "nova fase" para o Museu de Arte Moderna (por exemplo, Jean, 1951a).

Assim, a inexistência de consenso acerca da data inaugural da instituição parece estar relacionada, de um lado, ao difícil processo de fundação efetiva do museu, cuja ideia em muito parece preceder os gestos materiais de sua criação, e, de outro, à brusca mudança estrutural que Niomar Moniz Sodré queria instituir a partir de sua eleição. O que correntemente se coloca como opção por uma ou outra data corresponde, em verdade, a dois momentos distintos do processo de institucionalização do MAM e a dois modelos divergentes de construção da memória da instituição. De um lado, a memória construída em torno de Castro Maya, fundador e primeiro presidente do museu, enfatiza as primeiras mobilizações em torno de sua criação, dando precedência à concepção de sua ideia; de outro, as fontes ligadas à imprensa e à figura de Niomar Moniz Sodré, diretora do MAM a partir de 1951, enfatizam as realizações da instituição que lhe deram feição pública e um lugar no mundo. Assim, em vez de escolher entre uma e outra data, dando precedência à ideia ou à sua materialização, procuro marcar duas diferentes fases no processo de criação do MAM: a primeira, de 1945 a 1952, sob direção de Raymundo Ottoni de Castro Maya; e a segunda, de 1952 a 1958, sob direção de Niomar Moniz Sodré.

O primeiro período, de 1945 a 1952, está intimamente relacionado à imagem de Castro Maya. O museu constituído neste primeiro momento é claramente devedor do modo como seu patrono concebe a modernidade e a memória. O conceito de *museu de arte moderna* parece, então, coincidir com uma missão disseminadora, que se dirige ao público como alteridade e se investia de autoridade civilizadora. Nesse período, a formação do público teria por horizonte a civilidade dos fundadores, um estar no mundo, antes de qualquer coisa, adequado a seu tempo e que conseguiria assistir à época de intensas mudanças em que vivia, sem se abalar. Essa atitude de certeza diante do mundo encontraria, numa antiguidade mais original e mais autêntica, o caráter nacional capaz de contribuir para essa civilização mundial, ampliando a universalidade e fazendo-se caber dentro dela.

A partir de meados de 1952, até 1958, encontro um período que sucede os primeiros anos de fundação do museu e que apresenta um momento em que o paradigma parece se quebrar. Investido da figura de Niomar Moniz Sodré, o museu, em lugar de querer gerar atitudes contemplativas diante do mundo em mudança, procura criar-se como lugar de novas ações e intervenções nesse mundo. Impondo a sociedade brasileira como matriz geradora de modernidade e palco das mudanças que ela executa, o museu passaria a rejeitar a busca de uma nação idêntica a si mesma, dotada de uma essência imutável, para construir uma instituição que se deseja mobilizadora de desenvolvimento e modernidade universais.

Capítulo 1
Os primeiros anos de fundação do MAM carioca
(1945-1952)

Os fundadores do Museu de Arte Moderna

Ao analisar a ata da Assembleia Geral de Constituição do Museu de Arte Moderna, de 3 de maio de 1948, o que primeiro salta aos olhos são as assinaturas dos presentes à cimeira.[23] Poetas, diplomatas, colecionadores, banqueiros, homens da sociedade, grandes homens públicos, ministros, todos eram homens e mulheres pertencentes ao mais alto escalão da sociedade carioca.

Observar a criação do MAM do ponto de vista do perfil social de seus fundadores implicaria retomar o grupo e perguntar, de um lado, que *origem social* estava sendo acionada para criar uma instituição deste porte e, de outro lado, que tipo de *capital* a criação do museu poderia proporcionar. Sugestão feita, há que se deter uns instantes para olhar a composição dessa agremiação. Ao olhar os nomes usualmente destacados pela bibliografia especializada, alguns são recorrentes.[24] Encabeçando a lista: Gustavo Capanema, ex-ministro da Educação e Saúde; Raymundo Ottoni de Castro Maya, industrial e empresário; barão de Saavedra, diretor do Banco Boavista; Walter Moreira Salles, proprietário do Banco Moreira Salles; Roberto Marinho, dono do jornal *O Globo*;

---

[23] Cf. Ata da Assembleia Geral de constituição do Museu de Arte Moderna do Rio de Janeiro (1948).
[24] Ver, por exemplo, descrições de Lourenço (1999); Parada (1993); Pougy (1996); Durand (1989); Arruda (2001).

Josias Leão, embaixador; Rodrigo de Melo Franco, diretor do Sphan; Paulo Bittencourt e Niomar Moniz Sodré, donos do *Correio da Manhã*.

Desse ponto de vista, o MAM teria sido criado como instituição privada por um grupo de empresários, industriais, banqueiros e altos funcionários do Estado que cederam parte de suas coleções particulares e de seu prestígio social para divulgar a arte moderna no Brasil. Proprietários de grandes bancos e importantes jornais da cidade se teriam mobilizado em torno do novo empreendimento para, segundo Maurício Parada, encontrar um meio de se tornar agentes "capazes de intervir no processo de modernização do país" (Parada, 1993:8-10). O museu tomaria parte numa estratégia de mecanismos muito finos, que possibilitariam a conversão de seu capital econômico em capital social.

No entanto, à época da primeira reunião preparatória para a fundação do Museu de Arte Moderna, nem todos os membros citados estavam realmente presentes, e o grupo incluía intelectuais e homens públicos que não exatamente compunham a elite proprietária ou dos grandes burocratas. Sem dúvida, eram portadores de capital cultural e simbólico, mas nem sempre poderiam estar associados à rede de interesses que a identidade de empresário supõe. Artistas, críticos de arte, jornalistas faziam também parte do primeiro escalão do grupo de fundadores.

Ao olhar a ata da primeira reunião, pode-se notar que a composição é bastante diferente daquela apresentada pela bibliografia sobre o tema. O nome de Niomar Moniz Sodré só apareceria nas atas de reunião a partir de 1951; e os de Roberto Marinho, Walter Moreira Salles e Paulo Bittencourt, a partir de 1953. Nessa época, também outros intelectuais seriam incorporados, entre os quais, Mário Pedrosa[25] e Oscar Niemeyer,[26] dificilmente redutíveis à clas-

---

[25] Para além de suas atividades como crítico de arte, Mário Pedrosa era também conhecido por suas inúmeras atividades políticas. Em 1929, havia já sido exilado do país por sua participação na Oposição de Esquerda Internacional, agremiação política comunista trotskista.

[26] Filiado ao Partido Comunista desde 1945, também Oscar Niemeyer dificilmente aceitaria o rótulo da ideologia burguesa.

sificação de portadores da ideologia burguesa, tão correntemente atribuída ao museu.

Como bem nota Arruda (2001:414), o grupo que financiava o museu não era, em verdade, homogêneo. Com efeito, tomando como "primeiros fundadores" os patronos que compareceram à reunião preparatória do Museu de Arte Moderna —assim designados na primeira ata do museu, de maio de 1948—, é possível tentar elencar uma série de subgrupos nos quais se poderiam classificar os primeiros membros do museu (quadro 1). Havia empresários (Raymundo Ottoni de Castro Maya e o barão de Saavedra), altos funcionários do Estado (Rodrigo Melo Franco de Andrade, Gustavo Capanema, Josias Leão), jornalistas e críticos de arte (Antonio Bento, Quirino Campofiorito, Lúcia Miguel Pereira), poetas e artistas (Manoel Bandeira, Raul Bopp, Maria Martins e Sotero Cosme).

Contudo, ainda que classificações sejam sempre possíveis, o que salta aos olhos, tanto no quadro 1 quanto na categorização anteriormente elencada, é a omissão de informações relevantes. Em primeiro lugar, a classificação inicialmente sugerida deixa de denotar a completa ausência dos empresários da imprensa e proprietários de grandes jornais. De outro lado, classificações reduzem a categorias unidimensionais atores sociais que transitavam entre uma série de papéis e círculos sociais. As opções necessariamente privilegiam uma única inserção profissional de cada um destes agentes sociais, esquecendo, no mais das vezes, que o que os unia era justamente a possibilidade de pertencerem simultaneamente a diferentes redes de sociabilidade e de estarem aptos a partilhar diversos gêneros discursivos. Se o pertencimento a uma gama cada vez maior de círculos sociais é, para Simmel (1939: 50-56), fenômeno típico da modernidade, fonte de um estilo de vida humanista e cosmopolita, no caso do MAM, o livre trânsito seria fundamental para constituir a identidade do grupo e possibilitar mecanismos de formação do museu.

Assim, o quadro 1 procura dar conta da duplicidade de papéis. Além da inserção de Raymundo Ottoni de Castro Maya e do barão de Saavedra no mundo do capital financeiro, eles eram também colecionadores, investidos do rótulo de *connoisseurs* e que estavam,

Quadro 1. Participantes da Assembleia Geral de constituição do Museu de Arte Moderna

Membro fundador	Colecionadores	Empresários	Proprietários de jornais	Artistas e poetas	Diplomatas	Arquitetos	Funcionários do Estado	Críticos de arte	Não identificados*
Gustavo Capanema							X		
Raymundo de Castro Maya	X	X							
Manuel Bandeira				X			X		
Josias Leão	X				X		X		
Rodrigo Melo Franco de Andrade							X		
Marcelo Roberto						X			
Maria Barreto									X
Antônio Bento Araújo Lima								X	
Barão de Saavedra	X	X							
Quirino Campofiorito								X	
Lúcia Miguel Pereira								X	
Maria Martins	X			X	X				
Lucas Mayerhofer						X			
Nelson de Magalhães Porto		X							
Renato Soeiro						X	X		
Paulo Teixeira Boavista									X
Raul Bopp				X	X				
Mario Moreira Fabião									X
Sotero Cosme				X	X				

* Ainda que apareçam na lista de fundadores, não foi possível encontrar dados acerca de sua atuação profissional, pessoal ou familiar.

sobretudo, inseridos nas altas rodas da sociedade. O triplo pertencimento permitia que lidassem entre iguais com altos funcionários do Estado, que não tivessem dificuldades de angariar membros endinheirados para o novo empreendimento e nem de desviar problemas que seriam intransponíveis para outros agentes em posições semelhantes.

É com alguma facilidade que o barão de Saavedra consegue a primeira sala de exposições no Banco Boavista para o Museu de Arte Moderna em 1949 e que Raymundo de Castro Maya conquista a cessão do prédio do Ministério da Educação para sua sede provisória, em 1952. Se a primeira foi obtida com diligência pelo diretor do banco, a segunda, além da liberação do ministro, tinha que lidar com os entraves burocráticos de concessão pelo Serviço do Patrimônio Histórico Nacional, que só a camaradagem de Oscar Niemeyer e a longa amizade de Rodrigo Melo Franco de Andrade poderiam resolver.[27] Para além do capital financeiro ou do prestígio social, supunha-se uma rede de relações pessoais que poderiam pôr a instituição em movimento.

Assim, além do prestígio público com o qual contavam os componentes da primeira reunião preparatória do museu, seu enquadramento parece esbarrar sempre nas possibilidades de pôr em movimento suas redes de relações em favor da instituição.

Não é por acaso que aparecem recorrentemente, na lista de presentes à reunião, intelectuais cuja função principal residia no exercício da diplomacia. Raul Bopp, Sotero Cosme, Josias Leão e Maria Martins[28] se inseriam no MAM e faziam parte do mundo das altas rodas internacionais, acionando relações para realizar exposições, liberar peças na alfândega, fazer o museu internacionalmente conhecido.

---

[27] Em carta a Josias Leão, dizia Castro Maya: "Parece que vamos conseguir a parte baixa do Ministério da Educação, debaixo do Salão das Exposições. Pelo menos é o que promete o ministro, só faltando as formalidades. Nós é que teremos que conseguir o fechamento, mas isto é só um detalhe" (cf. carta de Raymundo Ottoni de Castro Maya a Josias Leão, 1951).

[28] A esses nomes se juntariam, posteriormente, Maurício Nabuco, Paulo Carneiro e uma série de outras personagens ligadas, de um modo ou de outro, ao Itamaraty.

Não parece ser tampouco casual a presença dos jornalistas e críticos de arte, cuja influência nos meios de comunicação poderia fazer ampliar o escopo da instituição. Os nomes de Quirino Campofiorito, Lúcia Miguel Pereira e Antônio Bento constavam na primeira ata de reunião. Mais tarde, unir-se-iam a eles Jayme Maurício, Roberto Marinho, Paulo Bittencourt e Niomar Moniz Sodré, nomes estreitamente ligados à imprensa.[29]

O pertencimento ao grupo dos fundadores se devia, portanto, em primeiro lugar, a uma inserção no mundo das artes. O universo do museu girava, antes de tudo, em torno dos colecionadores, críticos e artistas.

Em segundo lugar, a presença desses nomes estava também relacionada à sua capacidade de mobilização de recursos financeiros e sociais para operação do museu. A atuação dos sócios era de fundamental importância nos primeiros anos do MAM. Seus nomes apareciam não apenas comparecendo às assembleias, mas também emprestando obras para a primeira exposição, comparecendo aos coquetéis oferecidos pela instituição e assinando as matérias de divulgação publicadas na imprensa da época. Tratava-se, portanto, de empenhar recursos numa instituição nova.

É bem verdade que, conforme deveras sublinhado,[30] qualquer empreendimento artístico tem uma contrapartida de efetivo lucro para aqueles que se empenharam em sua fundação. Colecionadores e mecenas são usualmente vistos como pessoas em busca da imediata valorização de suas obras, conversão de capital social em capital econômico. E, de fato, seria impossível desprezar os efeitos financeiros e as posições de prestígio que advêm de instituições do gênero.

Ao analisar os estatutos publicados na ata da Assembleia Geral de constituição do Museu de Arte Moderna, uma série de mecanismos de distinção hierárquica parece ser imediatamente definida. Ao criar uma sociedade civil sem fins lucrativos que seria, ademais,

---

[29] Também o convite a Niomar Moniz Sodré para a diretoria executiva da instituição parece acontecer somente na medida em que o *Correio da Manhã*, de Paulo Bittencourt, pudesse ser posto à disposição da divulgação do museu (cf. carta de Rodrigo Melo Franco de Andrade a Raymundo Ottoni de Castro Maya, 1950).
[30] Ver Arruda (2001); Bourdieu (1996); Durand (1989); Miceli (2003).

mantida "com o produto de doações e contribuições de seus sócios", seus fundadores empenhavam, além de tempo, capital financeiro para manutenção da fundação.[31]

Em torno do esforço dedicado, criava-se uma série de mecanismos de distinção para que as devidas honras fossem atribuídas aos devidos sócios, e sua memória pudesse ser devidamente preservada. Sócios *beneméritos, titulares, efetivos e fundadores* eram as primeiras categorias para criar um espaço de definição do prestígio a ser conferido a cada um dos filantropos.

Definia-se como sócio *benemérito* "o sócio que fizer doação de valor ou prestar concurso relevante, sem remuneração, às atividades do museu".[32] Deixando clara a vocação do MAM, não só se reafirmava a ausência de fins lucrativos, como se recusava a remuneração pelo trabalho executado. Recusava-se a ideia do museu como fonte de qualquer renda para seus fundadores. Mesmo o trabalho tinha que ser gratuitamente devotado, garantindo ao doador, como contraprestação, o espaço no topo da hierarquia dos sócios da nova instituição.

Assim também, seria *titular* apenas o sócio que pagasse "joia não inferior a dois mil cruzeiros ou fizesse doação de obra de arte aceitável a juízo da comissão executiva".[33] Deixava-se em aberto o que deveria ser considerado de valor, mas a clara distinção entre o *benemérito* ("de valor"), e o *titular*, ("aceitável"), deixava aparente a hierarquia que se criava, separando um baixo e um alto clero no interior da instituição.

Finalmente, haveria ainda o espaço dos homens comuns, sócios *efetivos*, que pagariam "mensalidade estipulada anualmente pelo Conselho Deliberativo e que não excederia de cinquenta cruzeiros".[34] A medida da generosidade tinha, sem dúvida, contrapartida num esquadrinhamento dos espaços de prestígio. Doação *de valor*, obra de arte *aceitável* e mensalidade que *não excede* são, sem dúvida, termos muito diferentes para qualificações diferen-

---

[31] Ata da Assembleia Geral de constituição do Museu de Arte Moderna do Rio de Janeiro (1948).
[32] Id.
[33] Id.
[34] Id.

tes. *Beneméritos, titulares e efetivos* não eram simples nomes, mas equivaliam a uma bem-demarcada hierarquia e a qualidades de gente muito diferente. Antes mesmo de uma sede ou de uma exposição, definiam-se os espaços sociais que cada um dos benfeitores do MAM ocuparia.

No momento de fundação, contudo, ali estavam todos alinhados sob as mesmas prerrogativas de *sócio fundador*, distinção de antiguidade, cuja dignidade era ainda maior que a de benemérito e que só poderia ser perdida "em virtude de retirada voluntária ou falecimento". Era aos *fundadores* que cabia o pertencimento ao conselho deliberativo, órgão executivo do museu. O lugar dos idealizadores estava, portanto, garantido.

Uma vez definidos os detentores do prestígio, disputas e rivalidades se construiriam, no entanto, em torno das posições que tinham visibilidade na fundação da "grande obra". Em duas crônicas publicadas em *Última Hora*, em 25 e 26 de janeiro de 1952, Marques Rebelo, fundador dos museus de arte moderna de Florianópolis e Resende, narraria uma das reuniões de que teria participado para fundação do MAM carioca — pela descrição provavelmente a própria reunião preparatória do museu, em 3 de maio de 1948. Em primeiro lugar, o autor se apresentaria como "louco e desinteressado", cuja "mania de artes plásticas" o teria feito

> andar pelo Rio Grande do Sul, Bahia, Minas, Santa Catarina e estado do Rio, levando exposições de pintura moderna, [se] esbofeteando em conferências sobre o assunto, procurando fundar salas de exposições, lutando [...] contra a burrice nacional e lastimando sempre que no Rio de Janeiro não houvesse um museu de arte moderna [Rebelo, 1952a].

Depois, confessando-se atingido "em sua vaidade" por não ter sido investido de qualquer cargo à época da dita reunião, Marques Rebelo desqualificaria o desinteresse dos demais fundadores da instituição. Aos "cem contos" doados pelo presidente do MAM, referir-se-ia como "bagatela", que não era "lá muita coisa nem para os tempos atuais nem para o senhor Castro Maya"; da cessão das salas do Banco Boavista pelo barão de Saavedra diria que a cobrança permanecia, e que "em vez de cobrar seis mil cruzeiros pela sala, cobrava só três mil" (Rebelo, 1952b). A disputa pelas posições de prestígio se dava tanto por detração das honras concedidas quanto por elogio a doações efetuadas. Assim, do mesmo modo que Marques Rebelo procurava desqualificar o mundo de distinções do qual havia sido excluído, não era por acaso que, a partir de meados dos anos 1950, Niomar Moniz Sodré começaria a construir para si a imagem de mentora do museu.[35] Tampouco era por acaso que Castro Maya guardava, em suas gavetas, documentos que atestavam o contrário e que comprovavam sua própria versão dos fatos: as cartas de Nelson Rockefeller, discutindo a criação do museu em 1946, e a nota de Rodrigo de Melo Franco sugerindo, em 1950, o nome de Niomar para a diretoria da instituição. A acumulação de documentos parece supor a criação de uma série de arquivos e de uma memória pessoal para tornar-se pública.

Sabendo que se tratava, contudo, de uma fundação ainda não realizada, sem garantias de futuro, sem garantias de retorno imediato ou de qualquer retorno em qualquer prazo, resta saber o por quê do desejo de tomar parte no empreendimento.

Num sistema de dom e contradom, criar-se-ia uma rede de realização de favores num único sentido, sem garantia de reciprocidade positiva (Mauss, 1974). Os primeiros fundadores do museu colocariam capital econômico, social ou profissional à disposição de um investimento com alto risco e alta probabilidade de simplesmente não vir a ser. Numa lógica de acumulação de prestígio, parece tratar-se de um dispêndio sem sentido, empreendimento aventureiro, cujos resultados positivos só podem ser atribuídos num olhar analítico *a posteriori*. Em princípio, antes da criação da instituição, nada, além da crença dos agentes (Elster, 1994), parecia indicar as proporções que o MAM viria a tomar e, sobretudo, nada parecia indicar o retorno imediato do investimento.

---

[35] Em 2001, chegaria mesmo a aparecer uma versão para o surgimento de sua ideia: "Foi numa viagem aos Estados Unidos que Paulo [Bittencourt] apresentou-lhe Nelson Rockefeller, milionário e grande mecenas americano, na ocasião presidente do Museu de Arte Moderna de Nova York, do qual fora fundador. Segundo consta, foi ele quem, naquele momento, sugeriu a Niomar a criação de uma instituição congênere no Rio de Janeiro" (Corrêa, 2001:64).

Embora interesses de retorno imediato não possam ser descartados, o investimento sem retorno aparente, em lugar de moeda de troca num sistema de lucros imediatos, parece referir-se a um futuro longínquo, a uma crença na institucionalização do museu como acontecimento a repercutir indefinidamente nas gerações futuras. Entre o discurso de fato expresso e os supostos interesses disfarçados sob véus de ideologia, há um espaço de sentido em que valores e crenças também operam. O desejo de imprimir a memória individual sobre a coletividade parece fazer do museu uma espécie de herança, ou epitáfio, que garante a continuidade da existência a despeito da descontinuidade da vida (Koselleck, 1998). O sistema de reciprocidade parece se fechar como prestígio da realização gravada na instituição material na — e para a — posteridade.

Nesse sentido, não deixam de ser paradigmáticos os discursos que empenhavam para o futuro as realizações do museu e adiavam sua consagração para quando tivesse uma sede, quando tivesse um acervo, quando estivesse definitivamente institucionalizado, ou quando seus frutos pudessem ser finalmente colhidos. Em matéria sobre a inauguração parcial da sede do museu no aterro do Flamengo, dizia o *Boletim do Museu de Arte Moderna*, já em janeiro de 1958:

> Dia 27, o grande dia: primeiro coroamento de nossos dias de lutas, de marchas e contramarchas, de esperanças e desesperanças. Primeiro grande passo, seguro e consciente, na direção do grande marco que já se mostra no próximo futuro: o funcionamento integral do museu como centro de cultura contemporânea, primeiro grande passo para institucionalizar, em bases sólidas, a cultura artística brasileira.

Do mesmo modo que o museu a realizar-se no futuro, o prestígio pessoal, adiado para a posteridade, aparece como garantia do nome lavrado na memória coletiva. Desejo de tornar-se personagem da história, que só poderia ser pensado num mundo de ações racionais modernas (Weber, 1995), em que a grande obra realizada filantropicamente aparece como medida de reconhecimento futuro.

Assim, não é por acaso que os registros de acontecimentos relativos ao MAM são guardados, catalogados e arquivados institucional e individualmente. Inúmeras fotos são registradas, os jornais cuidadosamente recortados e preservados, as cartas dobradas e arquivadas. Mesmo as notas, rascunhos e bilhetes são armazenados por décadas.

Para que o museu se constituísse, foi preciso que seus fundadores empenhassem capital e prestígio social em nome de uma "grande obra" que, esperavam, fosse também assim percebida por seus contemporâneos e pelas gerações futuras. Era preciso conceber um projeto de acordo com o que se acreditava fosse passível de ser coletivamente entendido como mudança positiva na comunidade a que pertenciam. Grande obra que, além dos mecanismos próprios de hierarquização, se oferecia também como objeto de disputa. O conteúdo do projeto é, portanto, investido de valor, realidade material capaz de ordenar formas sociais. Não bastava construir uma nova instituição; era preciso que ela causasse impacto no mundo e fosse percebida como instituição de valor em seu próprio tempo e nos tempos vindouros.

Talvez tenha mais nexo perguntar pelo sentido da sociabilidade desses agentes, pelo modo como fizeram o mundo aqui e agora, pelo modo como se conheceram e permaneceram unidos por um projeto comum, construindo relações, a despeito das diferenças de origem e trajetória. Não quero dizer aqui que não existam desigualdades de poder e interesses que lhes sejam correspondentes, mas talvez valha a pena perguntar de que modo tais desigualdades e interesses foram acionados nas relações sociais de fato.

Para entender a produção dessa instituição de cultura, prefiro recorrer aos modos específicos de segregação e agrupamento, tendo em vista crenças, valores e projetos que se criam na sociabilidade cotidiana (Sant'Anna, 2004). Pretendo, portanto, entender a formação do grupo de fundadores do MAM como construção de vínculos sociais que se mantêm, por oposição à alteridade e como resultado de contatos próximos, contínuos e capazes de criar narrativas coletivas cristalizadas.

Uma vez, contudo, que o grupo supõe em sua fundação 19 membros, expandido às centenas nos anos posteriores, sugiro que se reconstruam estas relações a partir das figuras-chave de Raymundo Ottoni de Castro Maya e Niomar Moniz Sodré, buscando entender de que modo os dois personagens agremiaram, em seu entorno, agentes capazes de fazer o MAM acontecer. Às diferentes redes de sociabilidade, parecem corresponder diferentes projetos para o museu. Projetos que estão, em verdade, imbuídos do fluxo de vida de seus portadores e se põem em constante disputa para fazer do museu manifestação concreta do que acreditam ser a "grande obra" capaz de mudar suficientemente o país para deixar seus nomes gravados na memória.

Nesta medida, procuro, a partir de agora, discutir os dois conceitos de museu do ponto de vista de seus protagonistas e do modo como sua existência foi capaz de fazer os conteúdos do discurso.

O discurso de modernidade e civilidade no Museu de Arte Moderna

Para que se possa entender o Museu de Arte Moderna nos primeiros anos de sua fundação é preciso, antes de mais nada, que se olhe para o modo como se constituiu, no que se refere às práticas institucionais de fato, buscando entender como conceitos tomaram corpo em gestos materiais e foram, assim, apresentados ao público como imagem unitária. Propondo-se a "disseminar a arte moderna no Brasil",[36] o museu se cercava de elementos capazes de conferir sentido à sua missão, definindo, na prática museológica e nos atos de fala, conceitos da moderna arte de que era portador, do público ao qual se dirigia e do modo como a disseminação deveria se dar.

Em 1948, ao tomar publicamente sua primeira posição institucional, o Museu de Arte Moderna, prenhe de futuro, assim era definido:

> Fica criado com sede e foro no Distrito Federal, o Museu de Arte Moderna do Rio de Janeiro, sociedade civil, sem fins lucrativos, determinada a realizar e a manter exposições de artes plásticas, em caráter permanente e temporário; organizar filmoteca, arquivo de arte foto-

---

[36] Ata da Assembleia Geral de constituição do Museu de Arte Moderna do Rio de Janeiro (1948).

gráfica, discoteca e biblioteca especializada; promover exibição de filmes de interesse artístico-cultural, concertos, conferências e cursos selecionados com as suas finalidades, pesquisas folclóricas e intercâmbio com as organizações congêneres do estrangeiro; disseminar o conhecimento da arte moderna no Brasil.[37]

Nesse curto fragmento do art. I° do primeiro estatuto do museu, definiam-se as principais atividades da instituição e, com elas, dava-se início a uma imagem que se materializava como unidade, tomando a forma de seus fundadores.

Ao dedicar-se a "disseminar o conhecimento da arte moderna no Brasil", o museu se impunha, em primeiro lugar, uma missão didática e uma missão ilustradora de amplo escopo. O conhecimento da arte moderna era o objetivo da instituição, e sua disseminação garantia o caráter pedagógico de que se revestia. Embora não estivesse dito que arte moderna era essa que deveria ser levada aos outros do Brasil, ao elencar a lista de técnicas que viabilizariam o fim último da instituição, os estatutos davam a primeira noção de como se poderia defini-la. As *exposições, concertos, exibições de filme*, enfim, práticas didáticas para formação do público e para a já citada disseminação da arte moderna eram acompanhadas de toda uma série de técnicas de construção de uma coleção. Do mesmo modo que outros museus da época, o MAM fundaria uma série de departamentos que se amparavam nas práticas de seu tempo. *Arquivos, bibliotecas, filmotecas, discotecas*, todos eram práticas que cabiam na rigorosa seleção e classificação da arte moderna e que, supondo técnicos e pesquisadores, implicavam um mundo asséptico, que em tudo parecia se adequar à vida e à arte modernas. A arte, por definição contemporânea do presente, demandava determinados métodos que lhe atestassem a modernidade e também uma série de especialistas que lhe acompanhassem o ritmo e lhe comprovassem o valor.

O museu definia-se, portanto, como *técnica* para distinguir a arte de seu tempo. O moderno era simultaneamente o horizonte

---

[37] Ata da Assembleia Geral de constituição do Museu de Arte Moderna do Rio de Janeiro (1948).

a ser alcançado e o método de alcançá-lo. O museu, ao colocar-se como meio, era instaurador do objeto visado.

Do mesmo modo, ao definir três diferentes escopos para o Museu de Arte Moderna, os estatutos chegavam a apresentar claramente o sentido que deveria tomar o processo civilizador de que se queria protagonista. O museu definia como espaços alcançados por sua ação: (a) o Distrito Federal, cidade em que teria sede e foro; (b) o espaço nacional, para o qual sua ação deveria se irradiar; e, finalmente, (c) o espaço das demais nações modernas com as quais manteria intercâmbio.

Em primeiro lugar, os estatutos apresentavam o espaço da cidade. O Distrito Federal, capital do país, seria sua casa e o centro de onde a disseminação do "conhecimento da arte moderna" deveria irradiar.[38] Em segundo lugar, sua missão ultrapassava os limites da cidade e se queria nacional. A civilização haveria de emanar do círculo fechado dos fundadores do museu e ser levada como conhecimento aos outros do "Brasil".[39] Além de um centro irradiador e de um âmbito de irradiação, os estatutos diziam, ainda, que deveria haver, em terceiro lugar, um espaço de fora com que entraria em contato mediante "o intercâmbio com instituições do estrangeiro".[40] Se a disseminação da arte moderna deveria ocorrer para dentro do Brasil, o intercâmbio só poderia ocorrer como fluxo de entrada dos instrumentais de disseminação, ilustração e civilização. Tratava-se de um movimento de circulação da arte, em que o museu se punha eminentemente como agente receptor. Definia-se, portanto, um lá e um cá que orientavam a atuação do museu. Tratava-se, finalmente, de um modelo de modernidade universal.

Assim, os estatutos da instituição, ao definir suas atribuições, definiam, do mesmo modo, o conceito de *museu de arte moderna*. A ação disseminadora da arte moderna e o espaço de disseminação foram, portanto, as chaves de entendimento dos discursos sobre o

---

[38] Ata da Assembleia Geral de constituição do Museu de Arte Moderna do Rio de Janeiro (1948).
[39] Id.
[40] Id.

MAM carioca no primeiro momento de sua fundação. No entanto, acredito que sejam as primeiras iniciativas do museu aquelas que, ao lado do estatuto, podem definir um primeiro momento desta missão didática.

Ao inventariar as atividades do museu em entrevista ao *Correio da Manhã* de 12 de agosto de 1951, Castro Maya citava as seguintes exposições no salão do prédio do MEC ou do Automóvel Club: *Painéis de Tiradentes* (Portinari), *De Manet à nos jours*, e duas pinturas de Labisse junto com desenhos de cenários e trajes para espetáculos da Companhia Barrault. Já na sede do museu, fazia referências às seguintes mostras: *Pintura europeia contemporânea*; *Exposição do livro francês*; *Bérard*; *Cerâmicas do Nordeste*; e *Pintura moderna de Milão* (Roberto Sambonet e Tiziano Borazzola).

Entretanto, ao olhar mais detidamente as referidas atividades, tudo aponta para a imagem de que, uma vez instalado o museu em maio de 1948, passava ainda a instituição por um momento de indefinição; sem sede, sem acervo, sem exposições, seu nome aparecia nesse momento unicamente citado, em letras pequenas, no apoio à exposição do painel de Tiradentes feito por Portinari, que se realizaria no prédio do Ministério da Educação ainda no ano de sua fundação. O silêncio parecia acompanhar a fase de preparação do museu e, apenas em janeiro de 1949, apareceriam os frutos da iniciativa inaugural, quando seria aberta a primeira exposição na sede provisória do museu. Instituída no último andar do edifício Boavista, a mostra se intitulava *Pintura europeia contemporânea*. Instauradores do museu, a exposição e seu catálogo parecem ter-se colocado no mundo como espécies de manifestos do MAM.

De fato, a escolha da sede e a abertura da mostra pareciam marcar o primeiro ato verdadeiramente público do museu. Se a assinatura da ata criara formalmente a instituição, é verdade que, até então, também permanecia restrita aos presentes à reunião e àqueles relacionados ao círculo íntimo que comporia os quadros dos sócios fundadores. Ao inaugurar sua primeira mostra em sede própria, o museu exibia ao grande público sua face mais concreta. Publicada nos jornais, representada por um catálogo, disposta numa sala de exibição, a exposição dava existência efetiva aos estatutos do MAM. O último andar do Banco Boavista e as obras da

Escola de Paris apareciam como manifesto mais material do que se entendia então por um *museu de arte moderna*.

A praça Pio XII, na avenida Presidente Vargas, foi escolhida como sede do museu, para compor o quadro da modernidade carioca. Cortando o centro do Rio de Janeiro, a avenida fora aberta no início da década de 1940 e, em nome da modernidade, tivera asfaltadas quatro pistas para automóveis, para tanto sendo demolidas partes de estreitas ruas centenárias e algumas das mais antigas igrejas da cidade. Ao longo de suas calçadas foram construídos novíssimos arranha-céus, prédios de escritórios e sedes de bancos. Um novo desenho foi traçado no horizonte da cidade. O prédio Boavista, projetado por Oscar Niemeyer, com suas curvas em tijolos de vidro e murais de Portinari, parecia destinado a ser um símbolo da moderna iconografia nacional. O arquiteto já havia desenhado o conjunto da Pampulha, que em 1947 receberia parecer de tombamento favorável pelo Sphan (Rubino, 2002), e vinha sendo consagrado, ao lado de Lúcio Costa e Affonso Eduardo Reidy, como portador da moderna forma arquitetônica brasileira.

A escolha do último piso do prédio de 10 andares visava, sem dúvida, chamar a atenção para a vista panorâmica de uma capital que se reconstruía. A modernidade se fazia representar pela urbanidade dos arranha-céus e pela cidade que, cortada por veículos em alta velocidade e pelo constante trânsito de pedestres, se deixava contemplar do alto. O espaço havia sido pensado como um símbolo da vida contemporânea. Em lugar de novas construções, Castro Maya optava pelo uso do espaço existente, símbolo maior da vida como mais modernamente se dava no Rio de Janeiro, representante da cidade no que ela já tinha de seu.

Contudo, as salas cedidas "sem nenhuma remuneração"[41] pelo barão de Saavedra, à época diretor do Banco Boavista, apesar de

---

[41] Conforme minuta da ata de reunião da diretoria (1952), as salas do Banco Boavista teriam sido emprestadas sem que houvesse sido efetuado qualquer pagamento. Em crônica publicada em *Última Hora* (26 fev. 1952) Marques Rebelo refutaria a versão. No entanto, os documentos disponíveis no MAM e na fundação Castro Maya mencionam sempre apenas empréstimo sem remuneração (cf. ACM. MAM III. Pasta 69, doc. 31).

encaradas como "valiosíssima contribuição",[42] implicavam ainda entraves à instituição: a escolha do andar mais alto do prédio parecia conferir ao MAM uma ideia de superioridade que, para além de um espaço privilegiado de contemplação da cidade — ilha silenciosa de onde se poderia ver o mar de pessoas a se deslocar no centro financeiro —, nem sempre parecia acessível a qualquer um que quisesse penetrar em suas salas. Se, num primeiro momento, a escolha do espaço deve ter parecido a mais adequada possível, o fato é que, como reconheceria Castro Maya dois anos mais tarde, o "público não comparecia às exposições".[43] O espaço não fora pensado para criar demanda, mas para satisfazê-la. Supunha-se que haveria um público sedento de arte moderna.

Castro Maya, com efeito, abria o catálogo da mostra que inaugurava o MAM em 1949, dizendo que o museu representava "uma necessidade para nós" (cf. Museu de Arte Moderna, 1949). Parecia inquestionável que um museu de arte moderna devesse existir. Ele prescindia, naquele momento, de justificativas e apelos de divulgação. A matéria publicada pelo *Correio da Manhã* em 3 de maio de 1949, se não pôde ser imediatamente identificada como *press release* do MAM, associando-se ao discurso institucional, era, decerto, escrita por membro da comunidade de críticos de arte da imprensa que se associavam direta (ver quadro 1) ou indiretamente à instituição e dava o tom do que se deveria entender então como a missão disseminadora do museu. A reportagem parece expressar claramente a opinião dos círculos íntimos da instituição. Fazendo eco ao catálogo de Castro Maya, afirmava que a "organização de um museu nesse sentido se fazia absolutamente necessária entre nós".[44] Dizia:

> Pelo que encerra em riqueza intrínseca e em valor artístico, o Salão dos altos do Banco Boavista vem constituindo uma atração irresistível para os círculos cultos e o público em geral que procura se

[42] Cf. carta de Raymundo Ottoni de Castro Maya ao barão de Saavedra (1951).
[43] Cf. carta de Raymundo Ottoni de Castro Maya a Josias Leão (1951).
[44] "Iniciativa de alto sentido cultural: a criação do Museu de Arte Moderna do Rio" (1949).

esclarecer sobre os segredos e os mistérios da arte, e sua ampliação progressiva poderá se transformar, além de um verdadeiro centro de irradiação de cultura, em mais uma sugestão turística da Cidade Maravilhosa.[45]

O público deveria ser espontaneamente levado à "atração irresistível" que exerceria sobre si o Museu de Arte Moderna. A missão de disseminar a arte moderna residia num duplo diagnóstico: de um lado, a certeza de que havia um público culto, naturalmente atraído pelos museus; de outro, a impressão de que havia um público em geral, que desejava cultivar-se, tornar-se culto, entrar no mundo dos eleitos. A compreensão da arte moderna aparecia como fim em si mesma, *status* de civilidade.

No encalço dos museus do século XIX, o Museu de Arte Moderna carioca parecia atribuir-se o propósito de civilizar a população como um todo, sendo dotado da "capacidade que é atribuída à alta cultura de transformar tanto a vida interior da população como alterar suas formas de vida e comportamento" (Bennet, 1995:20). Disciplinando corpos e formando mentes, a arte moderna, ao enquadrar-se no âmbito do bom gosto e do bom-senso, seria, ela também, portadora de um modo de ser civilizado.

Na introdução ao catálogo dessa primeira exposição do MAM, a principal inquietação de Castro Maya parecia ser fazer calar o constante murmúrio que costumava acompanhar as mostras de arte que rompiam "as correntes do tradicionalismo":

> Admitida esta premissa [de que o artista é sincero], é o primeiro passo para a compreensão da Arte Moderna. Já não ouviremos mais os diálogos nas Exposições tais como: Não é possível ninguém ter mãos ou pés deste tamanho!! Estas cores não existem na natureza!! Por que procurar sempre elementos de comparação?
>
> Um quadro agrada ou não, por isso é preciso deixar à entrada deste museu, os preconceitos formais de que a pintura deva representar exatamente a realidade [Castro Maya, 1949].

---

[45] Id.

Estabelecendo modos de bem-ser no mundo, Castro Maya remontava a um desejo deliberado de universalização de modos de comportar-se. Desejo de civilização em que pulsões seriam controladas e estabelecer-se-ia um *habitus* regulado.

No longo texto que apresenta o catálogo da primeira exposição do Museu de Arte Moderna e que se segue à introdução de Castro Maya, o artista apareceria como esse ser heroico, capaz de vencer as contradições de seu tempo.

> A Arte Moderna reflete, pois, a desconexão da vida atual, o desajustamento do homem com o meio social, o trágico conflito humano num período de grave transição. É um período heroico este em que o artista se debate por entre correntes sempre contraditórias e, no entanto, com seu sacrifício, vem ressalvando a continuidade da cultura.
>
> Aprendendo, assimilando e incorporando à massa de seus conhecimentos toda a experiência do momento, vem com os dados da ciência interpretar o fundo da psicologia humana em suas relações com o universo. Surpreende-o as conquistas da física nuclear como o surpreende o escafandro psicanalista. [...]
>
> A Arte Moderna nasce, pois, da retificação visual do artista em face do mundo de hoje, visão caldeada no substrato psicológico de outros fenômenos a cuja aparição assiste e cujo assombro procura fixar [cf. O Museu de Arte Moderna, 1949].

Diante, pois, de seu tempo, difícil em si mesmo, e de um artista capaz de expressar afetiva e antecipadamente sua perplexidade, restaria ao homem comum esperar uma interpretação que desse conta de seu mundo. A atitude passiva diante da obra de arte é, portanto, o índice de civilidade na sociedade moderna em que se viveria ao fim da década de 1940. Ainda segundo a matéria do *Correio da Manhã* de 3 de maio de 1949, bastaria "aceitar a nova mensagem num estado gratuito, penetrar na revolução dos métodos que o nosso século criou em todos os sentidos e procurar uma continuidade no processo de evolução". A resposta à inexorável mudança dos tempos seria, portanto, a simples compreensão e aceitação.

Do mesmo modo, ao abrir a primeira exposição em sede própria, no prédio do Banco Boavista, Castro Maya chamava a atenção para um museu que representava "uma necessidade para nós, a fim de incutir no público o gosto pela arte, ou melhor, educá-lo a fim de compreender, ou pelo menos admitir, que os artistas de hoje não são mistificadores" (cf. Museu de Arte Moderna, 1949). Definia-se, portanto, um *nós* que se distinguia do público, a quem se destinava a educação e que se distinguia do artista, que deveria ser compreendido. Não se tratava, tampouco, de um *nós* fundadores do museu, posto que era o museu que, *para nós*, representava uma necessidade. Esse *nós* impessoal aparece como sujeito determinado que, porém, não se define em lugar algum e que, decerto, como em inúmeras outras ocasiões, substitui um *nós brasileiros*, que dispensa definição. Era, portanto, para nós, nação, que a arte moderna se impunha como necessidade, para que o público educado nos fizesse uma civilização. Assim é que, apresentando a Escola de Paris, com "nomes universalmente conhecidos" [cf. Museu de Arte Moderna, 1949], o museu daria ao público os instrumentos de acesso a uma civilidade universal.

Na expectativa de cópia do modelo americano, seria de estranhar a escolha de quadros exclusivamente europeus para o primeiro certame da instituição. Do mesmo modo, seria de estranhar a denominação *pintura europeia contemporânea* dada a manifestações que datavam do início do século e contavam já com, pelo menos, três décadas de idade. O MoMA buscara, nos últimos anos, apresentar a dita Escola de Paris como monumentos da história, a serem cultivados como obras que haviam inaugurado uma nova época, mas que pertenciam agora ao passado. O MAM, ao contrário, dava-lhes o nome *contemporâneas*, dizendo que "boa arte, sempre é moderna" (cf. Museu de Arte Moderna, 1949). O MAM tinha sua própria ideia do quem deveria ser o *eles*, portadores da civilização universal.

Falando criticamente desta primeira fase do museu, Yvonne Jean, em entrevista ao *Correio da Manhã*, definiria o modelo do MAM como tentativa — sempre frustrada — de equiparar-se às "realizações dos países de velha cultura, onde a obra de arte é integrada na vida e o patrimônio, criado pelos séculos, imenso" (Jean, 1951a). É a estes países que parecia se referir a civilidade universal de Castro Maya e do Museu de Arte Moderna, com sede no Banco Boavista. Civilidade universal de que as nações maduras seriam portadoras e que apareceria como meta a ser alcançada por meio de uma busca de autenticidade nacional (Belluzzo, 1990). Fosse nas atitudes pessoais, fosse na formação do museu, parecia ser essa, de fato, a missão dos primeiros fundadores.

Colecionando Debret, encontrando na missão francesa uma origem das belas artes nacionais, preservando a Floresta da Tijuca, natureza definidora de *nosso* exotismo e da *nossa* identidade, Castro Maya parecia preocupado em exibir de todo modo uma civilidade brasileira.

Assim, ainda antes da fundação da sede provisória no Banco Boavista, o museu inauguraria suas atividades com uma exposição de murais de Tiradentes pintados por Portinari. "A obra maravilhosa, do mais alto interesse cultural",[46] parecia de fato ir de encontro ao modelo de modernidade do MAM.

De um lado, inseria-se no contexto de uma história brasileira republicana e se colocava numa genealogia de construção da nação, remetendo, como lugar de memória coletiva, aos museus da tradição que o MAM, mais tarde, tão enfaticamente recusaria. Além de reproduções do mural e de *croquis* de Portinari, anexavam-se também ao catálogo "documentos históricos sobre a Inconfidência" e colocava-se o museu numa tradição de nacionalidade.[47]

De outro lado, consagrava-se, mais uma vez, a obra de Portinari. O "grande artista" nacional, exportado como principal exemplar vivo da moderna arte brasileira. À época, Portinari era, de fato, para o bem ou para o mal, parâmetro de bom modernismo. Era lembrado como nome indicado a pintar os murais da nova sede da ONU, em Nova York, e era também apontado por Mário Pedrosa como portador do resistente estigma da velha arte, incapaz de mudança: artista canônico, no que seu significado supunha de positivo e negativo.[48]

---

[46] Relatório de atividades do Museu de Arte Moderna (1949/1950).
[47] Id.
[48] Falando em nome da abstração, Mário Pedrosa assim se referiria a ele: "Os mestres já consagrados não mudaram, o que se compreende, com o acontecimento da avenida Paulista [I Bienal]. São artistas formados já definidos e apoiados numa sólida experiência passada. O maior valor deles está precisamente nessa perseverança não só de processos e técnicas, como de orientação e rumo estéticos. Seria

De todo modo, o nome de Portinari parecia aqui buscar pertencimento a uma tradição modernista cuja "expressão pessoal, marcada pela consciência de uma cultura própria, pretend[ia] se confundir com ela" (Belluzzo, 1990:21). A arte social que havia sido consagrada nos anos 1930 e 1940 tinha a marca de Portinari e se expressava na busca de uma temática e de uma forma nacionais. Tratava-se de continuidade com um moderno que encontrava em sua própria brasilidade a alteridade exótica que as vanguardas europeias encontrariam no primitivismo, e que encontrava em si mesma o caminho alternativo para o encontro da civilidade universal.

A escolha de Portinari denotava, com efeito, a escolha de um artista filiado à boa forma universal. De um lado, no interior de um paradigma modernista, reconhecia-se nele a afinidade com as inovações formais que haviam irrompido no século XX; de outro lado, a temática nacional remetia a uma "sociabilidade nativa" (Miceli, 2003:194) e trazia à tona os signos da antropofagia brasileira.

Parece ser nesse caminho que, entre as exposições de arte europeia apresentadas na fase de Castro Maya, o museu inaugurava sua segunda exposição de obras nacionais. Seguindo a recomendação dos estatutos, o MAM dedicaria, em 1950, parte de seu espaço no Banco Boavista a uma exposição de cerâmica do Nordeste.

A escolha do artesanato marajoara não aparecia, contudo, sem razão de ser. David Rockefeller, irmão de Nelson Rockefeller e também herdeiro da fortuna que fundara o MoMA em 1929, numa de suas raras incursões nos assuntos do museu naquele período, escreveria a Raymundo Castro Maya, em 24 de abril de 1950, so-

grotesco, ofenderia de algum modo o nosso pudor, se Segall desse agora para nos exibir uma pintura 'concreta' ou abstrata à Max Bill ou Sophie Tauber-Arp só para ficar na moda. O espetáculo seria estranho, e algo humilhante e melancólico, como quando vemos uma velha sair de sua dignidade para vestir-se de roupinhas leves, graciosas e curtas, esportivamente de perna de fora e com penteado de cabelos cacheados ou tosqueados forçando a comparação ou a companhia das jovens. Quando vemos uma velha dessas, damos graças a Deus por não ser ela nossa mãe, nossa tia ou mesmo nossa madrinha. Damos, assim, graças a Deus ao vermos a inquebrantável resistência de Segall à moda ou a intransigência quase sectária de Di Cavalcanti quanto às suas concepções estéticas e a indiferença ou a hostilidade de Portinari a tudo que não seja afim ao que ele faz" (Pedrosa, 1998:241-242).

licitando que reunisse peças de cerâmica do Nordeste brasileiro para uma exposição de arte folclórica e pré-colombiana das Américas.[49] Embora não tenha encontrado referências a esta exposição nos arquivos do MoMA deste período, o fato é que Castro Maya organizaria de fato uma exposição de cerâmica na sede do próprio MAM no prédio Boavista.

Tratava-se, de um lado, de atender a uma demanda estrangeira que procurava no país um passado exótico, alteridade da civilização, imagem de Brasil deveras divulgada nos Estados Unidos do pós-guerra (cf. Veríssimo, 2006), que remetia ao primitivo e lograva fazer retornar o homem urbano a um estado de natureza, mundo originário. De outro lado, para além do estigma imputado, a imagem do exótico aparecia, de fato, como valor positivo a ser preservado. O encontro de uma origem mais autêntica tornaria possível a descoberta de uma civilização brasileira. Encontro simultâneo de um passado comum, genuíno e também dotado de civilidade, e de um futuro compartilhado, porta de entrada na civilização universal, contribuição nacional ao concerto de nações. A demanda externa era confirmação da civilização nacional. O Museu de Arte Moderna parecia fazer eco a uma geração que, em 1920, havia descoberto a "tradição do Brasil" para se aproximar da modernidade (Belluzzo, 1990).

Não era sem razão de ser que os estatutos do museu, ao disseminar o conhecimento da arte moderna no Brasil, sobre o qual se debruçava com técnicas universais, propunham-se também a promover "pesquisas folclóricas"[50] no país. Era ali que os estatutos redigidos por Josias Leão pareciam deixar entrever o sentido de civilização presente na administração de Castro Maya. O folclore, mote constante nas discussões dos anos 1940, parece trazer à tona, além da rede de relações do presidente do museu e sua proximidade com os dirigentes do Sphan — notadamente Rodrigo Melo Franco de Andrade —, a concepção de moderno como civilização de que é também devedora.

---

[49] Carta de David Rockefeller a Raymundo Ottoni de Castro Maya (1950).
[50] Ata da Assembleia Geral de constituição do Museu de Arte Moderna do Rio de Janeiro (1948).

O círculo íntimo dos fundadores, centralizado na figura de seu diretor Raymundo Ottoni de Castro Maya, parecia se unir em torno de um conceito de modernidade sintética que, em nome da civilização, incluía práticas artísticas que transcendiam o tempo. Se o museu, em seus primeiros anos, se fazia marcar pela imagem de civilidade, não parece ser por acaso que recebesse de seu fundador o apreço de um *ethos* marcado pelo amor à riqueza das coisas (Siqueira, 1999) e por uma modernidade que se fazia como história necessária, da qual era preciso saber ser contemporâneo. Assim, ao olhar o museu que tomava forma entre 1948 e 1952, há que se chamar a atenção para o modo pelo qual o museu se constituía como obra da missão civilizadora de Castro Maya.

O museu de Raymundo Ottoni de Castro Maya

Ao analisar a documentação sobre os primeiros anos do MAM, tudo parece indicar uma memória institucional que em muito se confundia com a figura de sua direção ou, de forma mais exata, com a imagem de Raymundo Ottoni de Castro Maya. Outorgando-se a primazia da ideia e catalogando os arquivos do museu ao lado de sua memória pessoal, o primeiro presidente do MAM parece ter efetivamente construído a instituição como continuação de suas decisões pessoais.

Nos arquivos de Castro Maya, a ideia da criação do Museu de Arte Moderna acontece por intermédio de carta de Nelson Rockefeller, então presidente do MoMA. Datada de 25 de novembro de 1946, a correspondência parece marcar a filiação de Castro Maya ao grupo de pioneiros fundadores do MAM e, sobretudo, às redes de amizade e camaradagem que marcavam os círculos cosmopolitas da elite da capital. A carta, escrita em tom cordial, depois de trazer à memória a visita à residência do interlocutor na Floresta da Tijuca, e de fazer remeter o lugar às fazendas de São Paulo e à tradição familiar dos Rockefeller em Virgínia, criando entre os dois identidade e empatia, concluía dizendo saber que não seria fácil organizar pessoas em nome da arte moderna em qualquer lugar, mas que esperava poder encontrar em Castro Maya "assistência e ajuda ao movimento".[51] Já no início da constituição de um mito originário do MAM pelo arquivo pessoal de Castro Maya, chama a atenção para a imagem de um museu que se constituía como resultado de relações de amizade, centradas em alguém que se distingue pela antiguidade e pela tradição.

Desde o início definido como detentor de bom gosto e de iniciativa, Castro Maya se apresentava como idealizador cercado de boas relações, que permitiriam fazer o museu vir a ser. A tradição era sua dupla origem: de um lado, porque geradora de erudição; de outro, porque fundadora de amizades de longa data e de alta posição social. Assim como a posterior construção da Chácara do Céu em 1957 — que se daria graças à sua concepção e ao projeto do *amigo* Wladimir Alves de Souza —,[52] o MAM acontecia como ideia que se concretizava graças à ação de uma rede de sociabilidade a que se referia sempre pelos vínculos de companheirismo e amizade.

Falando sobre as realizações da primeira fase do museu em sua despedida da instituição, Castro Maya referir-se-ia aos sócios mais atuantes como

> antigos companheiros como sejam os srs. Rodrigo de Melo Franco, Josias Leão, e Barão de Saavedra, este último não pelo trabalho que teve, pois aceitou o cargo de diretor tesoureiro apesar de declarar não dispor de tempo para se dedicar ao museu, mas pelo auxílio prestado por ter cedido gratuitamente o 11º andar do Edifício do Banco Boavista.[53]

Com efeito, "parceiros da roda de copas" e amigos da alta sociedade (Machado, 2002) eram postos em movimento, num círculo íntimo de cavalheiros a serviço da arte moderna. Não só as salas do Banco Boavista haviam sido cedidas pelas relações de amizade com o barão de Saavedra, como também o acervo e a exposição permanente da primeira fase do museu foram compostos por doações e empréstimos de "amigos" que partilhavam, ou queriam partilhar com Castro Maya, o "amor pela arte" (Maurício, 1958).

---

[51] Carta de Nelson Rockefeller a Raymundo Ottoni de Castro Maya (1946).
[52] Ver, mais à frente (p. 72-76), reflexão sobre a criação da Chácara do Céu.
[53] Minuta da ata de reunião da diretoria (1952).

Em 1949, o MAM abria-se ao público com a exposição *Pintura europeia contemporânea*. Se a mostra era a primeira manifestação pública do museu, ela também supunha que a diretoria pusesse em movimento os usuais procedimentos para fazer funcionar a instituição. A mostra, que contava, sobretudo, com pinturas da Escola de Paris, abria-se, então, com "52 quadros, alguns do museu, outros de coleções particulares da Sra. Niomar Moniz Sodré e dos Srs. Josias Leão, Raymundo Castro Maya, Roberto Marinho, Raul Bopp, R. A. Lacroze e Landulfo Borges da Fonseca" (O Museu de Arte Moderna, 1949).

Josias Leão e Raul Bopp, nomes recorrentes na documentação de Castro Maya, eram mesmo integrantes da diretoria do museu. Os demais se tornariam, em breve, ilustres membros da instituição. O inventário dos colecionadores citados, inseridos na rede de relações da diretoria, denotam que a seleção das obras parecia ocorrer mais pela oportunidade do que pela seleção dos especialistas. O contato, certo do favor do círculo íntimo, se dava, por vezes, às vésperas da montagem da exposição, denotando que as realizações se davam ao sabor de relações pessoais.

A carta de Castro Maya a R. A. Lacroze, datada de 19 de janeiro de 1949, dia anterior à inauguração da primeira exposição do MAM, é expressiva da série de indicações que tomavam como dado o contrato de boca e que se fundavam no valor da palavra garantida pela amizade, fazendo o museu mover-se a despeito da falta de documentação escrita ou de documentações que se passavam como deliberadas formalidades para fazer cumprir o protocolo:

> Prezado senhor:
> Para a exposição que o Museu de Arte Moderna vai realizar dia *20 de janeiro* teríamos o maior prazer que Vossa Senhoria estivesse disposto a nos ceder as seis telas que já lhe falou o Sr. Josias Leão, para figurarem na referida exposição. [...]
> Atenciosamente,
> Museu de Arte Moderna [grifo da autora].[54]

---

[54] Carta de Raymundo Ottoni de Castro Maya a R. A. Lacroze (1949).

A carta, escrita precisamente na véspera da inauguração, denota um acerto que parece ter prescindido de acordos formais; e a palavra escrita, dada *a posteriori*, vem simplesmente para ser arquivada e constar dos autos do museu.

Do mesmo modo, em outras esferas da administração do MAM, os documentos apontam para contratos verbais. Para além das cartas de agradecimento ao barão de Saavedra, não há, nem nos arquivos do museu nem na documentação pessoal de Castro Maya, registro formal da cessão da sede que o museu ocuparia nos três primeiros anos de sua existência. Nesse momento, contratos de palavra pareciam reger os procedimentos do MAM.

Assim também, mais tarde, o fechamento do andar térreo do prédio do MEC para sede provisória do museu, em 1952, seria conseguido à custa da promessa pessoal do ministro Simões Filho,[55] de carta a Rodrigo Melo Franco de Andrade, membro fundador do MAM e também diretor do Sphan,[56] e finalmente, de solicitação ao "Prezado amigo doutor Oscar Niemeyer" de "assentimento dos arquitetos que elaboraram o projeto do mais belo monumento da capital da República" para o fechamento da parte inferior do prédio.[57] As redes de amizade e a influência política pareciam permear todas as tomadas de posição do Museu de Arte Moderna do Rio de Janeiro.

As exposições temporárias, por sua vez, pareciam acontecer, sobretudo, por circunstâncias sempre apresentadas como se derivassem naturalmente da importância da diretoria, sendo oferecidas por rede de relações e julgadas de acordo com a autoridade de Castro Maya. Em carta endereçada ao próprio presidente do museu, diria Rodrigo Melo Franco de Andrade:

> Por intermédio de pessoa amiga, o pintor Léon Zack manifestou o desejo de fazer uma exposição individual no nosso Museu de Arte Moderna.

---

[55] Cf. carta de Raymundo Ottoni de Castro Maya a Josias Leão (1951).
[56] Cf. carta de Raymundo Ottoni de Castro Maya a Rodrigo Melo Franco de Andrade (1951).
[57] Cf. carta de Raymundo Ottoni de Castro Maya a Oscar Niemeyer [s.d.].

Conheço pouco a obra dele, mas as transcrições de críticas publicadas em jornais a seu respeito, de que lhe remeto inclusa uma cópia, demonstram que se trata de artista de valor, apreciado com interesse pelos especialistas na França, na Bélgica e na Itália. Parece, portanto, em condições de receber o acolhimento do nosso museu, sobretudo quando não temos ainda novas exposições programadas.

Todavia, você ajuizará melhor e mais autorizadamente do que ninguém da conveniência de corresponder ao desejo de Léon Zack.[58]

Embora a exposição de Léon Zack, artista da escola de Paris, não tenha sido levada a efeito — talvez por não ter recebido aval do presidente da instituição, talvez porque a "pessoa amiga" não estivesse investida de autoridade suficiente, talvez pela falta de verbas, como aconteceria frequentemente no período —, fato é que a carta de Rodrigo Melo Franco de Andrade dá a dimensão do modo como as escolhas se davam e se baseavam na autoridade da própria diretoria, em detrimento da formação de um corpo de especialistas encarregados, como aconteceria mais tarde, na gestão de Niomar Moniz Sodré.[59]

A escolha de exposições temporárias no período em que Castro Maya esteve à frente do museu parecia estar relacionada às solicitações e oferecimentos que se davam como consequência de sua rede de relações. A exposição de Félix Labisse se daria por meio da recomendação pessoal de Germain Bazin,[60] então presidente do Museu do Louvre, e a exposição de cerâmica do Nordeste se deveria à solicitação de peças para a exposição de arte pré-colombiana que seria realizada no MoMA.[61]

---

[58] Carta de Rodrigo Melo Franco de Andrade a Raymundo Ottoni de Castro Maya (1949).
[59] Embora a palavra final fosse sempre sua, Niomar recorreria, no mais das vezes, aqueles que considerava os especialistas do museu: Flexa Ribeiro e Mário Pedrosa.
[60] Em carta a Castro Maya, diria Bazin: "Félix Labisse é, ao lado de Coutard, o artista surrealista atualmente mais apreciado na França, ele foi escolhido para exposições oficiais no mundo inteiro [...]. Eu penso que poderia ser interessante para o público carioca conhecer a obra desse artista" (carta de Germain Bazin a Raymundo Ottoni de Castro Maya, 1950).
[61] Cf. carta de René d'Harnoncourt a Raymundo Ottoni de Castro Maya (1950).

A proximidade da elite carioca envolvida na rede do Ministério das Relações Exteriores parecia ser, portanto, fundamental para financiamentos do Itamaraty e de instituições internacionais, notadamente francesas, para levar adiante a constituição do acervo do MAM e as atividades rotineiras do museu.

Não seria por acaso que o estágio de Niomar Moniz Sodré, em viagem à Europa no ano de 1951, se daria, sobretudo, na França, onde Paulo Carneiro e Roberto Assumpção podiam ser "formidáveis" e Jean Cassou, então diretor do Museu de Arte Moderna da cidade de Paris, prontificar-se-ia imediatamente a "ajudá-la em tudo".[62]

Fosse no âmbito internacional, fosse no âmbito nacional, tudo se passava como acordos entre cavalheiros que, no mais das vezes, mobilizavam os esforços bilaterais de embaixadas e órgãos governamentais dispostos a arcar, ao menos parcialmente, com os custos de divulgação de suas produções culturais nacionais. O Museu de Arte Moderna, embora fosse uma sociedade civil, iniciativa privada e espontânea de reunião em torno da arte moderna, mantinha com os órgãos estatais — não apenas brasileiros — relações que tornavam possível o sucesso do empreendimento (Arruda, 2001).

É, contudo, no contato com o Museu de Arte Moderna de Nova York — instituição que justamente lhe teria servido de modelo[63] — que os procedimentos usuais do museu pareciam tornar-se ineficazes. A lógica dos contratos de palavra e dos financiamentos governamentais que, na experiência dos fundadores do MAM, vinha sempre no sentido de cima para baixo, dos "países ricos" para os "países pobres", dos "mais civilizados" para os "menos civilizados", dos "mais desenvolvidos" para os "menos desenvolvidos" parece ser abruptamente interrompida pelas relações que se estabeleceriam com a cúpula diretora do MoMA.

Logo nos primeiros momentos de existência do museu, quando sua fundação havia sido justamente proposta em conversações com o MoMA nova-iorquino, a ata inaugural havia sido seguida da doação de um Chagall pelo então presidente do Museu de Arte Moderna

---

[62] Cf. carta de Niomar Moniz Sodré a Raymundo Ottoni de Castro Maya (1951a).
[63] Ver páginas 146-153.

de Nova York,[64] Nelson Rockefeller, e a política da boa vizinhança americana anunciava inesgotável fonte de recursos para o MAM carioca; o museu de Castro Maya recorreria aos contatos estabelecidos nos Estados Unidos para constituir seu acervo e montar as primeiras exposições. Maria do Carmo Nabuco, cunhada de Maurício Nabuco, embaixador e membro do Conselho Deliberativo do museu, investida da autoridade de representante do MAM e valendo-se dos contatos da família, reunir-se-ia seguidas vezes com os dirigentes da instituição norte-americana, buscando dar os primeiros passos para o novíssimo museu carioca. Contudo, se no lidar usual dos dirigentes do MAM valiam contratos de palavra, e os custos eram vistos como detalhes que seriam discutidos em última instância, no museu nova-iorquino valia a palavra escrita, e os bens de cultura eram medidos em cifras exatas. Em carta endereçada a Maria do Carmo Nabuco, diria Alfred Barr Jr., diretor do MoMA, em 19 de fevereiro de 1949:

> Queira confirmar nossa conversa desta manhã:
> Como disse, eu ficaria muito feliz de recomendar uma pintura de Braque para a coleção do Museu de Arte Moderna do Rio de Janeiro. Eu entendo que alguma autoridade do museu escreverá dando-me uma ideia da soma de dinheiro que vocês podem pagar e também o período do trabalho de Braque no qual estariam interessados — se em uma das mais recentes e decorativas pinturas, ou uma das mais antigas e talvez mais importantes obras do período de cerca de 1910-1912. O preço deve variar entre US$ 5.000 e US$ 15.000, dependendo do tamanho e da qualidade da pintura.[65]

O protocolo de favores das relações de amizade parecia ter sido quebrado. Preços e valores eram imediatamente definidos. Não havia qualquer menção de contribuição por parte do museu americano, e Alfred Barr Jr. demandava ainda resposta por escrito de autoridades do MAM. Embora no contexto da boa vizinhança houvesse algum interesse de agências governamentais americanas na insta-

---

[64] Cf. carta de Charleston Sprague Smith a Paulo Kneese de Mello (1946).
[65] Carta de Alfred Barr Jr. a Maria do Carmo Nabuco (1949).

lação de filiais do MoMA no Brasil, não parecia ser esse seu foco, e o MoMA não parecia, tampouco, disposto a gastar grande parte dos recursos institucionais em seu programa internacional. A Bienal de São Paulo parecia ser, talvez, uma oportunidade de maior visibilidade e, ela sim, receberia a devida atenção. São dignas de nota as exposições realizadas pelo MoMA para serem exibidas nas bienais de São Paulo e, a esse respeito, Nelson Rockefeller chegaria mesmo a escrever ao secretário de Estado. Dizia ele:

> Em relação à correspondência que mantivemos ano passado sobre o desenvolvimento de um programa de intercâmbio cultural com os museus no Brasil, como sugerido por Maria Martins, eu pensei que você estaria interessado em saber que o Museu de Arte Moderna de Nova York acabou de assinar um acordo com o Museu de Arte Moderna de São Paulo.[66]

Com relação ao MAM, ao contrário, os acordos de cavalheiros não pareciam mais valer; falava-se outra língua e entendiam-se os bens de cultura de um modo muito distinto. De acordo com três cartas encontradas nos arquivos do MoMA,[67] embora outras tentativas de exposições com obras de seu congênere nova-iorquino tenham sido feitas, todas fracassaram em face dos valores que em muito excediam o preço que a instituição carioca estava disposta a pagar. Assim, nesse primeiro momento, o MoMA deixaria de ser procurado como interlocutor, e Niomar seria enviada a Paris para encontrar as exposições que o museu poderia exibir.

A aproximação e o afastamento das entidades nacionais e internacionais pareciam acontecer, portanto, na medida em que podiam viabilizar a instituição, numa troca de prestígio e interesses. O que se punha em movimento eram redes de relações pessoais, num sistema de trocas e favores. O museu de Castro Maya acontecia como instituição que operava segundo as redes de relações

---

[66] Carta de Nelson Rockefeller a Dean G. Acheson (1950).
[67] Cf. carta de Francisco Matarazzo Sobrinho a René d'Harnoncourt (1949). Carta de Nelson Rockefeller a Maria Martins (1948). Carta de Alfred Barr Jr. a Josias Leão (1948a).

de um grupo cuja autoimagem se definia por sua "minoria de melhores" — como diria Elias (2000) — e que incorporava os modelos de bom gosto e civilidade como expressões de seu fundador. A figura de Castro Maya era, ao mesmo tempo, capaz de arregimentar membros para o museu e de fazê-los partilhar essa identidade de uma elite civilizadora. Assim, vale olhar para o modo como sua imagem se constrói numa biografia que, em muito, se confunde com os ideais do MAM em seus primeiros anos.

Os registros sobre a vida de Raymundo Ottoni de Castro Maya parecem começar a constituir sua biografia antes mesmo de seu nascimento. O nome, herdado do pai, também Raymundo de Castro Maya, fazia denotar, desde o princípio, a referência a um passado anterior, antiguidade herdada que sublinhava o pertencimento a uma família e a uma tradição que lhe precediam o nascimento. Filho de engenheiro apresentado no mais das vezes como "homem culto, pessoalmente convidado por d. Pedro II para ser preceptor de seus netos, e renomado técnico da Estrada de Ferro D. Pedro II (conhecida como Central do Brasil)",[68] Raymundo Ottoni, o filho, herdaria, junto com a fortuna da oligarquia maranhense e do babaçu de seu pai,[69] a tradição da família materna de liberais mineiros.[70]

Castro Maya aparece sempre associado a uma tradição que lhe era anterior e a uma sociabilidade que se vinculava aos altos círculos da elite da capital. Círculos de homens cultivados e cidadãos do mundo. O pai, bibliófilo, homem erudito, viajado e envolvido no circuito da corte, faria herdar pelo filho, além do nome, um modo de vida marcado pelo que os amigos mais próximos definiriam como "bom gosto" e uma "elegância"[71] que prescindiam do tempo e que se reproduziam como antiguidade.

---

[68] Cf. site oficial da Fundação Castro Maya. Disponível em: <www.museuscastromaya.com.br/historia.htm>. Acesso em: 15 nov. 2006.
[69] Para uma discussão da origem familiar de Castro Maya, ver também Machado (2002).
[70] Cf. site oficial da Fundação Castro Maya. Disponível em: <www.museuscastromaya.com.br/historia.htm>. Acesso em: 15 nov. 2006.
[71] Carta de San Tiago Dantas a Raymundo Ottoni de Castro Maya (1952).

Para além da vida familiar, o nascimento de Castro Maya em Paris, em 1894, modelo de cidade do moderno *savoir-vivre*, parecia denotar, junto com a tradição, a marca da distinção no momento de vir ao mundo e o destino necessário e recorrente. No discurso biográfico institucional: "Raymundo Ottoni de Castro Maya nasceu em Paris e para lá retornou diversas vezes, o que lhe proporcionou uma grande intimidade com a cultura europeia e, particularmente, a francesa".[72] O lugar de origem, ao qual recursivamente voltava, e a antiguidade familiar seriam correntemente acionados como causas do *habitus* que lhe era característico.

O ponto de partida da trajetória é, portanto, apresentado por Castro Maya, pelos círculos íntimos e pela biografia *a posteriori* (Machado, 2002; Siqueira, 1999), como carregado de uma tradição e de uma necessária erudição cosmopolita, atualizada no modo de trajar-se, de bem-falar e de bem-portar-se. Sua figura, registrada em diversas fotografias, apresentava sempre o corte impecável dos costumes, as roupas claras adequadas ao clima tropical, a postura de fina elegância e o posar absolutamente natural que o distinguia dos novos-ricos e políticos de última hora. Dândi, "perfeito cavalheiro", "homem sensível";[73] "verdadeiro amador de arte", definia-se Castro Maya sempre como um representante de "bom gosto" e de "cultura artística" (Maurício, 1958).

A casa na Chácara do Céu, modernista, cravada no alto de Santa Tereza, parece ter sido construída como espelho de sua personalidade, memória para a posteridade, que o MAM — do qual se afastaria em 1952 — não pôde tornar-se. À época de sua construção, em entrevista a Jayme Maurício, Castro Maya descreveria a propriedade, dando as pistas do que era para ele o mundo de modernidade em que vivia, e que o arquiteto Wladimir Alves de Souza havia criado em microcosmos na casa funcional, modelo contemporâneo do bem-viver:

> Lembrou inicialmente que para ele a rigidez estilística, as escolas, as épocas, não divergem no que diz respeito à beleza. Não vê inconve-

---

[72] Cf. site oficial da Fundação Castro Maya. Disponível em: <www.museuscastromaya.com.br/historia.htm>. Acesso em: 15 nov. 2006.
[73] Carta de San Tiago Dantas a Niomar Moniz Sodré (1951).

niente em aproximar objetos de arte do passado de objetos de arte do presente. E nesse particular, sem dúvida, sua casa é um dos mais fortes argumentos que nos poderia apresentar. E conta-nos algo da residência:

— Há sessenta anos, regressando da Europa e com receio de viver no centro devido à febre amarela, meu pai adquiriu no morro de Santa Tereza, no Curvelo, do espólio de João Pereira de Lemos, esta propriedade com o nome de Chácara do Céu. Aqui passei minha infância até 1917, quando meus pais resolveram ir para Botafogo residir na rua Guanabara. [...] Resolvi voltar ao local de minha infância. A casa, entretanto, não tinha possibilidade de ser reformada. Resolvi então demolir tudo, planejando uma casa moderna, partindo do zero, aproveitando ao máximo a situação privilegiada com uma vista de 360 graus sobre a cidade. O trabalho para salvar as árvores foi grande — muitas delas foram plantadas por meu pai. Tive de fazer vários desmontes e aterros para localizar a casa no melhor ponto. E nessa tarefa fui auxiliado pelo meu amigo dr. Wladimir Alves de Souza, arquiteto a quem confiei o planejamento [Maurício, 1958].

A Chácara do Céu denotava, portanto, de um lado, a continuidade da infância, busca de volta a um passado remoto e individual, vínculo com a memória afetiva da família e da tradição herdada. Continuidade temporal que se estendia a um tempo universal e que "não [via] inconveniente em aproximar objetos de arte do passado de objetos de arte do presente" (Maurício, 1958). A tradição de Castro Maya, reconhecida por ele, por seu círculo íntimo[74] e pela imprensa da época,[75] aparece como tempo acumulado que reverberava em suas ações e nos objetos que guardava, não porque colecionava, mas porque amava (Maurício, 1958).

Assim como a civilização aparece como o contínuo de tempo cumulativo, cuja história era preciso celebrar, os menores gestos

---

[74] Cf. carta de San Tiago Dantas a Niomar Moniz Sodré (1951); carta de San Tiago Dantas a Raymundo Ottoni de Castro Maya (1952); carta de Nelson Rockefeller a Raymundo Ottoni de Castro Maya (1946); carta de Rodrigo Melo Franco de Andrade a Raymundo Ottoni de Castro Maya (1949); carta de Maria Barreto a Raymundo Ottoni de Castro Maya (1947).
[75] Maurício (1958); Cavalcanti (1951); Jean (1951b).

da vida cotidiana eram também resultado do longo processo de gestação. O tempo da vida e o tempo da civilização se confundiam como continuidade crescente.

Assim, também o Museu de Arte Moderna de sua gestão havia que se apresentar como espaço de exibição da civilização. No prédio contemporâneo de seu tempo — fosse o edifício Boavista ou a construção nos pilotis do prédio do MEC —, deveriam estar abrigadas as conquistas de um tempo universal, objetos belos que estavam para além da história. Arte marajoara do Brasil ou o *Chagall* de Rockefeller, de passado recente, eram todos expressão de beleza universal.

Nos gestos cotidianos, nas práticas de colecionamento, na constituição de uma história do MAM que não queria ser esquecimento, o presente de Castro Maya se punha como memória atualizada, passado manifesto no aqui e agora da vida cotidiana, simultaneidade de um tempo que se acumula e retorna, necessariamente. O tempo que, contudo, retornava, se atualizava, mas não se repetia, e se expressava como face outra da mesma moeda do discurso sobre a Chácara do Céu. Ao lado do tempo memória, que remetia a uma duração e encerrava sempre tempos originários de passados remotos, Castro Maya havia de pensar também um mundo que se curvava sobre a ação. Atualização do passado, memória acionada, o gesto vinha, no entanto, ao mundo, criando o novo, gerando ruptura. Se o tempo era contínuo, ele havia também de encerrar as descontinuidades dadas da ação presente.

Assim, a Raymundo caberiam as escolhas que marcariam sua trajetória. Se as árvores, plantadas pelo pai, precisavam ser salvas, era possível, todavia, "demolir tudo, planejando uma casa moderna, partindo do zero, aproveitando ao máximo a situação privilegiada com uma vista de 360 graus sobre a cidade" (Maurício, 1958). Castro Maya não parecia se distinguir dos mecenas que, segundo Sérgio Miceli (2003), haviam conciliado, nos anos 1920, o antigo e o moderno num duvidoso gosto eclético.

Era, portanto, contra e a favor da tradição que se tornaria "empresário bem-sucedido", que

> soube conciliar atividades tradicionais, como o comércio atacadista de tecidos, com a abertura de novas frentes industriais, caso da produção

de óleo de linhaça para uso industrial (da famosa marca Tigre), até então exclusivamente importado da Inglaterra e da Holanda.[76]

Nas tomadas de posição, no negócio herdado da família, construiria a imagem de industrial empreendedor em busca da inovação, colocando a erudição e a rede de sociabilidades a serviço do pioneirismo.

Do mesmo modo, na vida pública constituiria uma imagem que se ligava à tradição, mas fundava, para além dela, novos gestos no mundo. Assim, venderia a coleção de obras do século XVIII herdada do pai e, anos mais tarde, recompraria Debret. Construiria uma casa que chamava de funcional nas ruínas da infância. Envolver-se-ia na institucionalização do Serviço do Patrimônio Histórico e Artístico Nacional, na fundação da Sociedade de Amigos da Gravura, na preservação da Floresta da Tijuca. "Solteirão convicto", seria "bacharel em direito, industrial, esportista e incentivador dos esportes, pioneiro da preocupação ecológica, editor de livros, colecionador",[77] múltiplas atividades que exerceria por "amor" das coisas (Siqueira, 1999) e que realizava pela tradição, mas em nome do novo que ela poderia gerar. Assim também criaria o Museu de Arte Moderna em 1948, identificando-se, decerto, com a carta de Nelson Rockefeller que, sensível a sua personalidade, lembrava que o "interesse na arte de dias anteriores, não impossibilita a admiração pela — e o desejo de ajudar à — criação contemporânea".[78]

Era, portanto, movido por esse espírito de iniciativa que visava fundar novos acontecimentos no mundo e fazer atualizada a herança de civilidade de que se achava portador. Herança que, uma vez acionada, era também capaz de repercutir e fazer gerar nova civilidade. Assim, dedicar-se-ia a fundar instituições para difundir os valores que faziam sua erudição. Fosse o Museu de Arte Mo-

---

[76] Cf. site oficial da Fundação Castro Maya. Disponível em: <www.museuscastromaya.com.br/historia.htm>. Acesso em: 15 nov. 2006.

[77] Cf. site oficial da Fundação Castro Maya. Disponível em: <www.museuscastromaya.com.br/historia.htm>. Acesso em: 15 nov. 2006.

[78] Carta de Nelson Rockefeller a Raymundo Ottoni de Castro Maya (1946).

derna, criando homens para seu tempo, empáticos do mundo em que viviam, fosse comprando a causa do Sphan, como "responsável pela missão de dar continuidade à 'obra de civilização' que [vinha] sendo desenvolvida no Brasil desde os tempos coloniais" (Gonçalves, 2002a), fosse como mantenedor da Floresta da Tijuca, paisagem única que nos diferenciaria, fosse como fosse Castro Maya entendia seu lugar no mundo como parte de uma elite esclarecida, a quem pertenceria a missão de difundir um espírito de tempo, um modo de vida contemporâneo e universalmente civilizado.

Suas realizações parecem ser, portanto, antes de mais nada, extensão de sua própria imagem. Sob sua direção, e graças à elaborada composição de uma biografia marcada por valores identificados como sua "iniciativa", seu "bom gosto", sua "erudição",[79] suas obras tomariam o mundo como realizações de suas ideias, frutos de sua tradição.

Assim também, o projeto arquitetônico da Chácara do Céu apareceria como *tarefa* sua, em que teria tido o *auxílio* de seu amigo dr. Wladimir Alves de Souza (Maurício, 1958), arquiteto a quem teria confiado o planejamento. E a construção é ainda hoje muito mais associada ao patrono que a encomendou, que ao arquiteto a quem efetivamente foi confiada.

A relação entre Castro Maya e suas obras parecia denotar um tipo de relação de mecenato aristocrático, que implicava a precedência do patrono sobre o incumbido de sua realização e supunha "um contato direto entre o cliente e o artista; instruções precisas sobre as dimensões e provavelmente sobre o tema; uma relação estabelecida e reconhecida" (Haskell, 1997).[80] Não porque o mercado assim o exigisse, sendo ainda um campo não autônomo; mas porque, fosse pela escolha da localização, fosse pelo "bom gosto"

---

[79] Carta de San Tiago Dantas a Raymundo Ottoni de Castro Maya (1952); carta de San Tiago Dantas a Niomar Moniz Sodré (1951).

[80] Não parece ser casual que Castro Maya tenha guardado o recorte de jornal em que a nota elogiosa de Carlos Cavalcanti, publicada no *Diário da Noite* em 8 de março de 1951, o comparava a "um Medicis ou um Montefeltro dos nossos dias, [empregando] parte de suas rendas no estímulo da arte e da cultura". A imagem parece, com efeito, corresponder à ideia que Castro Maya fazia de si mesmo.

— que reunia sem contradição "um Mondigliani que mais parece uma madona, com sua moldura peruana dourada", "telas de Matisse, Monet, Morizot, Wlaminck, Dufy, Dali, Portinari" e um "torso grego de mulher, talvez, segundo um conhecedor presente, a obra mais espetacular da casa" (Maurício, 1958) —, fosse pelo passado da infância que o ligava indissoluvelmente à propriedade. Fosse como fosse, era ele mesmo, Castro Maya, quem, segundo acreditava, havia concebido e tornado possível tão improvável conjunção. A obra da Chácara do Céu lhe pertencia, como expressão de sua "iniciativa" e "realização", expressão de sua "tradição" e "civilidade".

Do mesmo modo, também o MAM se fazia, em seus primeiros anos, como continuação pessoal de Castro Maya. O museu era apresentado como resultado espontâneo de sua antiguidade e, assim apresentado, encarnava institucionalmente as feições de um grupo que girava em torno dessa imagem. Visto como "seu fundador, seu animador de todos os instantes",[81] Castro Maya era, sobretudo, tomado como aquele "que imprimiu à orientação do museu a marca de seu gosto artístico, comprovado em tantas outras empresas", e que transmitiu à instituição "os frutos de sua experiência e de sua capacidade".[82]

Posto no alto da Chácara do Céu, ou pairando sobre o último andar do edifício do Banco Boavista, o mundo de Raymundo pertencia àqueles que, como ele, podiam vê-lo do alto. Homens e mulheres de erudição, que podiam flanar sobre a cidade e encontrar a beleza das coisas (Siqueira, 1999), que apresentavam aqui e agora a linha de antiguidade a que pertenciam.

Viabilizador do Museu de Arte Moderna, Castro Maya, no entanto, renunciaria ao projeto em 1952, escrevendo carta de demissão em nome de novas iniciativas e repúdio à rotina.[83] Fundando uma instituição que levaria seu nome, o ex-presidente do MAM doaria suas propriedades para formar dois novos museus: o Museu do Açude e o Museu da Chácara do Céu. Homenagens à cidade para

---

[81] Carta de San Tiago Dantas a Raymundo Ottoni de Castro Maya (1952).
[82] Id.
[83] Cf. carta de demissão de Raymundo Ottoni de Castro Maya, endereçada à Diretoria do Museu de Arte Moderna do Rio de Janeiro (1952).

a qual se punham como fruição estética:[84] fosse na contemplação da natureza, paisagem construída na Floresta da Tijuca, fosse na contemplação da civilização que se manifestava nas antiguidades e obras de arte contemporâneas abrigadas no alto de Santa Tereza. A Fundação Castro Maya seria, portanto, o legado de memória pessoal que o MAM não pôde ser. Manifesto da elegância e *savoir-vivre* que teria acompanhado seu fundador como autoimagem construída e que não se bastava a si mesma, mas que se acreditava maior que a descontinuidade da vida e deveria constituir-se como legado para o mundo. Legava portanto, Castro Maya, sua marca pessoal ao público e calava algumas das críticas que acompanhavam o colecionador. Se Jayme Maurício concluía sua reportagem sobre a recepção oferecida na Chácara do Céu marcando o caráter antidemocrático da propriedade e definindo-a como "uma casa que deve ser visitada por todos", os anos — ironia do destino — calariam o sarcasmo, transformando-o em profecia. A casa seria, finalmente, aberta ao público em 1972, como Museu da Chácara do Céu, parte da Fundação Castro Maya e, mais tarde, em 1983, como parte do Patrimônio Histórico e Artístico Nacional.

A pergunta que permanece, então, parece ser: como seria possível ao *nós*, para quem o museu era tão necessário, ingressar nessa civilidade que estava absolutamente relacionada a uma antiguidade, a uma modernidade anterior, que tornava possível a atitude *blasé* diante da vida? Nos primeiros anos de sua fundação, o Museu de Arte Moderna parecia ser, antes de tudo, devedor do caráter de civilidade que seu presidente incorporava. A imagem de "elegância", "bom gosto" e "desprendimento" acompanhava uma modernidade que derivava de civilizações mais antigas, com as quais compartilhava, como etapa histórica de evolução, um caráter de beleza universal comum a todos os tempos. A resposta parece ser comum a outras instituições e outras apresentações públicas dos fundadores em inserções outras no mundo da vida. Sobre o conceito de uma nacionalidade brasileira fundada no discurso de Rodrigo Melo Franco de Andrade, diria José Reginaldo Gonçalves:

[84] Cf. site oficial da Fundação Castro Maya. Disponível em: <www.museuscastromaya.com.br/historia.htm>. Acesso em: 15 nov. 2006.

No contexto de um processo universal de civilização, o Brasil é oposto a nações "mais maduras" ou "mais civilizadas". No entanto, isso não traz como consequência uma visão negativa, pessimista, da cultura brasileira, mas o sentido de que se tornará uma nação plenamente moderna, civilizada e madura, na medida em que os brasileiros venham a se reconhecer, assumir e defender sua cultura ou "tradição" como parte da civilização universal. Ao mesmo tempo, "as nações civilizadas" reconhecerão os valores genuínos produzidos pela cultura brasileira. A "civilização" — isto é, a "civilização europeia ocidental" — é concebida como uma referência universalista positiva, uma espécie de metanarrativa que engloba a narrativa de Rodrigo [Gonçalves, 2002a:46].

Também membro fundador do MAM, Rodrigo Melo Franco de Andrade, ao lado de Castro Maya, parece ser portador de um conceito de modernidade que pertence a uma civilização universal.

Tratava-se de um caminho híbrido, que remetia diretamente aquele para a civilização universal. Revelação da alteridade para a civilização; modernidade brasileira que encontrava em si mesma seu outro. Solução para o excesso de individualismo e autocontrole de que os ditos países de velha cultura pareciam se cansar (Pedrosa, 1998).[85]

---

[85] Mais tarde, recusando a imagem do exótico, diria Mário Pedrosa sobre depoimento do diretor do MoMA nova-iorquino: "Mas o que não percebeu o autorizado crítico [A. Barr Jr.] é que sua irritação provém de não ter encontrado, no Ibirapuera, uma pintura a seu gosto, ou ao gosto eclético hoje dominante em Paris ou Nova York. E não encontrando nada que afagasse seus hábitos, desviou-se — como todo estrangeiro importante faz ao chegar às nossas plagas — na procura de tabas de índios e de revoadas de papagaios. Em geral, esta é a atitude da maioria dos críticos estrangeiros que nos visitam: ou querem uma pintura ou escultura (de boa qualidade, já se vê), mas que esteja dentro dos cânones estéticos e do gosto predominante na atualidade em seus próprios meios, aprioristicamente considerados mais adiantados ou pelo menos mais sofisticados, ou então alguma coisa autóctone. Entendem, porém, por autóctone tudo que indique primitivismo, romantismo, selvagismo, isto é, no fundo, exotismo. Não gostam de permitir aos nossos artistas uma pesquisa, uma linguagem moderna e não ao gosto do momento nos grandes centros europeus [...]" (Pedrosa, 1998:280).

Por oposição a um mundo em que havia plena liberdade para portar-se de acordo com os sentimentos individuais, haveria que se aprender a bem-agir, haveria que se aprender regras de bom gosto e bom-senso que não estavam dadas. O processo que, para Norbert Elias, possibilitaria a formação de uma sociedade de corte (Elias, 2001), aparecia aqui como vontade de modernidade no meio do século XX. A aristocracia de bem-nascidos, alto clero detentor de um saber superior, oferecer-se-ia ao público com missão filantrópica de esclarecer e ilustrar. Detentores de um "conhecimento cultivado e esotérico da arte" (Becker, 1982), os mecenas do Museu de Arte Moderna se colocavam no mundo como portadores de um *ethos* civilizado que poderia se tornar universal.

Não se tratava de repetir um processo de monopolização da violência em que se fazia necessário o controle das pulsões de natureza (Elias, 1990), nem tampouco se tratava de exercer controle sobre as classes operárias inglesas do século XIX, disciplinando corpos proletários em nome de uma sociedade burguesa (Bennet, 1995). Ao contrário, o Museu de Arte Moderna tomava uma posição muito particular em face do mundo social em que se instalava. Era preciso controlar a pulsão muito específica, era preciso, ao lado da Escola de Paris, "vencer o torpor em que estava mergulhada a arte, rompendo as correntes do tradicionalismo, para evadir-se no espaço, galgando a luminosa estrada da liberdade" (Castro Maya, 1949). Bem-portar-se seria, portanto, adotar, diante do mundo que mudava constantemente, da urbanidade inusitada e surpreendente, a atitude *blasé* a que nada perturbaria (Simmel, 1969) e passear como *flaneur* que percebe, na multidão, o prazer anônimo de observação distante (Baudelaire, 2002; Benjamin, 1985, 1987).

Em face do "convulso século XX" (Castro Maya, 1949), a arte moderna aparecia como interpretação possível e mediação necessária entre o mundo moderno, universo de intensas mudanças, e o homem comum assolado por elas. O artista, à frente de sua época, "com um extraordinário senso divinatório, um poderoso dom profético [...] se antecipa[ria] aos acontecimentos", sendo aqui capaz de superar as contradições e a inusitada vaga de inovações que acompanhava os novos tempos.[86] Dando sua própria visão do mundo em que vivia, o artista seria capaz de fornecer ao homem que contemplava suas obras uma chave interpretativa do mundo.

O conteúdo da "grande obra" civilizadora do Museu de Arte Moderna ganhava concretude na imagem atribuída a Castro Maya, de quem se fazia continuidade. Uma vez portador deste discurso, o diretor encamparia a missão construindo um museu à sua imagem.

O conceito de moderna civilização que acompanharia os primeiros anos de fundação do Museu de Arte Moderna do Rio de Janeiro parece ter, contudo, vida breve. Passada a inauguração da primeira mostra do museu, que permaneceria exposta em seus primeiros anos, e uma pequena série de exposições que pouco registro deixou, uma série de discursos dissonantes parece começar a emergir e, de algum modo, parece acompanhar o ostensivo anúncio de uma "nova fase" para o Museu de Arte Moderna. Niomar Moniz Sodré passaria a impor ao MAM, ao lado de uma autoimagem positiva de empreendedorismo, outro discurso de modernidade, imputando a Raymundo o estigma da velha aristocracia com a qual seria preciso romper.

---

[86] "Espírito da arte moderna" (1949).

Capítulo 2
Uma "nova fase" para o Museu de Arte Moderna (1952-1958)

A ruptura no Museu de Arte Moderna

Em 11 de fevereiro de 1952, o Conselho Deliberativo do Museu de Arte Moderna do Rio de Janeiro, convocado por seu presidente, Raymundo Ottoni de Castro Maya, reunir-se-ia para tomar conhecimento de seu pedido de demissão em caráter irrevogável. A longa minuta da ata dava a conhecer os motivos do abandono do posto e deixava claras algumas das divergências internas do museu.

Não há, contudo, no livro de atas do museu, registro de qualquer reunião a este respeito. Nos arquivos de Castro Maya, há apenas o documento datilografado — a minuta em cuja margem deita a rubrica do redator e ainda presidente do museu, precedida da nota, a mão: "não foi feita".[87]

Meses depois de redigida a minuta, Castro Maya viria de fato a pedir demissão da presidência do museu. Não convocaria, no entanto, a reunião que a ata prometia, mas sairia discretamente, com um formal pedido feito por escrito a San Tiago Dantas. Ainda que não tenha sido possível encontrar a correspondência ativa pela qual Castro Maya abandonara o cargo mais importante do museu para somar-se como mais um nome ao conselho deliberativo, a resposta de San Tiago Dantas dava a dimensão da carta que mal justificava a saída. Dizia ele: "Os seus companheiros de diretoria do Museu de Arte Moderna receberam, consternados, a carta em

---

[87] Minuta da ata de reunião da diretoria (1952).

que Vossa Excelência, devido aos seus inúmeros afazeres, resigna o cargo de presidente desta instituição".[88]

Os "inúmeros afazeres" de Castro Maya, que não davam mostras de terem aumentado nos últimos tempos antes de sua demissão, não haviam sido, nos três anos anteriores, impeditivos do cumprimento das tarefas relativas ao cargo que ocupava. Nem mesmo antes, nos anos de preparação da instituição, havia ele declinado do empreendimento em nome de outros afazeres, por maiores e mais importantes que fossem. O pedido de demissão, aceito sem maiores insistências apesar da *consternação*[89] com que fora recebido, parecia de fato já vir sendo preparado desde a redação da citada minuta, em fevereiro do mesmo ano, e parecia relacionado aos motivos que haviam sido elencados então: a ata apresentava em discurso os motivos do afastamento de Castro Maya e lhe dava razões que nada tinham a ver com sua atribulada agenda.

O documento citava um "desentendimento" entre Castro Maya e Niomar Moniz Sodré. Desentendimento que, para além das picuinhas dos bastidores, é revelador das ordens do discurso que compunham o museu e dos conceitos de arte moderna que implicavam. Dizia ele, na ocasião:

> Já era do conhecimento do vice-presidente dr. F. de San Tiago Dantas um desentendimento havido entre mim e a diretora executiva, d. Niomar Moniz Sodré, no ano passado, tendo ficado esclarecido por tratar-se de um mal-entendido. Agora repetir-se-ia o desentendimento.[90]

O desentendimento de que falava Castro Maya, falta de entendimento e quebra de diálogo, era, com efeito, indicativo da relação que se estabelecia entre duas diferentes ordens do discurso. Diálogo que se romperia, de um lado, afastando no mundo social os portadores de conceitos e, de outro, impedindo que se apresentassem ao mundo como unidade cognitiva, forjando, no tempo, dois

---

[88] Carta de San Tiago Dantas, então vice-diretor do Museu de Arte Moderna, a Raymundo Ottoni de Castro Maya (1952).
[89] Id.
[90] Minuta da ata de reunião da diretoria (1952).

distintos *museus de arte moderna*. Se o "mal-entendido" era, num primeiro momento, passível de superação, o desentendimento cortava qualquer vínculo possível.

Na documentação de Castro Maya, o primeiro desentendimento a que se refere o então presidente do MAM teria acontecido em 22 de agosto de 1951. Em carta endereçada a Raymundo Ottoni de Castro Maya,[91] Niomar Moniz Sodré viria a se queixar de uma entrevista por ele concedida ao *Correio da Manhã*, mais especificamente a Yvonne Jean, dias antes, e que teria sido publicada em 12 de agosto do mesmo ano.[92] A matéria publicada apresentava o projeto para a sede do museu no prédio do Ministério da Educação e enfatizava a "nova fase" em que entrava a instituição, sublinhando o começo de uma nova vida, "sua vida verdadeira".[93] Na entrevista concedida, Castro Maya fazia referência ao papel de Rodrigo Melo Franco de Andrade na liberação da nova sede nos pilotis do prédio do MEC e à cessão das antigas salas do edifício Boavista pelo barão de Saavedra. Constituía um passado para o MAM e chamava a atenção para as dificuldades superadas. Dentro das novas atividades, fazia referência ao papel do museu junto à Bienal de São Paulo, sugerindo que parte das obras fossem expostas no Rio de Janeiro.[94]

A entrevista, que havia sido arranjada por Niomar Moniz Sodré no jornal de sua propriedade, quando estava ainda em Paris a serviço do museu, parecia em nada se ajustar às expectativas da nova diretora executiva. Em trecho de carta a Castro Maya, de 22 de agosto de 1951, dizia ela sobre a entrevista a Yvonne Jean:

> Fiquei espantadíssima. Além de ser pouco eficiente, é muito descortês para com todos nós. Pouco eficiente porque, se o museu não tivesse funcionado só por falta de local apropriado, não precisaria ter sofrido mudanças radicais. Bastaria *você ter conseguido* o Ministério e todos ficariam nos seus postos, já que eram tão ativos. Por outro lado, se

---

[91] Carta de Niomar Moniz Sodré a Raymundo Ottoni de Castro Maya (1951b).
[92] "O Museu de Arte Moderna do Rio — Raymundo Castro Maya fala no futuro do museu e relembra atividades passadas" (1951).
[93] Id.
[94] Id.

você, como seu presidente, bate na mesma tecla de contar pobrezas passadas como grandes realizações, que se pode esperar do museu de hoje?[95] [grifos da autora].

Ao falar de "mudanças radicais", referia-se decerto Niomar Moniz Sodré à recente reunião do Conselho Deliberativo que, em 21 de março de 1951,[96] a empossara como diretora executiva e elegera San Tiago Dantas vice-diretor, reformulando o quadro de gestão do museu. Josias Leão e Rodrigo Melo Franco de Andrade, até então diretor e vice-diretor do museu, respectivamente, haviam sido, na ocasião, substituídos pelos dois novos membros.

Era verdade que Rodrigo Melo Franco de Andrade, até então vice-presidente, não parece ter sido muito atuante na institucionalização do museu e que o "entusiasmo" com que San Tiago Dantas aceitava colaborar naquela "bela obra"[97] parecia vir em boa hora. Contudo, a substituição de Josias Leão não parece ter sido "mudança radical" tão desejada quanto supunha Niomar Moniz Sodré. O nome do diretor do museu havia aparecido em diversas ocasiões na escolha de sedes, doações de quadros e no trato com instituições internacionais para a organização de exposições.[98] Em carta a Castro Maya, Rodrigo Melo Franco de Andrade deixava claro que a saída de Josias Leão era necessária e se fazia mais por demanda do próprio diretor que por descontentamento do museu para com sua gestão.[99]

Segundo carta de Castro Maya para Josias Leão, datada de 28 de fevereiro de 1951, o "pulo para frente" da instituição parecia, de fato, ao remetente como se devendo única e exclusivamente à

---

[95] Carta de Niomar Moniz Sodré a Raymundo Ottoni de Castro Maya (1951b).
[96] Ata da Assembleia Geral do Conselho Deliberativo para eleição da Comissão Executiva e aprovação do projeto de reforma dos atuais estatutos e outras deliberações (1951).
[97] Carta de San Tiago Dantas a Raymundo Ottoni de Castro Maya (1951).
[98] Arquivos do MAM na Fundação Castro Maya e arquivos de René d'Harnoncourt na Fundação Rockefeller.
[99] É digno de nota que, ao discutir o convite a Niomar Moniz Sodré, Rodrigo Melo Franco de Andrade iniciasse o assunto com "o Josias espera muito uma resposta a respeito da substituição dele como diretor executivo do museu" (cf. carta de Rodrigo Melo Franco de Andrade a Raymundo Ottoni de Castro Maya, 1950).

mudança da sede.[100] A aproximação especial do público era, para seu então presidente, ruptura suficiente para dar vigor ao MAM. A instituição se fazia em continuidade de princípios e pessoas.

Não era, portanto, por acaso que os nomes por ele relacionados na entrevista a Yvonne Jean faziam parte de um esforço coletivo para a construção do MAM, compondo um passado para o museu e identificando os personagens que se ligavam a ele; personagens com os quais, ao contrário de Niomar, não queria romper.

Com efeito, jaz aqui o primeiro motivo de desentendimento entre as duas principais figuras do Museu de Arte Moderna. Niomar Moniz Sodré parecia querer marcar, na história do MAM, uma segunda fase de realizações, atribuindo aos primeiros fundadores uma fase inicial de inatividade e fazendo da fase seguinte um marco de reforma e novas atividades para o museu. Sua concepção de tempo e de ação supunha sempre a mudança e estabelecia marcos de ruptura a partir dos quais o novo poderia emergir. Atribuindo a Castro Maya um amor pelo passado, reivindicava para si o papel de agente da mudança e determinava que ainda era "preciso traçar uma linha de ação, de conduta, esquecendo tudo o mais".[101] Autodefinindo-se como portadora da ruptura para o MAM, a nova diretora propunha-se a fundar novos tempos: uma era Niomar.

Ao contrário, na autoimagem construída por Castro Maya ele se representava como alguém que amava de fato o passado; não porque vivesse dele, como sugeria Niomar, mas porque, segundo acreditava, era dele que, no mais das vezes, parecia poder surgir o futuro. Conforme a imagem construída para si (ver capítulo 1), as linhas de continuidade precisavam ser sublinhadas, e o esforço da mudança, cumulativo, não poderia fazer-se, senão erguido em bases sólidas.

Ao defender-se das acusações recebidas na minuta da ata de fevereiro de 1952, Castro Maya assim se referia aos trabalhos prestados na construção da nova sede do museu:

> Como neste momento não pode haver modéstia, eu pergunto quem se ocupou da construção deste museu, a não ser a parte elétrica que

[100] Carta de Raymundo Ottoni de Castro Maya a Josias Leão (1951).
[101] Carta de Niomar Moniz Sodré a Raymundo Ottoni de Castro Maya (1951b).

ficou a cargo de d. Carmem Portinho, o restante fui eu, auxiliado pelo meu secretário particular, José Piquet Carneiro, que dirigimos todo o trabalho.[102]

Ao falar sobre a sede inaugurada ainda naquele mesmo ano, Castro Maya falava como num passado remoto, e em tudo se contrapunha à atitude de Niomar que dizia pertencer "a uma equipe disposta a trabalhar" e que "já esta[va] *trabalhando*"[103] [grifo da autora].

Contudo, para além de modos muito peculiares de conceber a mudança no tempo e o lugar do museu como seu portador, havia ainda um segundo motivo de desentendimento, que fazia com que Niomar classificasse a entrevista de Castro Maya como, "além de pouco eficiente", muito "descortês". Dizia ela:

> Desta vez ainda você fala no passado do museu com Rodrigos e Savedras [*sic*], e o presente quem é, além de você? Senti-me mal em relação à Carmem, ao Walter, ao San Tiago. [...]
>
> O museu do Rio não é propriedade de uma só pessoa. Pertence a uma equipe disposta a trabalhar, e já está *trabalhando*. Ninguém pode ficar tecendo elogios a si mesmo, cobrindo-se de louros por sua própria boca [grifo da autora].[104]

O tom duro da correspondência dá a entender uma entrevista coberta de vanglórias que em nada remete ao tom modesto, empregado correntemente em terceira pessoa do plural, publicado no *Correio da Manhã*.[105] A irritação de Niomar parece estar, antes, referida à omissão de nomes como marcas da ruptura no *modus operandi* do museu.

A figura da presidência da instituição, atribuída a Castro Maya, parecia pertencer, para ela, ao espaço do prestígio, em muito distante do espaço do trabalho por ela ocupado. A postura de Castro

---

[102] Minuta da ata de reunião da diretoria (1952).
[103] Carta de Niomar Moniz Sodré a Raymundo Ottoni de Castro Maya (1951b).
[104] Id.
[105] "O Museu de Arte Moderna do Rio — Raymundo Castro Maya fala no futuro do museu e relembra atividades passadas" (1951).

Maya em tudo apontava para uma modéstia de torre de marfim, que evitava fazer transparecer o desejo de glória e esperava reconhecimento no pequeno círculo que *a posteriori* faria perpetuar suas grandes realizações na memória coletiva. O deliberado desprendimento — cujo principal esforço era fazer aparentar um ócio conspícuo (Veblen, 1983) e fazer passar por não trabalho as horas despendidas em nome da instituição — estava, de um lado, para Niomar, negativamente associado ao trabalho anônimo do mártir em nome de uma causa maior que ele mesmo e que era expressamente personificado pelo nome de Rodrigo Melo Franco de Andrade, em sua relação de dedicação e zelo pelo Serviço do Patrimônio Histórico e Artístico Nacional, de que fora fundador (Gonçalves, 2002a); de outro, passava pela figura do barão de Saavedra, cuja simples menção da ancestralidade aristocrática devia causar arrepios à mulher de ação cuja imagem queria apresentar.

Niomar Moniz Sodré, cultivando a representação do empreendedorismo, reconhecia em seu trabalho pelo museu a produção de resultados digna desse nome e que caracterizava cada um de seus esforços como exercício ativo da direção. A Castro Maya, contudo, parecia a ela bastar acionar sua rede de velhos conhecidos para conseguir o que bem desejasse. Não se tratava, portanto, de trabalho, esforço ou investimento, mas de simples "entendimentos".[106] Em carta anterior, descrevendo os acontecimentos de Paris, diria ela:

> Já estou em *grande atividade* de museu. Estive no Quai D'Orsay com o mr. Erlanger, diretor do departamento de arte e organizador da Bienal. Poderemos ter esta exposição no Rio. Talvez por três meses, a partir de janeiro. Agora é preciso que você *se entenda aí* com a embaixada de França e com as outras embaixadas e relações sobre o mesmo assunto[107] [grifos nossos].

Entre sua "grande atividade" e os "entendimentos" de Castro Maya — a quem bastava ter "conseguido o Ministério",[108] ou tro-

---

[106] Carta de Niomar Moniz Sodré a Raymundo Ottoni de Castro Maya (1951a).
[107] Id.
[108] Id.

car uma ou duas palavras com embaixadores —, parecia haver um hiato intransponível. Hiato capaz de distinguir perfeitamente a imagem negativa, atribuída ao outro, da positiva, constitutiva de si, separando aristocratas de *self made men*, e homens de inação da mulher ativa que tanto se orgulhava de ser, como buscava enfatizar. A omissão de seu nome aparentava, portanto, deixar de lhe dar crédito pelo trabalho que, a seu ver, havia realizado praticamente sozinha. O trabalho que se orgulhava de fazer deveria ser e seria ostentado no correr de toda sua gestão no museu. Sublinhadas pela posição de gênero, que lhe dava ainda mais crédito pelo trabalho realizado, Niomar Moniz Sodré estamparia nas manchetes dos principais jornais as realizações da instituição, pelas quais se sentia pessoalmente responsável. "Uma mulher por trás do mais ambicioso projeto de arte" (*Correio da Manhã*, 3 jun. 1958), "Exemplo de mulher às mulheres" (*Jornal do Brasil*, 29 jan. 1958), "Museu brasileiro é um sonho de mulher transformado em realidade" (*Correio da Manhã*, 1953) eram algumas das manchetes que estampavam os principais jornais da época.

De um lado, pelo modo como entendiam o tempo; de outro, pelo modo como entendiam seu papel na orientação da mudança, Niomar e Castro Maya pareciam ser, já em agosto de 1951, portadores de visões absolutamente distintas do modo como deveriam construir sua "grande obra". Conforme enfatizava Castro Maya na minuta da ata de reunião não realizada,[109] o desentendimento transformar-se-ia, contudo, em mal-entendido, e os dois permaneceriam juntos "pelo igual interesse num belo empreendimento comum",[110] graças à intervenção de San Tiago Dantas, que se interpôs como mediador.

Em carta a Niomar Moniz Sodré, de 10 de setembro de 1951,[111] o jornalista, político, advogado e, à época, vice-diretor executivo do MAM, San Tiago Dantas, procuraria amenizar a situação, fazendo, do "desentendimento" um "mal-entendido", como mais tarde deixa-

---

[109] Minuta da ata de reunião da diretoria (1952).
[110] Carta de San Tiago Dantas a Niomar Moniz Sodré (1951).
[111] Id.

ria sugerido Castro Maya em sua minuta.[112] Dizia a carta que Castro Maya "fora procurado pela senhora Yvonne Jean, de sua parte [de Niomar], para fornecer o material para um artigo sobre o museu" e que atendera ao pedido "sem saber que a jornalista pretendia converter a conversa em entrevista". Contra a acusação de "autopropaganda", San Tiago Dantas reivindicaria a "natureza" e "tradição" do presidente da instituição, sempre avessas a esses "pecados".[113] Referia-se, de fato, a uma origem que muito lembrava o discurso do próprio Castro Maya, em favor de quem, em verdade, escrevia, denotando o partido de quem tomava, contra os "momentos de violência íntima" de Niomar. Esses momentos — em que, como descreveria San Tiago Dantas, "com o olhar aparentemente distraído, mas brilhando contra um ponto fixo invisível", Niomar pegaria "a pena com seu grande espírito de 'pôr as coisas em ordem'"[114] — pareciam ser absolutamente característicos da diretora do museu e recorrentes, segundo outras descrições (San Tiago Dantas apud Corrêa, 2001).

Eram momentos, contudo, a que Castro Maya teria decerto se furtado, como o fez, deixando a minuta de lado. Mesmo na ata da reunião que jamais ocorreu, Castro Maya, demitindo-se da presidência e retirando-se da corrida pela memória do MAM, referir-se-ia a Niomar como "possuída de um verdadeiro entusiasmo tão necessário a esse empreendimento".[115]

Assim, em nova carta de Niomar, o mal-entendido revelar-se-ia, mais uma vez, desentendimento e, em 30 de janeiro de 1952, dar-se-ia, então, a gota d'água da ruptura da efêmera convivência entre Niomar Moniz Sodré e Raymundo Ottoni de Castro Maya na cúpula diretora no MAM.

Respondendo, por meio de Zazi Monteiro de Carvalho — sócia e membro do conselho deliberativo do MAM — à carta de Castro Maya que sugeria um dia de gratuidade para o museu e mudanças na atual exposição que não apresentava o público esperado, diria Niomar:

---

[112] Minuta da ata de reunião da diretoria (1952).
[113] Carta de San Tiago Dantas a Niomar Moniz Sodré (1951).
[114] Id.
[115] Minuta da ata de reunião da diretoria (1952).

Nada pode ser alterado antes da minha chegada. Naturalmente, o domingo tem sido menos frequentado do que os dias de semana. Mas, justamente, o museu deve ficar aberto aos domingos para o pessoal do subúrbio, gente que não vai à cidade nos outros dias, nem vai ao museu na segunda-feira e encontra a porta fechada, pode voltar na terça ou na quarta. Quanto ao dia grátis por semana é assunto para deliberarmos depois, no mês de março. A frequência do mês de fevereiro deverá cair; o calor aumenta e começam os preparativos de Carnaval. Em março as escolas se abrem e devemos organizar convites e visitas. Não se pode tomar nenhuma medida precipitada para ser alterada. Por isso temos que agir com todo o cuidado e por isso não quero mudar nada antes de chegar aí, com a experiência de meus estágios no museu daqui. Raymundo gosta de fazer e desmanchar com coisinhas todos os dias. Eu sou o contrário, se a gente faz alguma coisa que não está certa, por falta de experiência, corrige da próxima vez, mas aguenta firme.

Não se altera uma exposição no meio dela. Ela tem que seguir seu curso exatamente como foi planejada até o fim. Ao contrário dá a impressão de desorganização e desarmonia, o que só pode prejudicar o museu e tirar o crédito. Eu me meti nesse museu para fazê-lo vencer, não para deixar passar como o outro. Raymundo é presidente para ter as honras. Eu quis ser diretor para ter o trabalho, as amolações e as críticas[116] [grifos da autora].

Na carta pública que, segundo Niomar, deveria ser entregue à Zazi Monteiro de Carvalho, ao próprio Castro Maya, à Carmem Portinho e a mais dois membros do conselho, Niomar fazia, mais uma vez, questão de distinguir a imagem de empreendedora, de que seria portadora, da imagem aristocrática que atribuía a Raymundo. Por oposição ao homem de sociedade preocupado com "coisinhas",[117] colocava a determinação e o planejamento como atributos pessoais seus. A dispersão e o capricho apareciam aqui como causas do fracasso do "outro museu"[118] que se deixara passar. Ao atual Museu de Arte Moderna opunha-se, então, um outro, afastado no tempo, findo.

---

[116] Carta de Niomar Moniz Sodré a Zazi Monteiro de Carvalho (1952).
[117] Id.
[118] Id.

Havia, em sua percepção, não mais duas fases de uma mesma instituição, mas duas instituições absolutamente divergentes. De um lado, o museu de Castro Maya, do reino das relações pessoais em que tudo se fazia de acordo com a maré da vontade e para as honras de seus fundadores. No lado oposto, o museu de Niomar, inserido no reino do trabalho, da determinação, da experiência adquirida e, sobretudo, do esforço pessoal. Esforço que dominava todos os pormenores da execução de obra que considerava sua, trabalho em que recusava qualquer tomada de decisão que não viesse de si mesma, em que se recusava a alienar-se e no qual chamava sempre a responsabilidade a si, fazendo reconhecer, na obra feita, sua autoria: "Nada pode ser alterado antes da minha chegada". O trabalho feito era o que lhe conferia propriedade sobre o gesto executado. Deixando ao idealizador as "honras", demandava, contudo, o reconhecimento do trabalho, imprimindo sobre o objeto a marca do artífice.[119]

O desentendimento ficava ainda mais patente quando Castro Maya, em sua ata imaginária, chamava a atenção para a divergência sobre o modo como o museu deveria ser concebido. Dizia ele: "Ora, o museu tem uma diretoria, a substituta da diretora executiva é d. Carmem Portinho e, portanto, a meu ver, é a diretoria quem resolve e não uma só pessoa".[120]

Obra coletiva, a instituição aparecia, então, a Castro Maya, como trabalho compartilhado; série de "serviços prestados" para que o museu viesse a ser. Lembrando os trabalhos executados e os que estavam por sê-lo, o ex-presidente do MAM referir-se-ia sempre a si mesmo como realizador de uma obra. Ao contrário do que faria Niomar, em lugar de chamar atenção para o trabalho duro e cotidia-

---

[119] É patente o modo como o museu passa a ser percebido como instituição fundada em 1952, pelo trabalho de Niomar. Em crônica pelo primeiro aniversário do museu em 1953, diria Thiago de Mello: "Creio que não magoarei ninguém dizendo que, se o Museu de Arte Moderna alcançou sua atual posição, se deve ao bom gosto, ao trabalho incansável e à dedicação extrema de Niomar Moniz Sodré, um de seus diretores. Pelo que sei, pelo que ouço, pelo que vejo, é a única que trabalha de fato pelo museu. É verdade que outros membros colaboram — San Tiago Dantas, por exemplo, além de outros serviços, faz os discursos, nem todos bons, aliás" (Mello, 1953).
[120] Minuta da ata de reunião da diretoria (1952).

no, processo de execução, preferia falar de funções concretas exercidas, resultados materiais alcançados.[121] Em lugar do fazer, o objeto feito; em lugar do trabalho, a direção do trabalho. Em sua carta de demissão definitiva, Castro Maya assim justificaria seu afastamento:

> Ora, eu já cumpri o meu dever e, sou daqueles que preferem criar iniciativas novas do que continuar na rotina diária que elas representam.
> Ocupo o cargo de presidente desde sua fundação, em 1947, e já chegou o tempo de aposentar-me, deixando o lugar para outros, pois penso que na renovação de valores é que se podem realizar grandes obras como esta.[122]

Assim, por oposição à marca do artífice, Castro Maya reivindicava a marca da iniciativa. O tom jovial com que repudiava a rotina e o trabalho diário era o mesmo com que se definia como homem de ideias em constante busca do novo.

Não deve ter sido, portanto, sem ressentimento que o ex-presidente do Museu de Arte Moderna, principal responsável por ele em seus primeiros anos, foi vendo seu nome apagado da memória da instituição que havia criado. O período em que Niomar e Raymundo conviveram efetivamente na diretoria e que se iniciara em março de 1951, quando Niomar fora empossada diretora-executiva, duraria, portanto, até dezembro de 1952, quando San Tiago Dantas aceitaria formalmente o pedido de demissão de Castro Maya.

Modernização e desenvolvimento no Museu de Arte Moderna (1952-1958)

A institucionalização do MAM no período de Niomar Moniz Sodré parece ser seguida de uma clara mudança de paradigma no que diz respeito à relação do museu com a nação e a modernidade. Novas práticas e novos discursos seriam acionados. As "mudanças

---

[121] Minuta da ata de reunião da diretoria (1952).
[122] Carta de demissão de Raymundo Ottoni de Castro Maya, endereçada à diretoria do Museu de Arte Moderna do Rio de Janeiro (1952).

radicais"[123] a que se referia Niomar na disputa com Castro Maya pareciam ter, de fato, que tomar lugar.

Já em 21 de março de 1951, a eleição da nova diretoria seria seguida de uma reforma nos princípios que regiam o museu. O índice de desejo de mudança era claro: as modificações seriam locais, mas seria convocada uma reunião nomeadamente para "aprovação do projeto de reforma dos atuais estatutos".[124] No novo documento, o diretor permanecia responsável pela "administração geral do museu",[125] mas o presidente deixava de ter a vaga atribuição de "representação legal da sociedade"[126] e passava a ser responsável precisamente por "presidir as reuniões da Comissão Executiva e do Conselho Deliberativo e representar a sociedade, ativa e passivamente, em juízo ou fora dele".[127] A distinção entre um e outro cargo passava a ser clara e dava margem à distinção para a qual Niomar chamava a atenção em suas cartas: "Raymundo é presidente para ter as honras. Eu quis ser diretor para ter o trabalho, as amolações e as críticas".[128] Tudo indica que passaria a haver, de fato, duas esferas, e que uma nova forma de pensar a modernidade poderia se instaurar.

Para além da atribuição de poderes, os novos estatutos retirariam também a referência às pesquisas folclóricas,[129] substituindo-a por

---

[123] Carta de Niomar Moniz Sodré a Raymundo Ottoni de Castro Maya (1951b).

[124] Ata da Assembleia Geral do Conselho Deliberativo para eleição da Comissão Executiva e aprovação do projeto de reforma dos atuais estatutos e outras deliberações (1951).

[125] Cf.: ata da Assembleia Geral de constituição do Museu de Arte Moderna do Rio de Janeiro (1948) no que se refere aos estatutos do Museu de Arte Moderna de 1948; ata da Assembleia Geral do Conselho Deliberativo para eleição da Comissão Executiva e aprovação do projeto de reforma dos atuais estatutos e outras deliberações (1951) no que tange aos estatutos do Museu de Arte Moderna de 1951.

[126] Ata da Assembleia Geral de constituição do Museu de Arte Moderna do Rio de Janeiro (1948). Estatutos do Museu de Arte Moderna de 1948.

[127] Ata da Assembleia Geral do Conselho Deliberativo para eleição da Comissão Executiva e aprovação do projeto de reforma dos atuais estatutos e outras deliberações (1951). Estatutos do Museu de Arte Moderna de 1951.

[128] Carta de Niomar Moniz Sodré a Zazi Monteiro de Carvalho (1952).

[129] Ata da Assembleia Geral de constituição do Museu de Arte Moderna do Rio de Janeiro (1948). Estatutos do Museu de Arte Moderna de 1948.

"estudos e realizações de artes plásticas, inclusive populares".[130] A alteração nas pesquisas folclóricas — agora transformadas em populares e precedidas por um sintomático *inclusive* — coincidia com uma série de novas medidas que, conforme procurei mostrar, em muito se relacionam com uma mudança nos modos de conceber a modernidade e o Museu de Arte Moderna. Não só o folclore desapareceria dos estatutos, mas a missão disseminadora do museu se modificaria, e rupturas se operariam nos procedimentos da instituição com relação à arte estrangeira, à arte nacional e ao modo como eram apresentadas.

Na ocasião de abertura de sua nova sede nos pilotis do prédio do MEC, em 1952, logo depois da eleição de Niomar para a diretoria executiva, o Museu de Arte Moderna do Rio de Janeiro divulgaria uma publicação, misto de brochura e catálogo de exposição, na qual, para além do inventário das obras expostas, apresentaria breve artigo de Mário Barata, jornalista, crítico de arte e intenso colaborador do MAM. Nele, seriam definidas as novas disposições do museu. Dizia ele:

> A ideia de um museu recolher coisas feitas quase no ano em que se vive parece, à primeira vista, estranha. É preciso levar em conta, todavia, a imensa transformação do conceito de museu a que nossa época vem assistindo. O museu ficou extremamente móvel, adaptando-se à sua função educativa, às necessidades do público e à rapidez de transformação destes poucos decênios que viram a época da luz da lamparina, viaturas de tração animal e individualismo exagerado ser superada pela do rádio, eletricidade, aviação e sentimentos de comunidade e interesse público primando sobre egoísmos individuais.
>
> O ritmo de mudança de nossa sociedade é tal que chega a passar despercebido, e a surpreender-nos quando nos rendemos contas de novas situações ou instituições criadas [Barata, 1952].

---

[130] Ata da Assembleia Geral do Conselho Deliberativo para eleição da comissão executiva e aprovação do projeto de reforma dos atuais estatutos e outras deliberações (1951). Estatutos do Museu de Arte Moderna de 1951.

Ao ler o artigo de Mário Barata, o que primeiro salta aos olhos é que enfatizava a peculiaridade da instituição, "ideia estranha" que se afastava do cotidiano, de outras instituições museicas, do conceito de memória do senso comum. O Museu de Arte Moderna aparecia como instituição *sui generis*: realidade distante que "deveria recolher coisas feitas quase no ano em que se vive" e lugar de memória a referir-se ao futuro.

Ao seguir descrevendo o museu, o autor aproximava-o, contudo, no tempo e no espaço do leitor, que era também o público da instituição. Contemporâneo de uma *época nossa*, e de uma *nossa sociedade*, o museu criava uma identidade com um tempo de mudanças universais e com um espaço compartilhado. Em lugar do espaço da nação, aparece a nova categoria da *sociedade*, palco das mudanças e cenário do museu. Sociedade que não era simplesmente o âmbito da mudança, mas fluxo e devir, *changing-society* (Barata, 1952:4). Leitor, público e autor compartilhariam, portanto, esse mesmo mundo em que as descontinuidades se davam e eram dadas. Em lugar da nação em busca de civilização, sociedade em mudança universal e compartilhada.

Os museus de arte moderna, imersos nesse mundo da vida, apareceriam, portanto, como instituições de seu tempo. Expressão dos homens que viviam aqui e agora e que faziam o fluxo da vida de tal modo que não era "mais compreensível um museu parado, sem dinamismo" (Barata, 1952). O museu aparece, portanto, irmanado com outras instituições mundo afora. Museus de arte moderna de Paris, Roma e Nova York eram citados no artigo como criações recentes, contemporâneas do MAM carioca.

No entanto, se as diferenças eram minimizadas diante de um mesmo ritmo universalmente coletivo, apareceriam mais uma vez, sob o signo da desigualdade, adiante. Diria ainda Mário Barata:

> É ilusão pensar que só se possa agir num ambiente perfeito. Mesmo em condições limitadas, em países de cultura ou economia atrasadas o museu pode produzir muito, sendo esse, aliás, seu destino, visto dever melhorar o grau de compreensão da arte, que exista nas condições reais do meio em que está situado, e aumentar a cultura em camadas de população e áreas cada vez maiores. [...] Na medida da ação e da

orientação dos museus de arte moderna do país, não só nosso gosto como nossa capacidade criadora se afirmará em pintura e escultura, como já ocorreu, devido a outros motivos, na arquitetura [Barata, 1952].

O país, também sob o rótulo comum da América Latina, aparecia como ambiente de condições especiais, atrasadas, e cuja distância era preciso fazer superar. O museu, em lugar de órgão passivo, capaz de fazer entender o mundo contemporâneo, aparece como instituição ativa, capaz de fundar novas experiências, uma nova disposição diante da vida e uma nova sociedade.[131] A afirmação de uma "capacidade criadora" (Barata, 1952) aparece de fato como resultado e précondição das mudanças advindas do novo tempo.

Em 15 de junho de 1951, Yvonne Jean — mesma jornalista incumbida por Niomar Moniz Sodré de entrevistar Castro Maya à época da construção da sede provisória do museu[132] — escreveria, no *Correio da Manhã*, longa reportagem sobre "O desenvolvimento dos museus de arte no país" (Jean, 1951a). Definindo os novos museus, anunciava as novas medidas que seriam tomadas pelo MAM do Rio de Janeiro. Diagnosticando o surgimento de um "movimento cultural" no sentido de fundar novas instituições de arte no país — segundo ela, o "mais importante dos últimos cinquenta anos" —, a repórter de arte do periódico definia com precisão o que viria a

---

[131] "Finalmente estava-se diante de um singular momento de sadia mudança de sensibilidade, que veio com a segunda [arquitetura] e a terceira [concretismo] vagas de artistas modernos brasileiros. Essa mudança se traduzia numa necessidade imperiosa, por assim dizer, da ordem contra o caos, de ordem ética contra o informe, necessidade de opor-se à tradição supostamente nacional de acomodação ao existente, à rotina, ao conformismo, às indefinições em que todos se ajeitam, ao romantismo frouxo que sem descontinuidade chega ao sentimentalismo, numa sociedade de persistentes ressaibos paternalistas tanto nas relações sociais como nas relações de produção. A tudo isso acrescenta-se a pressão enorme, contínua, passiva, de uma natureza tropical não domesticada, cúmplice também no conformismo, na conservação da miséria social que a grande propriedade fundiária e o capitalismo internacional produzem incessantemente" (Pedrosa, 1986:291).

[132] "O Museu de Arte Moderna do Rio — Raymundo Castro Maya fala no futuro do museu e relembra atividades passadas" (1951).

se tornar o conceito de arte moderna do MAM carioca e sua missão disseminadora (Jean, 1951a). Como funcionária do *Correio da Manhã*, Yvonne Jean se fazia porta-voz da diretora do museu.

Compartilhando o discurso de Niomar, a reportagem chamava a atenção pela insistência na ideia de ruptura. Em lugar de apresentar o museu como instituição capaz de conferir civilidade, a jornalista preferia pensar "os novos museus" como lugares capazes de "transformar mentalidades" e, recusando uma visão passiva da contemplação artística — "já que a compreensão da arte também se conquista[va]" —, enfatizava a importância das instituições museicas na formação de um novo público e de uma nova vida. Recusando deliberadamente os museus da tradição, recusava também a ideia de um museu de diletantes (Jean, 1951a). Dizia ela:

> Com efeito, estes [novos] museus não são mausoléus austeros, agradando a um grupo reduzido de intelectuais, artistas, técnicos e indivíduos cultos ou viajados. São entidades vivas, atraindo pessoas de todas as idades e classes sociais.
>
> Chegaram a criar no público um estado de receptividade e, portanto, uma mentalidade nova, graças a uma atmosfera identificada com o nosso tempo.

A ideia do museu como instituição ativa parecia opor-se justamente ao museu que havia sido proposto até então e, de fato, Yvonne Jean saudava com grande entusiasmo as novas iniciativas do MAM carioca, reconhecendo nesse momento o começo de "uma nova fase na vida do museu, ou melhor, seu começo de vida, já que é somente agora que vai começar sua vida verdadeira" (Jean, 1951a).

A identificação do começo de um futuro e o deliberado esquecimento das atividades passadas apareciam como marco de identificação de um novo conceito da missão disseminadora da instituição. De um lado, a arte moderna aparecia como, ela mesma, capaz de instituir novas mentalidades, fazer compreender que "o ambiente influi sobre a vida". De outro, o público aparecia como sujeito ativo que precisava conquistar o aprendizado da arte moderna. Mediando a relação, os museus haviam de aparecer como instituições capazes de fazer acontecer o contato entre público e obra de arte, criando "uma série de manifestações em torno de seu acervo de base: conferências, exposições, cursos de diversas matérias" (Jean, 1951a).

O discurso de Yvonne Jean coincidia com a data de eleição de Niomar para a diretoria executiva do MAM e parecia em muito antecipar a "nova fase" que previa. E, de fato, o museu passaria, a partir de então, a tomar uma série de atitudes orientadas para o que a repórter havia chamado de "grande público". Passando a se representar como "força propulsora de uma nova etapa do desenvolvimento social e cultural",[133] o MAM passaria a publicar seus próprios boletins, a divulgar as exposições nos periódicos da cidade, a organizar conferências, a ter seus próprios cursos de formação artística e a buscar uma sede que considerasse mais adequada a suas atividades.

Assim, a nova fase de que falavam Yvonne Jean e Mário Barata começava com a mudança do museu para uma nova sede provisória e, em 1952, quando a presidência de Castro Maya começava a ceder às mudanças propostas por Niomar Moniz Sodré, já no cargo de diretora executiva da instituição, o museu passaria a localizar-se no improvisado espaço criado nos pilotis do prédio do Ministério da Educação. O uso do adjetivo temporal *provisória* indicava, entretanto, já desde o princípio, a existência de ambições maiores e um destino concreto: a sede própria. Em dezembro de 1954, dois anos depois da instalação na sede do Palácio Capanema, o *Boletim do Museu de Arte Moderna* publicava as expectativas para a "casa própria" e dizia que, do projeto de construção feito por Afonso Eduardo Reidy para o prédio definitivo a ser construído no aterro do Flamengo, já se achava pronta a maquete.

A saída do último andar do edifício Boavista, sede que havia caracterizado o período de Castro Maya na direção do museu (ver páginas 50-54), era vista como etapa necessária nesse processo. A primeira sede era agora identificada na gestão de Niomar como a "grande dificuldade"[134] que impedia o comparecimento do público. A pouca frequência era justificada pela má localização.

Tratava-se, pois, de uma primeira mudança no modo de entender a missão do museu. Em lugar de atender a uma demanda

---

[133] *Boletim do Museu de Arte Moderna*, jan. 1959. Discurso de Rui Gomes de Almeida.
[134] Cf. carta de Raymundo Ottoni de Castro Maya a Josias Leão (1951).

existente, era preciso criá-la. O museu precisava aproximar-se do homem comum e, em se aproximando, criar seu próprio público. Não bastava fazer acontecer o museu na cidade, era preciso levar o museu até ela.

Assim, se o 10º andar parecia excessivamente próximo do céu, o museu desceria 10 andares para encontrar, não muito longe dali, na rua da Imprensa, a nova sede entre os pilotis do Palácio Capanema. O espaço, que já havia servido a exposições anteriores,[135] estava já identificado com a instituição e, além de manter-se no centro da vida urbana, vinculando-se sempre à imagem financeira da cidade, era o mais respeitado ícone da moderna arquitetura nacional. O prédio de Lúcio Costa e Le Corbusier, guardadas as polêmicas, havia já sido tombado pelo Serviço do Patrimônio Histórico e Artístico Nacional e apresentava-se como marco fundador da nova arquitetura brasileira.

Se, num primeiro momento, para inaugurar a primeira sede, bastara abrir uma exposição, era preciso agora intervir sobre o ambiente urbano, fazer na cidade uma marca do mundo moderno. Ao espaço cedido pelo Ministério da Educação no Palácio Capanema deveria ser acrescentado um novo anexo, provisório, é verdade, mas fundador de uma nova instituição no mundo.

Os pilotis do prédio do MEC foram fechados numa estrutura de madeira, segundo projeto de Oscar Niemeyer e de acordo com as recomendações do Sphan. Paredes curvas foram erguidas consagrando a marca pessoal do arquiteto. O interior foi "forrado de cortinas claras, iluminado tecnicamente e decorado com plantas tropicais, o que lhe dava um aspecto de ar livre".[136] Ar-condicionado refrigerava o ambiente e, junto com as plantas tropicais, dava o aspecto de natureza domesticada que acompanhava a imagem modernizadora que o MAM buscava naquele momento apresentar. Segundo cronistas da época, ao lado do ineditismo das construções em curva e das obras de arte europeia, o salão refrigerado criava, de fato, um "oásis de modernidade",[137] chamando a atenção para

---

[135] Ver páginas 50-54.
[136] "Inaugurado ontem o Museu de Arte Moderna do Rio de Janeiro" (1953).
[137] "Inaugurado ontem o Museu de Arte Moderna do Rio de Janeiro" (1953).

um museu que não era espelho da cidade, mas que, ao contrário, queria construir a cidade à sua imagem.

O discurso arquitetônico era recebido na imprensa por cronistas e jornalistas, e sua recepção publicada nos boletins do museu como repercussão positiva da instituição:

> O Museu de Arte Moderna do Rio veio a confirmar a afirmação de que somos uma civilização única nos trópicos. De fato, em meio do calor estuporante e das selváticas montanhas que cercam a baía, é um refrigério aquela sala da rua da Imprensa, onde se pode tomar a bússola dos renovados tempos modernos [Andrade, 1953].

A paisagem urbana estava para ser construída e o Museu de Arte Moderna deveria tomar posição. Se "parece correto reconhecer que é a nossa percepção transformadora que estabelece a diferença entre matéria bruta e paisagem" (Schama, 1996), a apropriação da natureza e do clima como símbolos de modernidade também punha em movimento uma noção peculiar de cultura. O MAM carioca, com uma missão modernizadora, queria fazer das ilhas de modernidade o paradigma a ser seguido.

Assim, não é sem razão que a sede definitiva do MAM viria a ser erguida por Affonso Eduardo Reidy no novo parque do aterro do Flamengo. Reidy começava a ganhar renome internacional; era citado com frequência na correspondência do MoMA como referência na arquitetura brasileira. À época, ele havia já participado do projeto para construção da sede do Ministério da Educação, havia projetado o monumental conjunto do Pedregulho e obtido o primeiro prêmio da Exposição Internacional de Arquitetura da I Bienal de São Paulo, em 1951. Além de diretor do Departamento de Urbanismo da Prefeitura do Distrito Federal, era também casado com Carmem Portinho, membro do Conselho Deliberativo do museu e braço direito de Niomar em sua gestão na direção do MAM.

Assim como a seleção do arquiteto, a escolha do lugar não se deu por acaso nem sem empenho. A sede foi orçada em cerca de Cr$ 50 milhões,[138] custo dividido entre os patronos, sócios, eventuais

---

[138] Ver mais adiante páginas 124-128.

doadores não identificados e o Estado, que, pela Comissão de Finanças da Câmara, aprovou, em 2 de dezembro de 1952, crédito no valor de Cr$ 10 milhões.[139] O projeto já havia sido traçado por Affonso Eduardo Reidy desde aquele ano, mas, entre o dia de aprovação do crédito e a inauguração do primeiro bloco do museu, passaram-se seis anos, nos quais esperou-se pela doação do terreno pela prefeitura, pelo fim das obras intermináveis e por uma série de acontecimentos inesperados que dão a medida do empenho[140] em construir o museu exatamente "na Esplanada do Castelo, ali no aterro novo da velha praia das Virtudes".[141]

A última sede do museu seria erguida sobre o mais novo signo da moderna paisagem do Rio de Janeiro, "o espelho carioca do plano para a nova capital" (Cavalcanti, 2001). Obra que deliberadamente denotava a intervenção do homem sobre a natureza, elegia os jardins de Burle Marx como modelo de controle da paisagem e criava, na cidade, *uma arcádia tropical* (Ades, 1999), cortada pelas vias expressas para automóveis, por passarelas de concreto e um traçado que denotava indiscutivelmente o planejamento urbanístico.

Em sua coluna no *Correio da Manhã*, Jayme Maurício escreveria artigo sobre a escolha do projeto. Muitas vezes tratado praticamente como funcionário do museu, o jornalista bem expressava a opinião da instituição. Dizia ele:

---

[139] *Boletim do Museu de Arte Moderna*, ago. 1953.
[140] "Uma das maiores crises conjugais de Paulo e Niomar ocorreu durante o segundo governo Vargas, quando o arcebispado do Rio de Janeiro e o Museu de Arte Moderna da cidade disputaram uma mesma faixa de terra no recém-construído Aterro do Flamengo. Em 1954, Getúlio Vargas decidiu entregar o terreno à igreja, em caráter provisório para depois destiná-lo à Arte Moderna — uma decisão que implicaria grande atraso nas obras do museu. Niomar foi à loucura. Escreveu um artigo atacando violentamente Getúlio e o pôs nas mãos de Paulo. Este, prudentemente, suavizou o tom da matéria antes de publicá-la. Como expressão de seu profundo desagrado, Niomar embarcou — sozinha — para uma temporada europeia sem data para retorno [...]" (Corrêa, 2001:65).
[141] *Boletim do Museu de Arte Moderna*, jun. 1953. "'Casa própria' para o Museu de Arte Moderna".

Em frente à ferradura da marina da Guanabara, erguem-se já os três blocos de linhas plásticas que ocupará o maior museu artístico do continente, em cujo desenho e levantamento, além do próprio Reidy, interveio Roberto Burle Marx, com a tarefa de organizar os jardins que rodearão aquele centro de exibição e fomento estéticos. Como emanando da paisagem e da natureza, o belo edifício é uma prova decisiva do adiantamento teórico e prático da arquitetura brasileira [Maurício, 1959].

A escolha do parque do Flamengo denotava já em seu planejamento os signos de modernidade acionados para fundar o MAM. A baía de Guanabara, cartão-postal da cidade, seria emoldurada por vias expressas e pela moderna arquitetura brasileira que vinha sendo celebrada no Brasil e no mundo.[142]

Em meio à paisagem domesticada, o projeto de Affonso Eduardo Reidy coroava, com sua estética construtiva, o modelo funcionalista da Bauhaus (Kamita, 1994) e do moderno urbanismo nacional, mas fazia-se também marcar pela ideia do museu a que servia. Conforme escreveria no *Boletim do Museu de Arte Moderna* de janeiro de 1959, Reidy acreditava que a "solução aberta", "em lugar de confinar as obras de arte entre as paredes" se tornava "permeável ao mundo circundante", se abria ao público e se tornava transparente para criar demanda. Levava ainda em conta o arquiteto a "ação eminentemente dinâmica do museu" e propunha um espaço livre, sem colunas e "com o máximo de flexibilidade", para abrigar as diversas ações a que se dispunha a realizar o museu. Sua utilização estava também "em aberto" para os fins a que se destinasse, quaisquer que fossem eles.

O concreto exposto, o vão livre sobre o qual se erguia o bloco de exposições, a abertura para a paisagem eram alguns dos signos de modernidade construída, que plantavam no meio da cidade uma nova paisagem urbana. Com efeito, a moderna arquitetura brasileira,

---

[142] Já em 1943 o MoMA havia realizado a exposição *Brazil builds*, que marcaria o espaço de consagração dos arquitetos nacionais no exterior. Também o MAM reuniria, em 1954, a *Exposição de arquitetura contemporânea*, que circularia pelo mundo por três anos, revelando o *status* que merecia no museu.

que desde os anos 1930 mudava a face da vida urbana nacional, parecia ser capaz de apresentar, à vida cotidiana do homem comum, uma estética renovadora de sensibilidades. A paisagem nacional poderia ser, agora, nova paisagem, marcada pelo concreto armado e pelos jardins de Burle Marx. Paisagens deliberadamente construídas, trabalho que forçava a natureza e criava um novo cânone, paisagem construtiva.

Ao contrário do Banco Boavista, cuja sede imersa na cidade se confundia com a arquitetura do centro urbano, o MAM de Niomar se punha num espaço deliberadamente criado para fazer o fluxo da vida moderna. O conceito de arte moderna do MAM, visto como formador de mentalidades, exigia a construção do moderno contra a natureza, de um moderno que chamava para si o público e "transforma[va] mentalidades" (Jean, 1951a). Em lugar de ver-se como moderno cotidiano, estabelecendo-se como continuidade do urbano, o MAM parecia se ver como moderno que estava para ser feito e que se fazia aqui e agora. A construção da paisagem, recortando a baía de Guanabara e o Pão de Açúcar, sublinhava a cidade como processo. Sem apagá-la, domava a natureza, enfatizando um moderno que se fazia em movimento (Sant'Anna, 2006a) e que se fazia, sobretudo, para fazer sociedade, dando mesmo, talvez, impressão de por vezes esquecer que ela já existia (Ribeiro, 2006).

Do mesmo modo, ainda para além da relação com a paisagem e da escolha de um projeto como o de Reidy, vale notar que a construção de um bloco escola, como primeira etapa da obra empreendida, denotava mais uma vez a "vocação didática" do museu, indicando a relação que desejava estabelecer com o público.

Não era a primeira vez que um projeto de Affonso Eduardo Reidy começava a ser construído pela instituição escolar. Na época de sua construção, também o conjunto do Pedregulho tivera, em sua escola, o primeiro prédio a ser concluído (Nobre, 1999). Reidy havia, já na ocasião, marcado o lugar de uma vocação pedagógica da forma moderna.

A centralidade do prédio da escola em muito atendia, também, às necessidades do museu. Os cursos de formação artística já vinham sendo postos em prática na instituição desde 1952. Inseridos na "nova fase" do MAM, vinham tentar concretizar a relação entre o público e a arte. A "conquista" da compreensão da arte moderna pressupunha também a conquista do fazer a arte moderna (Jean, 1951a).

Assim, os boletins do museu anunciavam, em todos os seus números, as aulas de pintura dadas por Ivan Serpa e Milton Goldring, e de modelagem, ministradas por Margareth Spencer. As aulas se davam, inicialmente, no prédio do Ipase e, até a construção efetiva da sede do museu, ocupariam de barracões de obras a salas improvisadas, segundo referências na memória da instituição (Del Carmem Zílio, 1999).

Nos anos que se seguiam as dificuldades permaneceriam. Em carta a Niomar Moniz Sodré sobre a situação das aulas no barracão das obras do museu, escreveria a administradora da instituição, Mathilde Pereira de Souza:

> Torna-se quase impossível os cursos teóricos, pois o barulho da máquina é tremendo. Recebi diversas reclamações. Falei com o dr. Nelson, que me aconselhou a mudar o horário dos cursos, o que infelizmente não é possível, para o professor, nem para os alunos. A infiltração continua na cantina. [...] Os banheiros continuam incompletos.[143]

Da conversa prosaica, pode-se depreender a dificuldade de dar prosseguimento às aulas e a continuidade que se dava a despeito de todos os problemas. Com o passar dos anos, o museu diversificava os cursos e as turmas de sua grade de programação.

Ao invés do arrefecimento das aulas oferecidas, parecia haver, ao contrário, um aumento contínuo da programação. O anúncio dos boletins — que em 1952 prometiam, além dos cursos já oferecidos, "outros que ainda se [iam] formar" (*Boletim do Museu de Arte Moderna*, dez. 1952) — ganharia concretude nos anos seguintes. Em 1955, o museu contaria com novos cursos: básico de desenho (André LeBlanc), iniciação e orientação (Zélia Salgado), desenho estrutural e composição (Tomás Santa Rosa), decoração de interiores (Wladimir Alves de Souza).

---

[143] Carta de Mathilde Pereira de Souza a Niomar Moniz Sodré (1958).

Era, contudo, Ivan Serpa que seria sempre a figura-chave do museu. Em 1952, à época da abertura de seus ateliês, o artista já havia sido premiado na I Bienal de São Paulo, já lecionava em sua casa desde 1957 e ocupava lugar de relativo destaque nas críticas da imprensa nacional. Em 1951, dizia Mário Pedrosa: "Eis um jovem pintor que, à sua primeira exposição individual, se apresenta com uma pequena obra direta, franca, audaciosa e, sobretudo, norteada por um rumo firme e moderno" (Pedrosa, 1998:221).

Assim, eram os seus cursos que pareciam dignos de nota. As exposições dos trabalhos de suas turmas infantis recebiam sempre destaque nos anúncios da instituição e seu nome aparecia correntemente no noticiário dos boletins. Em janeiro de 1953, *o Boletim do Museu de Arte Moderna* destinaria grande espaço a uma série de reportagens do *Correio da Manhã* que se intitulavam "O professor Ivan Serpa":

Os cursos para adultos são frequentadíssimos.

Durante três meses o trabalho é de imaginação. Depois vem a hora do modelo: o aluno organiza a composição e pinta.

Pintor abstrato, Ivan não força ninguém a seguir a escola abstracionista [visto] que não deseja destruir os seus alunos, cuja personalidade respeita, mas ajudar a realizarem-se. [...]

Não é verdade que ele não admite a figura. Admite, sim, quando o artista se expressa através do modelo. O que é preciso é que não se fique dominado pelas formas exteriores; o que é preciso é que saia alguma coisa de dentro.[144]

Ao dar relevância ao processo de aprendizado, a reportagem chamava a atenção para a dimensão formativa implícita nos cursos. Nivelando "alunos, cuja personalidade respeita", e o "artista [que] se expressa através do modelo", a narrativa deixava clara a linha de continuidade que existia entre o aprendizado e o fazer artístico. Não se tratava de uma escola de diletantes, de artistas de fim de semana, ou de artistas não profissionais (Becker, 1982); tratava-se, antes, de um espaço onde se aprenderiam técnicas, formas de

---

[144] *Boletim do Museu de Arte Moderna*, jan. 1953. Reportagem de Flávia da Silveira Lobo, publicada no *Correio da Manhã*, 7-14 dez. 1952.

expressão e modos legítimos de fazer arte; mecanismos sociais que fazem a identidade do artista (ver o capítulo 4) (Dabul, 2001). E, com efeito, a profissionalização da arte seria marca do projeto pedagógico do MAM.

Seu modo de dar aos alunos a liberdade de criar livremente para que produzissem o que bem entendessem, criticando depois — se necessário, duramente — a obra de cada um, era capaz de gerar simultaneamente uma disciplina de produção, a ausência de dogmatismo a que o Grupo Frente tantas vezes se referiria, e uma vontade de vanguarda com rigor profissional. Por paradoxal que pareça, Ivan Serpa era professor rigoroso, buscando fazer com que os artistas fossem incitados a criar livremente. Apesar de Nise da Silveira chegar a afirmar que Ivan "não tinha método" (Gullar, 1996), seus cursos formariam inúmeros artistas.

Enfatizando o pertencimento a uma genealogia moderna, o desejo de inovação e o caráter de vanguarda das obras produzidas, o MAM procurava formar, no interior da instituição museica, aqueles que poderiam ser, mais tarde, ali exibidos. Não bastava que se fundasse uma nova sensibilidade preparada para receber as mudanças de seu tempo; era preciso que essa nova sensibilidade ganhasse o mundo e o transformasse também, garantindo nova forma moderna e uma difusão ativa da arte contemporânea.

Não é à toa, portanto, que em meados dos anos 1950 começaria a ser anunciada no museu a construção da Escola Técnica de Criação (*Boletim do Museu de Arte Moderna*, jan. 1959). Baseada nos princípios da Escola de Ulm, tratava de formar profissionais para uma arte técnica apta a intervir no mundo. Centrada no desenho industrial, ela seria capaz de dar forma material ao ambiente moderno de que o MAM se queria portador. Segundo Maria del Carmen Zílio:

> Entusiasmado com o projeto de Affonso Eduardo Reidy para a sede definitiva, Max Bill, segundo Carmem Portinho, propõe para a diretoria do MAM a criação de uma escola de design para o Bloco Escola, nos moldes daquela existente em Ulm.
>
> [...] Segundo essa diretriz, baseada no modelo da Gestaltung, foi encomendado posteriormente a Maldonado uma proposta de cur-

rículo para a Escola Técnica de Criação [Del Carmem Zílio, 1999: 9-10].

Ainda que esta seja a única referência ao assunto, o fato é que Max Bill e Maldonado vieram, de fato, algumas vezes ao Museu de Arte Moderna e mantiveram vivo contato com a instituição. Falando sempre sobre a fundação da novíssima Escola de Ulm e divulgando a Bauhaus,[145] Max Bill parece ter tido, com efeito, um papel na constituição de uma escola de formação de artistas no interior da instituição museica.[146]

Seja como for, a Escola Técnica de Criação, se havia sido, de início, pensada como parte da missão didática do museu, acabaria tomando vulto maior que o esperado e tornar-se-ia instituição autônoma, Escola Superior de Desenho Industrial (Esdi/Nobre, 2006), entregue aos cuidados de Carmem Portinho. Contudo, ainda assim o projeto deixava clara a ênfase no sentido pedagógico conferido aqui pelo MAM. Esse sentido era sistematicamente acionado como causa e justificativa da existência da instituição e que acompanhava, de fato, o modo como se apresentava ao mundo. Inúmeros discursos seriam proferidos em nome do museu e publicados em seus boletins:

> Se a vitória sobre nosso subdesenvolvimento econômico é condição *sine qua non* da sobrevivência nacional, a vitória sobre nosso subdesenvolvimento cultural é condição para que aquela seja realizável. O Museu de Arte Moderna do Rio de Janeiro, pelos fins a que se dedica, e pela forma como o faz, é um dos mais importantes órgãos de educação nacional.[147]

O museu não se tornava apenas um órgão de educação e transmissão de arte moderna para aqueles que o procuravam ou que, indo ao Centro da cidade ou passando pela avenida Beira Mar, se

---

[145] Cf. entrevistas de Max Bill publicadas nos boletins do Museu de Arte Moderna do Rio de Janeiro de fevereiro e julho de 1953.
[146] Para uma análise mais aprofundada da relação entre o MAM e a Escola de Ulm, ver "Apêndice".
[147] *Boletim do Museu de Arte Moderna*, maio 1953. Matéria publicada no *Correio da Manhã*, 21 abr. 1953, p. 17.

deparavam com a visão de formas arquitetônicas modernas que os tomavam no instante da contemplação. Ao contrário, o MAM, em múltiplos sentidos, passava a procurar seu público.

Havia nesse segundo momento de institucionalização do museu (1951-1958) um intenso processo de divulgação de suas atividades. Quase mensalmente seriam editados os boletins do MAM, praticamente todas as exposições receberiam catálogos,[148] a venda de livros se tornaria uma das prioridades[149] e, sobretudo, haveria intensa publicação de material de divulgação da instituição nos jornais.[150] Era, de fato, na imprensa que o museu procurava tornar pública sua missão e fazê-la acontecer.

Mesmo antes de sua eleição para a Diretoria Executiva do museu, estava estabelecida a relação entre Niomar, o museu e a imprensa. Então diretora do MAM, ela era também casada com Paulo Bittencourt, dono do *Correio da Manhã*, e sua inserção no meio jornalístico parece ter sido o principal motivo de sua nomeação. Num pequeno cartão de visitas do Sphan guardado com muito cuidado por Raymundo Ottoni de Castro Maya, Rodrigo de Melo Franco escreveria, em 12 de maio de 1950:

> Além do assunto desses livros, o Josias aguarda muito uma resposta a respeito da substituição dele como diretor executivo do museu. Co-

---

[148] No período de 1952 a 1958, foram publicados mais de 50 catálogos.

[149] É notável a preocupação de Niomar Moniz Sodré com a venda de livros, conforme se pode depreender da análise da correspondência entre a diretora do MAM e Mathilde, funcionária que respondia pelo andamento cotidiano do museu (1954-1958). Constantemente solicitando os balanços da venda de livros, regulando os pedidos de publicações importadas, seu preço, sua visibilidade nas prateleiras à entrada do MAM e, mesmo, questionando a competência da vendedora, Niomar se punha regularmente a par da rotina da livraria.

[150] Em pesquisa de iniciação científica do Núcleo de Sociologia da Cultura da UFRJ, Flávio André Rodrigues realizou levantamento de referências ao Museu de Arte Moderna do Rio de Janeiro no *Correio da Manhã*, tendo encontrado, entre o ano de fundação do museu (1948) e a reportagem de Yvonne Jean, de 15 de junho de 1951, supracitada (ver páginas 56-59), apenas quatro matérias que se dedicavam às atividades do MAM. No ano seguinte, em 1952, apareceriam 24 referências ao museu, cifra que se multiplicaria nos anos seguintes.

nheço muito mal o rapaz indicado, mas tenho a impressão de que seria preferível, no caso, a escolha de pessoa mais efetivamente influente aqui no Rio. A Niomar, mulher de Paulo Bittencourt, talvez nos pudesse prestar serviços mais valiosos, graças à sua influência no *Correio da Manhã*. Que é que você acha? Não sei, aliás, se ela aceitaria e se, neste caso, tomaria mesmo a sério a função.[151]

Embora não tenha encontrado, nos arquivos pesquisados, uma resposta a esta pequena nota — resposta que, provavelmente, não foi dada por escrito —, o fato é que, ao que tudo indica, não só Castro Maya achou que a ideia era muito boa, como "a mulher de Paulo Bittencourt" em muito excedeu às expectativas dos primeiros fundadores do museu, chegando mesmo a ser — ironia do destino — responsável pelo afastamento daqueles que a haviam inicialmente indicado.[152]

O Museu de Arte Moderna passaria a ocupar as páginas do *Correio da Manhã* e a entrar na vida cotidiana dos leitores de jornal.[153] Inúmeras e positivas seriam as críticas escritas por Mário Pedrosa e Flexa Ribeiro. Jayme Maurício, responsável pela seção

---

[151] Carta de Rodrigo Melo Franco de Andrade a Raymundo Ottoni de Castro Maya (1950).

[152] Digna de nota é, com efeito, a peleja entre Castro Maya e Niomar Moniz Sodré pelo poder de decisão no museu. Ver páginas 80-93.

[153] Em carta a Maurício Nunes de Alencar sobre o descumprimento de cláusulas contratuais de arrendamento do *Correio da Manhã* a partir de 1969, Niomar Moniz Sodré, ao referir-se à coluna de "Artes plásticas" do jornal e ao Museu de Arte Moderna, deixa clara a relação que se estabelecia entre os dois: "A parte relativa ao Museu de Arte Moderna do Rio de Janeiro — 'continuará a ser objeto básico do jornal a defesa do Museu de Arte Moderna do Rio de Janeiro, defesa que poderá refletir-se de forma crítica, se necessário' — também não tem sido cumprida. Eventualmente, à mercê da compreensão de um ou outro editor, publicou-se material relativo à defesa do museu, mas as atividades da instituição, em si mesma notícia para todos os jornais, não encontram receptividade no *Correio da Manhã*. E isto apesar das reiteradas informações do próprio museu e recomendações do redator especializado para cobertura de inaugurações, mostras e manifestações que ocorrem no mais dinâmico e visitado centro de arte da Guanabara" (carta de Niomar Moniz Sodré a Maurício Nunes de Alencar, 1971).

de "Artes plásticas" do jornal, seria correntemente citado na correspondência interna entre os funcionários do museu. Desde matérias em colunas sociais até notas políticas de aprovação do crédito na Câmara, ou da cessão do terreno pela prefeitura, o MAM se tornava notícia.

Falando sobre o Museu de Arte de São Paulo, mas estendendo a explicação às demais instituições de época e citando entre elas o Museu de Arte Moderna do Rio de Janeiro e sua relação com o *Correio da Manhã*, diz José Carlos Durand:

> Um museu de arte com acervo onde abundassem nomes sonoros de pintores renascentistas ou das vanguardas europeias de fim do século XIX — nomes que o leitor medianamente cultivado saberia tratar-se de grandes artistas — era, portanto, um investimento estratégico. Afinal de contas, mais do que a música ou outro gênero artístico não visual, a pintura ou a arquitetura divulgavam-se bem pela mídia impressa de jornais e revistas [Durand, 1989].

O Museu de Arte Moderna, estampado nos jornais, se poria, portanto, para o autor, entre os eventos de "importante efeito promocional" que empresários de comunicação não podiam ignorar (Durand, 1989). E não deixa de ser verdade que Niomar Moniz Sodré associaria a construção do museu à construção de sua imagem pública pelo jornal.

Contudo, a ideia do museu a serviço da divulgação do *Correio da Manhã* parece ser um contrassenso; falácia lógica de afirmação do consequente que, encontrando relações entre museus e jornais, atribui causalidade a um, quando deveria atribuir ao outro. Ainda que as fotos de exposições pudessem ser belas capas de jornal, seria difícil supor que Castro Maya espontaneamente convidasse Niomar Moniz Sodré para dar lucros a seu jornal. De fato, as fotos de exposições só poderiam passar a ser encaradas como mercadoria a partir de 1951, quando as funções de diretora do jornal e diretora do museu passariam a coincidir. Mesmo então, a relação parece se dar justamente na direção oposta. Em entrevista a Flávia Rocha Bessone Corrêa, o ex-redator-chefe analisa a atitude de Niomar diante do *Correio da Manhã*

Ela não tinha ambições políticas próprias. Mas engajou-se no projeto do MAM de tal maneira que passou a ver a linha do jornal em função da criação de sua própria obra, que era o museu. Quer dizer, ela sacrificou muito as relações dela com o Paulo e com o jornal em função do projeto dela, que não era sempre coincidente com o do jornal [Corrêa, 2001:67-68].

A ambição política de Niomar, ainda que não partidária, era fazer o museu acontecer.[154] Ao publicar o MAM no jornal e dar conhecimento dos eventos da instituição, tornava-os efetivamente concretos e lhes dava materialidade. Era o *Correio da Manhã* que parecia viabilizar o MAM, e não o contrário. O museu virava notícia na imprensa e aquela, uma vez digna de constar no jornal, voltava aos boletins numa seção que lhe era inteiramente dedicada: "O museu e a imprensa". Nessa seção, publicavam-se as últimas matérias a respeito do museu e, com ela, Niomar criava um espaço de legitimação da instituição, tornando-a material também para os sócios.

Ao colocar o museu nos jornais e, pelos boletins, os jornais no museu, a instituição construía mecanismos próprios de divulgação interna e externa. De um lado, fazendo com que alcançasse o grande público a que visava; de outro, fazendo com que o pequeno público de frequentadores se reconhecesse como parte de um movimento de mudança na cidade e se fizesse movimento, se fizesse notícia. Na primeira página do *Boletim do Museu de Arte Moderna* de fevereiro de 1953, a diretoria escrevia, aos sócios, uma carta que em muito deixava transparecer o movimento que se estabelecia entre o público, os membros do MAM e a concretude do museu. Lê-se:

> O gesto generoso dos representantes municipais e federais, que tanto nos honra, é um reflexo do reconhecimento público de nosso esforço e de seus primeiros resultados. O encargo criado por essa confiança multiplicará nosso esforço, porque assim compensado e premiado, o trabalho não assusta como numa instituição como o museu.

---

[154] Ver também, mais adiante (p. 126-128), correspondência de Ivan Lins a respeito da relação entre o museu e o *Correio da Manhã*.

Mas somos perto de mil que, com doações, "remissões", joias, anuidades e mensalidades, contribuímos diretamente para o "pão nosso" que alimenta o trabalho de cada dia e vai enriquecendo o patrimônio artístico. Para com esse agrupamento variado, desconexo, heterogêneo e, no entanto, unido por múltiplos e diversos ângulos da mesma ideia — é como se disséssemos: para consigo mesmo — tem o museu sua maior dívida e mais grave. Não tanto pela contribuição material (cuja importância e utilidade Deus nos livre de subestimar), senão por outro motivo mais precioso e mais exigente. Todo ideal nasce vago, nas nuvens. É o calor humano que lhe dá corpo e consistência. A corrente que logo se formou, em pouco tempo criou a consistência necessária. Foi o entusiasmo, o apoio e a cooperação ativa que permitiu ao museu realizar e obter tanto em tão pouco tempo. Por isso, manifestando nossa gratidão, proclamamos hoje a nossa dívida.

Ao referir-se a um "calor humano" a dar "corpo e consistência" aos ideais, Niomar Moniz Sodré chamava a atenção para a necessidade de que o público se tornasse, ele mesmo, responsável pelo desenvolvimento do museu e pelo desenvolvimento do país. Era preciso que a missão didática se encarnasse em mudanças concretas e visíveis. Os jornais tornavam possível que os sócios vissem os resultados de seus esforços reconhecidos e tivessem, aqui e agora, o quinhão de prestígio que esperavam para a posteridade. O museu que se institucionalizaria a partir de 1951 levava a marca de Niomar Moniz Sodré: era preciso que se fizesse acontecer e que isso tivesse visibilidade.

Foi, portanto, nesse sentido que passaram a se organizar no MAM cada vez mais frequentes mostras temporárias. Se até 1951 a marca do museu havia sido dada pela exposição permanente, enfatizando as doações e iniciativas individuais que haviam tornado possível a coleção do museu, a partir do ano seguinte a ênfase da instituição recairia sobre as exposições temporárias, que passariam da média de duas por ano, entre 1948 e 1951, para uma média de mais de 10 por ano no período que vai de 1952 a 1958.[155] Ver quadro 2.

---

[155] Cf. Material coletado por Flávio André Rodrigues, em pesquisa de iniciação científica do Núcleo de Sociologia da Cultura (UFRJ).

Quadro 2. Inventário de exposições organizadas pelo Museu de Arte Moderna do Rio de Janeiro (1948-1958)[156]

Exposição	Local	Ano	Total
Mural *Tiradentes*, de Cândido Portinari	Automóvel Clube do Brasil (Rio de Janeiro)	1948	1
Le livre français	MAM (Rio de Janeiro)	1949	
Pintura moderna de Milão	MAM (Rio de Janeiro)	1949	
Escola de Paris	MAM (Rio de Janeiro)	1949	3
Bérard	MAM (Rio de Janeiro)	1950	
Félix Labisse e trajes e cenários da Cia. J. L. Barrault	MAM (Rio de Janeiro)	1950	2
Cerâmica do Nordeste	MAM (Rio de Janeiro)	1951	1
Mandello (fotografia)	MAM (Rio de Janeiro)	1952	
Acervo e premiados na I Bienal de São Paulo	MAM (Rio de Janeiro)	1952	
Natal de 1952: exposição de pinturas de crianças	MAM (Rio de Janeiro)	1952	
Artistas brasileiros	MAM (Rio de Janeiro)	1952	
Goya (gravura espanhola)	MAM (Rio de Janeiro)	1952	5
Primeira exposição permanente	MAM (Rio de Janeiro)	1953	
Portinari	MAM (Rio de Janeiro)	1953	
Miserere de Rouault	MAM (Rio de Janeiro)	1953	
Exposição de Fernando Lemos e Eduardo Anahory	MAM (Rio de Janeiro)	1953	
Gravuras modernas da Iugoslávia	MAM (Rio de Janeiro)	1953	
Painéis decorativos	MAM (Rio de Janeiro)	1953	
Exposição de pinturas de crianças	MAM (Rio de Janeiro)	1953	

continua

[156] Segundo dados coletados nos arquivos do MAM.

Exposição	Local	Ano	Total
Jovens pintores portugueses modernos	MAM (Rio de Janeiro)	1953	
Modernos argentinos	MAM (Rio de Janeiro)	1953	
Guignard	MAM (Rio de Janeiro)	1953	
Cerâmica de Vitalino e alunos de cerâmica	MAM (Rio de Janeiro)	1953	11
Segunda exposição permanente	MAM (Rio de Janeiro)	1954	
Lurçat	MAM (Rio de Janeiro)	1954	
Artistas modernos de Israel	MAM (Rio de Janeiro)	1954	
Modernos italianos	MAM (Rio de Janeiro)	1954	
Exposição de pinturas de crianças	MAM (Rio de Janeiro)	1954	
Brasilianische architektur	Viena	1954	
Cubismo	MAM (Rio de Janeiro)	1954	
Kokoschka	MAM (Rio de Janeiro)	1954	
Di Cavalcanti	MAM (Rio de Janeiro)	1954	9
Espace	MAM (Rio de Janeiro)	1955	
Terceira exposição permanente	MAM (Rio de Janeiro)	1955	
Pancetti	MAM (Rio de Janeiro)	1955	
Exposição de pinturas de crianças	MAM (Rio de Janeiro)	1955	
Arte primitiva e moderna do Brasil	Suíça	1955	
Gravadores brasileiros	Genebra (Suíça)	1955	
Fléxor	MAM (Rio de Janeiro)	1955	
Grupo Frente – 2ª mostra coletiva	MAM (Rio de Janeiro)	1955	
Artistas canadenses	MAM (Rio de Janeiro)	1955	
E. Georg	MAM (Rio de Janeiro)	1955	
Léger	MAM (Rio de Janeiro)	1955	
Litografia artística inglesa	MAM (Rio de Janeiro)	1955	12
Quarta exposição permanente	MAM (Rio de Janeiro)	1956	

continua

Uma "nova fase" para o Museu de Arte Moderna

Exposição	Local	Ano	Total
Exposição de pinturas de crianças	MAM (Rio de Janeiro)	1956	
Dois artistas peruanos	MAM (Rio de Janeiro)	1956	
Tapeçarias abstratas	MAM (Rio de Janeiro)	1956	
Arte alemã contemporânea	MAM (Rio de Janeiro)	1956	
Burle Marx	MAM (Rio de Janeiro)	1956	
Maria Martins	MAM (Rio de Janeiro)	1956	
Escola de Ulm	MAM (Rio de Janeiro)	1956	
Gravuras holandesas	MAM (Rio de Janeiro)	1956	
Pintura moderna brasileira	Uruguai	1956	
Oswaldo Goeldi	MAM (Rio de Janeiro)	1956	
Almir Mavignier	Berna (Suíça)	1956	
Paisagista Burle Marx	Zurique (Suíça)	1956	13
Quinta exposição permanente	MAM (Rio de Janeiro)	1957	
Stanley William Hayter	MAM (Rio de Janeiro)	1957	
Millôr Fernandes	MAM (Rio de Janeiro)	1957	
Gravadores brasileiros	Montevidéu, Lausanne	1957	
Genaro de Carvalho	MAM (Rio de Janeiro)	1957	
Maria Freire e José Castigliolo	MAM (Rio de Janeiro)	1957	
Fotografias de Fulvio Roiter	MAM (Rio de Janeiro)	1957	
Exposição de pinturas de crianças	MAM (Rio de Janeiro)	1957	
Volpi	MAM (Rio de Janeiro)	1957	
Tapetes argentinos	MAM (Rio de Janeiro)	1957	
Lívio Abramo	MAM (Rio de Janeiro)	1957	
Arte norte-americana	MAM (Rio de Janeiro)	1957	12
Coleção permanente e escultores britânicos	MAM (Rio de Janeiro)	1958	
Arte esquimó	MAM (Rio de Janeiro)	1958	

continua

Exposição	Local	Ano	Total
Antuñez	MAM (Rio de Janeiro)	1958	
Aloísio Magalhães	MAM (Rio de Janeiro)	1958	
Ballet triádico (Oscar Schlemmer)	MAM (Rio de Janeiro)	1958	
Teatro da Áustria	MAM (Rio de Janeiro)	1958	
Finlândia: arte decorative	MAM (Rio de Janeiro)	1958	
Fridl Loos	MAM (Rio de Janeiro)	1958	
Israel (desenhos de Portinari)	MAM (Rio de Janeiro)	1958	
Pinturas de crianças japonesas	MAM (Rio de Janeiro)	1958	
Fayga Ostrower	MAM (Rio de Janeiro)	1958	
Djanira	MAM (Rio de Janeiro)	1958	
Olivetti industrial	MAM (Rio de Janeiro)	1958	13
Total			**78**

A escolha de exposições temporárias como carro-chefe da instituição chamava a atenção para o desejo de movimento que acompanhava o museu e a ideia de inovação como atrativo de público. Com efeito, o Museu de Arte Moderna, ao optar por ter em suas salas uma nova exposição quase a cada mês, se apresentava como instituição de mobilidade, que não apenas mudava de sede, mas mudava de fisionomia com regularidade. A ideia de movimento era, de fato, uma constante. A mostra do acervo do museu se tornava *uma* das inúmeras exposições anuais e passava a ser sempre acompanhada do anúncio das novas aquisições.[157]

O museu se renovava, tomando posição deliberadamente oposta à imagem do mausoléu. *Portinari, Modernos argentinos, Cubismo, Kokoschka, Fléxor, Burle Marx, Volpi* eram mostras que passariam pelo MAM nesses anos, trazidas por meio do contato com importantes instituições estrangeiras, num esforço prestigiado pelos jornais e boletins que ostentavam o vigor da instituição e que bus-

---

[157] Cf. Museu de Arte Moderna do Rio de Janeiro (1952b).

cavam colocá-la no mesmo patamar de prestígio de instituições internacionais.[158] A modernidade se punha em movimento.

Contudo, se as grandes exposições eram as portadoras do prestígio do museu, algumas de suas pequenas mostras eram ainda mais indicativas de sua missão. Apesar de ter exposições solicitadas constantemente e de recusá-las com a mesma frequência e rapidez com que eram feitas, o museu tinha sempre espaço reservado para a exibição dos trabalhos de seus alunos. As turmas infantis de Ivan Serpa mereciam destaque nos boletins, e os alunos de Zélia Salgado também eram alvo de mostras com catálogos ilustrados.[159] As obras dos alunos de cerâmica eram apresentadas ao lado das de Vitalino.

Além de mostrar a modernidade como modelo, o museu havia de exibir a modernidade no momento em que tomava forma: missão concretizada, alunos transformados em artistas. Com efeito, é em 1955, na exposição das obras do Grupo Frente, que — acredito — mais paradigmaticamente se rompe o hiato entre público e artista, recepção e produção (ver capítulo 4). O Grupo Frente, formado pelos alunos de Ivan Serpa, apresentava a missão realizada do MAM.

Ao apresentar o grupo como movimento surgido no próprio museu, vanguarda gerada em suas salas de aula, o MAM ostentava mais objetivamente sua missão didática e parecia querer provar ter de fato ensinado a tornar-se moderno. A deliberada omissão das salas de aula em que se formaram, o nivelamento que o catálogo apresentava entre professor e aluno, todos sob o mesmo rótulo de membros do Grupo Frente, deixava claro o desejo de apresentar

---

[158] Sobre a publicização da recepção do museu no exterior, ver, por exemplo: "Colaboração artística de brasileiros e norte-americanos" (1952); "A campanha do museu nos EE.UU" (1958); "Missão civilizadora da arte" (1958); "O ministro do Comércio da Grã-Bretanha no Museu de Arte Moderna" (1958); "Museu de Arte Moderna honra a capacidade de realização do homem moderno no Brasil" (1959); "Homenagem das mais importantes feita ao Museu de Arte Moderna" (1959); "A Espanha condecorou a diretora do Museu de Arte Moderna" (1959); "Obra gigantesca fará do nosso país o maior centro cultural" (1959).

[159] Ver, por exemplo, Museu de Arte Moderna (1959j)

artistas já formados, fruto do museu, é verdade, porém fruto autônomo (cf. Museu de Arte Moderna, 1955e).

Do mesmo modo, a precoce exibição do grupo, formado em aulas que haviam tido início três anos antes, e cuja primeira aparição pública se dera já no ano anterior, deixava clara uma tomada de posição em relação ao tempo. O museu, mesmo que instituição de memória, não aguardaria o julgamento dos anos para tomar decisões. Ainda que fosse contra o público, tomaria a frente e se poria ao lado das vanguardas, querendo antecipar-se a seus contemporâneos. A missão do MAM se realizava na medida em que, indo contra o senso comum, se impunha sobre ele, mudando julgamentos e criando ruptura.

> Está feita a apresentação do Grupo Frente que agora, graças à boa iniciativa do Museu de Arte Moderna, atinge o grande público, através da obra que ora se inaugura. A honra que o museu lhes faz é merecida. Com isso, o Museu de Arte Moderna cumpre sua missão de estimular os valores novos e estimular o público pelo contato que se estabelece entre este e aqueles. A experiência desse contato só pode ser fecunda, mesmo que a reação do público não seja de pronto favorável. Mesmo que seja hostil. Nem sempre as grandes amizades duradouras se fazem à primeira vista [Museu de Arte Moderna, 1955e].

A missão didática do museu, capaz de criar vanguardas vistas mesmo como índices da modernidade, se completava e tomava novo impulso na apresentação do jovem grupo. A vocação pedagógica, gerando ruptura, se fazia capaz de fundar o moderno e de criar materialmente arte moderna no país, exibindo, para dentro e para fora, os novos tempos que, para o museu, aconteciam no Brasil.

Não é, portanto, por acaso que o museu deixava de enfatizar a exposição permanente como expressão de uma história da arte europeia, espelho de civilização. Em 1952 a exposição do acervo do museu apresentava uma seleção das obras mais recentes da pintura europeia e era também acompanhada de obras nacionais, americanas e latino-americanas. A ênfase era dada às obras com menos de cinco anos, e a exposição do acervo era acompanhada dos premiados na I Bienal de São Paulo. O intercâmbio com "instituições internacionais congêneres" passava a ser sublinhado. A arte moderna aparecia como categoria universal e absolutamente contemporânea (Museu de Arte Moderna, 1952b).

As exposições pareciam procurar apresentar um panorama da arte mundial, percorrendo Estados nacionais unidos sob a mesma identidade do tempo compartilhado. *Modernos argentinos*, *Gravuras modernas da Iugoslávia*, *Modernos italianos*, *Artistas modernos de Israel*, *Arte alemã contemporânea*, *Espaço e cor na pintura espanhola de hoje* são títulos que serviam para situar o público diante dos jovens representantes da arte mundial. Os catálogos pareciam unidos sob uma mesma retórica de novos tempos em que a unidade nacional aparecia como formadora de caráter, mas também como formação deliberada, fruto, sobretudo, da sociedade que a fazia.

Ao lado dos panoramas nacionais, grandes nomes da arte mundial apareciam nivelados com os de artistas brasileiros. Mostras individuais de Kokoschka, Léger e Goya apareciam ao lado de movimentos e escolas (cubismo, Escola de Ulm), de mostras individuais de artistas brasileiros (Portinari, Fléxor, Goeldi) e dos jovens artistas reunidos sob o signo comum da nacionalidade. Em comum, pareciam ter o horizonte moderno que, pelo contato ou por contaminação, poderiam fazer-nos também outra sociedade.

O tema do contato era, de fato, constante e aparecia não só no discurso das exposições,[160] mas também no modo como a instituição apresentava suas práticas nos jornais e nos boletins do museu. O intercâmbio e as relações com países estrangeiros eram ostentados em uma série de periódicos. As visitas, ao museu, de Nelson Rockefeller (1952), William Burden (1958), Max Bill (1953), Tomás Maldonado (1953) seriam noticiadas e fotografadas como

---

[160] "Dentro de seu vasto e importante programa de intercâmbio artístico, o Museu de Arte Moderna do Rio de Janeiro apresenta desta vez dois artistas que ocupam um lugar de destaque no panorama da arte contemporânea latino-americana. Esta exposição tem um duplo significado: o de nos pôr em contato com dois artistas de grande valor, e o de trazer para cá algo da arte de um país ainda relativamente pouco conhecido, cujo passado artístico e cultural somente pode ser comparado ao do México" (Museu de Arte Moderna, 1956c).

fatos de enorme relevância para a instituição e para a cidade. Em 1957, Niomar Moniz Sodré viajaria aos Estados Unidos e lá fundaria uma Associação de Amigos do Museu de Arte Moderna do Rio de Janeiro. Os fundos angariados seriam divulgados em inúmeros periódicos e apareceriam sob as manchetes mais otimistas. Em *O Jornal* de 3 de janeiro de 1958, lia-se a manchete: "Sólida ponte entre o Brasil e os Estados Unidos". Em 7 de janeiro, o *Correio da Manhã* reproduzia matéria do *Louisville Times*: "*Brazilian Museum is a woman's dream come true*". Ainda sobre o assunto, *O Dia* publicava, em 12 de janeiro de 1958, "Americanos unem-se aos brasileiros para concretização do Museu de Arte Moderna: campanha vitoriosa levada a efeito nos Estados Unidos".

À época de inauguração da nova sede do museu no aterro do Flamengo, Niomar Moniz Sodré salientava, mais uma vez, a importância dos contatos com instituições estrangeiras. Em reportagem do *Correio da Manhã* em 1958, dizia ela: "As telas de Ben Nicholson nos foram oferecidas pela embaixada inglesa, assim como a embaixada alemã nos ofereceu para exposição o Bacchaus [*sic*] etc.".[161] Os oferecimentos de exposições, as visitas de personalidades internacionais apareciam para reforçar o prestígio do museu, conferindo sempre uma imagem de instituição cosmopolita e inserida na universal sociedade moderna.

Se a sociedade era comum a um tempo universalmente partilhado, era preciso que o "ambiente atrasado" (Barata, 1952) pudesse ser posto em contato com os espaços mais avançados. A aproximação espacial permitiria, na relação com o outro, a superação do hiato existente entre sociedades diversas. A modernidade, como processo evolutivo espacialmente desigual, daria lugar a um tempo homogêneo. A simultaneidade do não simultâneo, que permitia atrasos e avanços num mesmo momento, mas em ambientes apartados, seria superada por um contato direto em que tempos diversos não mais poderiam coexistir.

O país aparecia, portanto, como espaço de realização da sociedade moderna, fechado em seu próprio tempo e cuja superação

---

[161] "Todas as tendências terão lugar na nova sede do Museu de Arte Moderna" (1958).

poderia dar-se pela arte. Espaço da sociedade nacional, cabia ao museu tornar o país moderno pela *compreensão da arte*, colocando a sociedade em contato com as manifestações de outros países, gerando aqui e agora novas formas contemporâneas e afirmando diante do mundo *nossa capacidade criadora* (Barata, 1952).

Se por um lado era necessário trazer a "nossa sociedade" ao contato das manifestações artísticas modernas, era também preciso mostrar, ao lado de Mário Barata, a "nossa" *changing-society* (Barata, 1952), provar ser o Brasil também portador de modernidade e levar as obras de arte nacionais ao encontro das outras sociedades, fazendo ver ao mundo que estávamos *à altura* da modernidade comum ao concerto de nações que se buscava como modelo (Sant'Anna, 2005a).

Assim, o Museu de Arte Moderna, para além das exposições organizadas em sua sede, passaria a montar exposições para serem exportadas como provas do avanço nacional. A construção de uma autoimagem positiva passava pela rejeição do estigma do atraso e pela demonstração de superação do subdesenvolvimento que, se ainda não havia sido efetuada no âmbito econômico, haveria que se provar que já o fora decerto no âmbito da cultura, e que esta mesma seria responsável pelas mudanças no plano material.

Além de exposições temporárias para serem exibidas no museu, entre 1952 e 1958 o MAM organizaria, ainda, uma série de exposições itinerantes, que deveriam percorrer o mundo exibindo a moderna arte brasileira: *Exposição de arquitetura contemporânea* (1954-1957), *Gravadores brasileiros* (1955), *Pintura moderna brasileira* (1956), *Almir Mavignier* (1956), *Paisagista Roberto Burle Marx* (1956), *Exposição de arte moderna brasileira* (1959-1961) são alguns exemplos. Levadas a Viena, Utrecht, Madri, Lisboa, Berna, Zurique, Montevidéu, as exposições deixavam claro o intuito de exibir o que havia no país de mais alinhado com a moderna arte mundial. A arquitetura parecia ser o carro-chefe: *Exposição de arquitetura contemporânea*, a primeira exposição itinerante reunida pelo museu, passaria três anos circulando pela Europa, feito apenas repetido cinco anos depois, com a *Exposição de arte moderna brasileira* — talvez porque o meio fotográfico permitisse divulgação por mais longo tempo, mas certamente porque era a arquitetura a forma plástica que havia recebido maior reconhecimento no exterior[162] e que poderia levar ao mundo as conquistas da *changing-society* brasileira (Barata, 1952). Em face da única exposição preparada para exportação na primeira fase do museu,[163] o que salta aos olhos é que a arte nativa, popular, folclórica, produzida aqui e agora como artefato autenticamente nacional ou celebrada como origem arqueológica, parece ter sido absolutamente excluída do horizonte do museu. Mesmo ao reunir uma exposição requisitada pelo Museu Etnográfico da Suíça, em 1955, o MAM optava por enviar uma exposição que se intitularia *Arte primitiva e* moderna *do Brasil* [destaque nosso]. Por oposição à exposição de cerâmica nordestina solicitada pelo MoMA, parece ter havido um deliberado esquecimento da dita tradição brasileira. Mesmo as exposições organizadas para a sede do museu pareciam procurar enfatizar a produção mais contemporânea e universal do país. A única exposição que poderia ser enquadrada sob a categoria do popular aconteceu em 1953 e mostrou a obra de mestre Vitalino. Não por acaso, contudo, sua obra não foi a única a ser exposta naquele momento, e vinha acompanhada, inclusive no título – *Cerâmica de Vitalino e* alunos de cerâmica [destaque nosso] –, dos pupilos do museu, sempre portadores da potência de modernidade.

[162] Já em 1943, o Museu de Arte Moderna de Nova York havia exibido a exposição *Brazil builds*, que circulara nos Estados Unidos e no exterior até 1945. O boletim do museu do inverno de 1943/1944 assim descreve a exposição: "*Brazil builds* tem sido enormemente popular aqui e no exterior. Uma pequena versão foi feita para circular nas escolas e faculdades americanas que não estão preparadas para receber a exposição original maior" (*Bulletin of the Museum of Modern Art*, 1943/1944:7). Até hoje a exposição é mundialmente lembrada como marco de consagração da moderna arquitetura brasileira (cf. Brèsil, 2005).

[163] A exposição *Cerâmicas do Nordeste*, composta sobretudo por peças marajoaras, ocorre por solicitação de David Rockefeller, para uma exposição que aconteceria no MoMA nova-iorquino, reunindo peças de arte folclórica e pré-colombiana das Américas, na qual as categorias arqueológicas e folclóricas apareceriam niveladas. Ainda que a arte marajoara seja dificilmente classificada como essencialmente folclórica, ela de fato aparece ao lado das buscas de uma autenticidade brasileira, essência a repetir-se sempre idêntica a si mesma (cf. carta de David Rockefeller a Raymundo Ottoni de Castro Maya, 1950).

Com efeito, a reforma dos estatutos de 1951, que diminuía a importância das pesquisas folclóricas, parecia ser, de fato, indicativa de que mudanças importantes se dariam na instituição dali por diante.[164] A questão é que não parecíamos mais diante da construção de uma nacionalidade — retomada de uma origem comum —, mas da criação de uma nova sociedade, processo de autoconstrução. Tratava-se de uma mudança de eixo que passava a tomar como dado o passado comum, e se aventurava na descoberta de um destino comum. Por oposição ao paradigma de 1920, tratava-se de uma tentativa de reflexão sobre os limites e possibilidades de mudança, em detrimento da busca de signos estáticos de uma identidade nacional eternamente idêntica a si mesma (Côrtes, 2002). Não se tratava de buscar soluções mais autênticas, *mimesis* da nacionalidade, criadas das necessidades de nossas próprias tradições.[165] Não se tratava, tampouco, da construção de uma sociedade centrada no Estado, que se impunha de cima para baixo, ordenando autoritariamente a vida social. Tratava-se da crença numa sociedade capaz de se fazer moderna, apostando no homem comum como instrumento de construção de uma nova sociedade.

Buscando, nos mais diversos âmbitos da cultura, modos de constituir uma sociedade moderna, múltiplos setores da intelectualidade brasileira deixavam de lamentar uma cultura que se norteava necessariamente pelo sentido da formação nacional, para apostar em atitudes capazes de dar ensejo a um novo país. O MAM, do mesmo modo, procurava constituir um público conhecedor da arte, portador de novas visões de mundo, agente capaz de "fazer sociedade" (Villas Bôas, 2004). Dizia Mário Pedrosa:

[164] Ver páginas 92-121.
[165] "Se, no terreno político e social, os princípios do liberalismo têm sido uma inútil e onerosa superfetação, não será pela experiência de outras elaborações engenhosas que nos encontraremos um dia com a nossa realidade. Poderemos ensaiar a organização de nossa desordem segundo esquemas sábios e de virtude provada, mas há de restar um mundo de essências mais íntimas que, esse, permanecerá sempre intacto, irredutível e desdenhoso das invenções humanas. Querer ignorar esse mundo será renunciar ao nosso próprio ritmo espontâneo, à lei do fluxo e do refluxo, por um compasso mecânico e uma harmonia falsa" (Holanda, 2004:187-188).

A experiência estética contemporânea é um convite a sair da bitola do cotidiano. Não por escapismo, por fuga à realidade. Ao contrário, por uma necessidade bem mais decisiva de definir a infrarrealidade do homem em todos os seus refólios e a super-realidade que é, por baixo da rotina imediatista do atual, o que do presente, da atualidade é mais profundo, mais autêntico e mais permanente, por já participar do futuro.[166]

Democratização era palavra de ordem, e a aposta no novo Brasil passava pela mudança nas relações sociais da vida cotidiana.

O museu de Niomar Moniz Sodré

Em 1951, a eleição de Niomar Moniz Sodré para direção do conselho executivo do Museu de Arte Moderna, órgão formado pelos sócios fundadores do MAM, parece marcar, além de um novo discurso e de uma nova ideia de museu, uma série de mudanças nas práticas da instituição. Os anos de sede provisória no MEC, que vão de 1952 a 1954, parecem ter sido, de fato, um momento de ruptura com as práticas levadas a efeito até então, e apresentam-se como anos de preparação para o *status* de instituição definitiva.

Os processos de mudança de sede, que tanta polêmica geraram na relação entre Niomar e Raymundo, parecem ser, com efeito, reveladores das tão distintas práticas dos dois principais representantes do museu. Se, como dissera Niomar, a Castro Maya havia bastado entender-se com ministros a respeito da nova sede no Ministério da Educação,[167] a mudança para a sede definitiva no aterro do Flamengo, que marcaria a gestão da diretora executiva, evidenciava as diferentes práticas adotadas por um e outro.

Em 1952 iniciar-se-ia o processo de doação do atual terreno do aterro do Flamengo pela Prefeitura do Distrito Federal. Em 26 de novembro daquele ano, o então prefeito, João Carlos Vital, leria

---

[166] *Boletim do Museu de Arte Moderna*, mar./abr. 1953. Matéria publicada na *Tribuna da Imprensa*, 24 jan. 1953.
[167] Carta de Niomar Moniz Sodré a Raymundo Ottoni de Castro Maya (1951b).

mensagem à Câmara dos Vereadores propondo a doação. A medida seria votada ainda no mês seguinte, em 10 de dezembro, e seria aprovada por 33 votos contra um. Depois da publicação no *Diário Oficial* (3 de janeiro de 1953), demarcação do terreno pelo Departamento de Urbanismo (21 de novembro de 1953), aprovação da minuta pela Secretaria de Finanças, Secretaria de Educação e pelo prefeito (8 de abril de 1954), o termo de doação seria finalmente aprovado em 22 de setembro de 1954,[168] tendo cada etapa sido devidamente cumprida e catalogada nos arquivos do museu. Uma nova burocracia se impunha.

Para além, contudo, do termo de doação, outras medidas haviam de ser tomadas. Em novembro de 1952, o *Boletim do Museu de Arte Moderna* publicaria discurso de Carlos Lacerda na Câmara dos Deputados, sob a manchete "Louvor do Legislativo ao Museu de Arte Moderna". No texto, publicado na íntegra, Lacerda propunha-se a escrever um projeto de lei para levar o apoio da Câmara à entidade, que, segundo ele, proporcionava ao "povo um contato permanente com as criações mais expressivas dos valores nacionais e estrangeiros".[169] Embora não fosse sócio do museu e não houvesse participado de nenhuma das reuniões para sua fundação, Lacerda talvez tivesse seus próprios interesses para referir-se à memória da instituição como marca "inapagável no tempo".[170]

Ferrenho opositor de Getúlio Vargas e aliado político de Carlos Luz — com quem, possivelmente em 1955, tramaria o golpe contra Café Filho e a eleição de JK —, Lacerda provavelmente apoiasse a cessão do terreno ao MAM mais para contrariar o segundo mandato de Vargas do que por qualquer outra razão. Segundo Flávia Bessone Corrêa, o projeto do presidente da República para o aterro estava ancorado na construção de uma sede permanente para o Congresso Eucarístico da Igreja Católica. Fazia todo sentido ficar ao lado de Niomar quando a disputa pelo terreno implicava reportagens difamatórias contra Getúlio no *Correio da Manhã*.

---

[168] Detalhamento do processo de cessão do terreno no aterro do Flamengo para o Museu de Arte Moderna do Rio de Janeiro (1954).
[169] "Louvor do Legislativo ao Museu de Arte Moderna" (1952).
[170] Id.

Assim, no mês seguinte, o *Boletim do Museu de Arte Moderna* (dez. 1952) publicaria o anteprojeto de lei de Carlos Lacerda que autorizava "o Poder Legislativo a abrir, pelo Ministério da Educação e Saúde, o crédito especial de Cr$ 10 milhões como auxílio para início da construção da sede do Museu de Arte Moderna". Em janeiro de 1953 seria publicado o "parecer favorável do sr. Carlos Luz e [ocorreria] a aprovação, na Comissão de Finanças da Câmara" (*Boletim do Museu de Arte Moderna*, jan. 1953), do crédito instituído pelo anteprojeto de Lacerda. Finalmente, no boletim de agosto do mesmo ano, seria publicada a aprovação definitiva do crédito proposto. Era possível acompanhar pelos boletins do museu todo o processo do crédito concedido pela Câmara. Os jornais publicavam e os boletins republicavam opiniões favoráveis à instituição e a seu financiamento.

A enorme divulgação não parecia acontecer por acaso; Niomar Moniz Sodré colocava o poder das palavras a serviço do MAM. O *Correio da Manhã* e o *Boletim do Museu de Arte Moderna* estavam à disposição da realização de sua "grande obra". Todas as iniciativas em favor da instituição ganhavam ampla repercussão nos veículos de comunicação. O anteprojeto de Lacerda ganhara grande espaço, tanto nos boletins quanto nos jornais. João Carlos Vital, depois da aprovação da doação do terreno pela prefeitura, foi imediatamente transformado em sócio benemérito do MAM, e o fato foi também noticiado pelo boletim de abril de 1953.[171] Havia uma série de mecanismos de concessão de prestígio para fazer acontecer o MAM.

Em carta a Paulo Bittencourt, Ivan Lins, então vice-presidente do Tribunal de Contas da União, parece revelar de modo preciso o mundo operado por Niomar. Depois de recusar-se a atender ao pedido de reconsideração da decisão de converter em diligência novo auxílio de Cr$ 5 milhões destinado pela Câmara dos Deputados ao Museu de Arte Moderna, o ministro escreveria ao proprietário do *Correio da Manhã* para desfazer a "zanga" do jornal para consigo. Depois de explicar seu voto, que teria sido dado pela obrigação do "dever de resguardar a autoridade do tribunal, principalmente

---

[171] "João Carlos Vital, benemérito do Museu" (1953).

num momento de crise, como o atual, em que a lei só existe para os fracos e pequeninos", Ivan Lins assim se justificaria:

> No caso da doação ao museu, a lei foi violentamente atropelada, não por você, nem pela dona Niomar, mas pela desbragada ânsia de subserviência dos que pretendiam não agradar a você, nem à dona Niomar, mas, apenas, ter[-se] em boas graças da grande potência — verdadeiro Estado dentro do Estado, que é o *Correio da Manhã*, ao qual só temem os que têm más razões para temer.[172]

Tudo parece, de fato, submeter-se ao Museu de Arte Moderna e à vontade de Niomar; vontade que, contudo, não se dá ao acaso, mas que se constrói também como parte de uma autoimagem e de uma apresentação pública de si.

Ao refletir sobre a construção biográfica de Niomar Moniz Sodré, o modo como constitui sua imagem e, a seu lado, um modelo de museu, a comparação com a autoimagem de Raymundo Ottoni de Castro Maya é inevitável. Se — conforme tenho procurado argumentar aqui — a diretoria de Niomar inaugura um novo modo de fazer operar o Museu de Arte Moderna do Rio de Janeiro, resta saber o que efetivamente torna possível distinguir uma imagem da outra. Ao olhar a origem social que, no mais das vezes, serve de medida para a determinação de ações no mundo, vale dizer que Niomar e Raymundo não estão em posições assim tão distantes e, numa primeira aproximação, faria sentido classificá-los simplesmente como membros da elite brasileira.

Niomar era filha de Antônio Moniz Sodré, deputado baiano, jurista e político, e de Maria de Teive Argollo, "descendente de dom Rodrigo Argollo, nobre castelhano que teria aportado na Bahia em 1549, na comitiva de Tomé de Souza, primeiro governador da província" (Corrêa, 2001). Seu mito de origem familiar em muito retoma o peso da tradição que parece acompanhar Castro Maya. O pai, homem de importância local, e a mãe, cuja origem ultrapassa gerações e remonta mesmo à construção da nação.

---

[172] Carta de Ivan Lins a Paulo Bittencourt (1956).

Ao olhar, contudo, as escolhas que pontuam a formação de sua trajetória, fato é que o modo como lida com seu mundo originário muito se afasta da relação que o primeiro presidente do MAM estabelece com seu passado. Salvador — cidade onde nasceu —, em vez de lugar de origem a ser retomado no curso da vida, aparece como lugar de que se afasta desde a infância. Marcas de ruptura que acompanhariam a trajetória pessoal.

Enviada à capital para estudar nos colégios da elite carioca, seria inscrita no Sacre Couer e no Sion, escolas que ensinariam às filhas dos principais nomes da cidade as boas maneiras da alta sociedade. Em lugar, contudo, de apresentar-se como tendo pertencido a esse mundo, à narrativa de Niomar importa simplesmente ter sido expulsa dos dois colégios. Inúmeros incidentes são descritos para sublinhar a incapacidade de adequação ao universo de mocinhas bem-comportadas (Corrêa, 2001).

Mais tarde, aos 16 anos, nova marca de ruptura: a futura diretora do MAM fugiria de casa para casar-se com o primo, com quem teria um filho, Antônio, como o avô. O nome repetido, conciliador, não é, contudo, suficiente para apaziguar a biografia dessa mulher, cuja especificidade se marca por um mito de tomadas de decisão impulsivas e absolutamente determinadas. A trajetória de Niomar Moniz Sodré seria, com efeito, construída por sucessivas rupturas, tomadas de decisão abruptas e sem volta, que levariam *O Globo* a publicar, em reportagem póstuma de 1º de novembro de 2003:

> Durante boa parte de sua vida, Niomar Moniz Sodré Bittencourt levou como um elogio o fato de ter sido chamada de "homem" por um general em 1967, em pleno regime militar. Afinal, isto devia-se à sua firme defesa da democracia, que levaria ao fim o jornal que dirigia, o carioca *Correio da Manhã*.[173]

De fato, a mais notória peleja de Niomar, em nome de seu jornal e contra a censura militar, que finalmente levaria ao empastelamento do *Correio da Manhã*, foi uma das marcas de sua

---

[173] "Niomar Bittencourt, proprietária do *Correio da Manhã*, 87 anos" (2003).

biografia. O periódico herdado do segundo casamento foi, junto com o MAM, uma das causas que advogou e por que lutou no decorrer da vida. Por ele teria que enfrentar sérias batalhas judiciais: primeiro, com outros herdeiros para validar o testamento de Paulo Bittencourt; depois, com os arrendatários do jornal, que, segundo ela, o teriam levado à falência. De todo modo, as pelejas acabaram por se constituir como memória de uma personalidade que, na vida profissional e pessoal, se apresentaria ao mundo como mulher decidida e que não media palavras nem esforços para fazer valer sua vontade.

Assim, ainda anos antes das lutas pelo jornal que marcaria sua imagem, Niomar enfrentaria o estigma de mulher divorciada em meados do século XX, e se tornaria companheira de Paulo Bittencourt, também divorciado e proprietário do *Correio da Manhã*. Durante anos, seria simplesmente Niomar Moniz Sodré. O sobrenome Bittencourt seria adicionado apenas posteriormente.[174] A vida, definida por sucessivas rupturas, supunha sempre, como marca da trajetória, projetos de futuro e descontinuidades com o passado. A imagem de Niomar se construiria, portanto, sempre por referência a um passado que deixou para trás, pela ação e pela vontade. A origem baiana, os estudos nos colégios para mocinhas elegantes, a família, o primeiro casamento não aparecem na biografia de Niomar senão para marcar a descontinuidade e colocar-se como conjunto de situações contra as quais teve que se impor. A ação e as tomadas de decisão são as principais chaves para compor a biografia de rupturas e autoconstrução. Niomar aparece em sua narrativa e nas narrativas de quem fala sobre ela, como mulher de convicção que se fez sozinha, que fez o museu e que dirigiu o *Correio da Manhã*

---

[174] O uso do sobrenome chega mesmo a gerar alguns mal-entendidos para a direção do museu. Em carta a René d'Harnoncourt, Paxton Haddow esclareceria o "mistério dos Bittencourt": "A fundadora e atual diretora do Museu de Arte Moderna aqui é a Sra. Paolo Bittencourt [*sic*], em todos os países menos no Brasil, onde a complicação para legalizar casamentos por divórcios é praticamente impossível. Há apenas uma mulher envolvida, não duas, como você estava imaginando" (carta de Paxton Haddow a René d'Harnoncourt, 1953).

sozinha.[175] *Self made woman*, responsável por mudanças radicais e necessariamente positivas.

Do mesmo modo, a relação com Paulo Bittencourt parece emergir como justificativa para o interesse pela arte moderna e pelo empenho na direção do museu. A partir da descontinuidade do novo casamento, um mundo de possibilidades se abriria para ela:

> Sofisticado cidadão do mundo, Paulo, que sempre passara longas temporadas no exterior, apresentou à jovem esposa, os prazeres de viajar. Em 1941, Niomar partiu para aquela que seria a primeira de uma longa série de viagens internacionais com destino aos Estados Unidos, onde se encantou com a riqueza e a variedade dos acervos dos museus dedicados à arte moderna. [...] Niomar começou a compor uma coleção de arte privilegiada, formada por peças adquiridas no Brasil e no exterior [Corrêa, 2001:64].

Assim, é Paulo Bittencourt quem aparece como a ruptura que torna possível o contato com a arte moderna. O gosto de Niomar, nem inato nem herdado da tradição, aparece como mais uma ruptura deliberadamente construída pelas viagens, ações de deslocamento. O contato com o exterior e a possibilidade de convívio com a boa produção internacional passariam a justificar a mudança na apreciação, uma vontade de erudição e, sobretudo, um desejo de apropriação de um modo de ser moderno. A imagem de *connoisseuse* e o colecionamento são apresentados, antes de mais nada, como conhecimento conquistado, ruptura com o passado e nova sensibilidade.

Não é, então, por acaso que, na correspondência com Castro Maya, Niomar faz questão de marcar uma "nova fase" a partir de sua entrada no museu. Numa concepção de tempo descontínua, sempre procuraria marcar, com suas ações, o lugar do passado e do

---

[175] Não são raras as referências ao museu como propriedade, ou mesmo parte de Niomar. Em 1978, em carta nostálgica à diretora do MAM, Mário Pedrosa escreveria lamentando o incêndio que teria recentemente acometido a instituição e as "meias medidas" que não eram, segundo ele, suficientes: "Tenho pensado constantemente no teu, no nosso velho museu. Tua obra, a que demos sempre todo o nosso apreço está *en panne*" (carta de Mário Pedrosa a Niomar Moniz Sodré, 1978).

futuro. O novo e o moderno pareciam sempre, portanto, apresentar a imagem positiva do desejável e do que deveria ser alcançado. Fosse na vida pessoal, fosse na gestão do museu, a mudança era marca do empreendedorismo. Não bastava a iniciativa, era preciso que a iniciativa fosse executada como ação de corte, contra o passado e contra o próprio tempo.

Em cartas a Raul Bopp guardadas pelo arquivo do MAM, Niomar, ao referir-se ao museu, ao novo apartamento, à política de Juscelino, ou às modas de Paris, fazia sempre e necessariamente alusão ao tempo que lhe faltava, às novidades conquistadas e ao que havia ainda a ser feito. Entre a "vida mais alucinada do mundo", "mais tremendamente trabalhosa, mais desesperada de atividades e preocupações", e um "mês atrapalhadíssimo" de "trabalho acumulado", Niomar escreveria para tomar decisões "urgentes", reclamar da "demora" de alguma atitude que poderia fazer a situação "degringolar de um momento para o outro", ou simplesmente contar as novidades com as quais "anda[va] às voltas", queixar-se das dores na coluna em relação às quais fazia "toda sorte de tentativas e experiências, e com diversos médicos", contar que viajava para Londres no voo "inaugural do Comet das Aerolíneas Argentinas" porque estava "apavorada, mas radiante de servir de cobaia".[176] O tempo aparecia, portanto, sempre como espaço a ser percorrido na maior velocidade possível. O futuro, absolutamente desejável, supunha em sua busca o abandono do passado e um presente de novas experiências a que se deveria submeter para alcançar seus fins sem deixar-se ficar para trás (Koselleck, 1993:198). O presente aparecia como planejamento para a ação futura e o passado tinha muito pouco espaço. Segundo Niomar: "A saudade é grande, embora não saiba ainda onde ela cabe neste emaranhado total dos meus dias".[177]

Contra o tempo de Raymundo, marcado pela continuidade cumulativa de uma civilização que se desenvolvia a despeito de si, Niomar impunha sua vontade como força criadora. O tempo supu-

---

[176] Cartas de Niomar Moniz Sodré a Luppe e Raul Bopp (1958a, 1958b, 1958c, 1958d, 1959).
[177] Carta de Niomar Moniz Sodré a Luppe e Raul Bopp (1958a).

nha ações absolutamente planejadas e determinadas; rupturas que o mudassem de direção, que fizessem o destino. O museu, como a vida, havia que ser executado.

Para tanto, contudo, Niomar não dependia e não queria depender, nem do fluxo descontínuo dos favores, nem de uma rede de relações que lhe dessem sustentação. O museu havia de fazer-se por si mesmo como conjunto de tomadas de decisão que abarcavam os maiores e menores gestos da instituição. Tudo deveria passar pela diretoria e tudo deveria ser sistematicamente resolvido. Assim, também, Niomar iria a Paris, para estágio "no museu de lá": a experiência, sempre adquirida, era a chave do conhecimento e da autoridade para gerir o museu.[178]

Ao lado de sua *expertise*, contudo, a diretora se cercava de um grupo de *connoisseurs* a que recorria para a escolha de exposições, para a avaliação de obras doadas, para a realização de novas aquisições. Mário Pedrosa e Flexa Ribeiro — professores, críticos de arte e autoridades do conhecimento — seriam recorrentemente consultados sobre as próximas atividades da instituição. Mário Pedrosa assinaria prefácios de catálogos, auxiliaria na escolha das exposições, selecionaria os quadros a serem aceitos e comprados. Flexa Ribeiro, por sua vez, seria correntemente responsável pela redação dos boletins e chegaria mesmo a assumir provisoriamente a diretoria da instituição no lugar de Niomar.[179] O museu se tornaria lugar de técnicos e de detentores do saber.

Do mesmo modo, a nova gestão passava por uma sistematicidade que se revelava nos menores gestos. Era preciso que tudo se enquadrasse no que Jayme Maurício chamaria de "'sistema Niomar' de troca de ordens e informações escritas".[180] A troca de correspondências entre a diretora e o *staff* do museu é sintomática da mudança que tomava lugar no *modus operandi* da instituição. Nos períodos de sua ausência, havia entre ela e os principais funcionários — mais notadamente entre ela e d. Mathilde Pereira de Sousa, administradora — uma troca de correspondências quase diárias que da-

---

[178] Carta de Niomar Moniz Sodré a Zazi Monteiro de Carvalho (1952).
[179] Carta de Niomar Moniz Sodré a Mathilde Pereira de Souza (1955a).
[180] Carta de Jayme Maurício a Niomar Moniz Sodré (1958).

vam a dimensão do ritmo em que caminhava o museu. "Instruções", "respostas às instruções" e "assuntos diversos" eram os títulos de uma correspondência numerosa, recheada dos inesgotáveis temas da administração cotidiana do MAM. Aparelhos de refrigeração, quadros a serem enviados para a exposição de Munique, o Matisse guardado em casa de André, recibos e cobranças, hospedagem de Maldonado e ofertas de exposição, os cursos e os professores, o pró-labore de Lourdes, todos eram assuntos reunidos e rigorosamente numerados como tarefas a serem executadas diariamente.[181] A rotina, a que Castro Maya se dizia avesso, parecia ser justamente o que fazia o museu de Niomar.

As datas das exposições eram marcadas com grande antecedência, e os procedimentos acertados como deveria convir.[182] O espaço da improvisação, tantas vezes atribuído às novas instituições de cultura do Brasil nos anos 1950 (Ortiz, 2001), parecia ter, em verdade, bem pouco lugar. As exposições, outrora oferecidas a Castro Maya, passavam agora a ser procuradas, e a agenda anual passava a ser fechada muito cedo. Em 3 de fevereiro de 1955 Niomar, preocupada com o calendário da instituição, escreveria a d. Mathilde:

> Caso Mme. Mineur não resolva a exposição do Susse até a próxima semana, temos que providenciar uma exposição de abril a maio, e com material que já esteja no Brasil. Penso na do Horta, que teve o prêmio maior de desenho na bienal de Venesia, ou em um conjunto de obras premiadas na última Bienal de São Paulo.[183]

---

[181] Correspondência entre Niomar Moniz Sodré e Mathilde Pereira de Souza entre 1955 e 1959.
[182] O tópico sobre a exposição de Pancetti nos assuntos diversos de Mathilde enviados a Niomar em 8 de março de 1955 dava a dimensão do esforço de previsibilidade e racionalidade em todos os assuntos do museu. Diria ela: "Depois de combinar pelo telefone, enviarei um funcionário à casa dos colecionadores para entregar a ficha do empréstimo, tomar nota do título, data, medidas etc., voltando o mesmo funcionário 10 dias antes da exposição para arrecadar todos os quadros. O transporte é mais econômico, não enchemos os nossos depósitos (já não basta a invasão das obras para a III Bienal) e os colecionadores não ficam privados dos quadros por muito tempo" (carta de Mathilde Pereira de Souza a Niomar Moniz Sodré, 1955b).
[183] Carta de Niomar Moniz Sodré a Mathilde Pereira de Souza (1955a).

O caso exigia sem dúvida a máxima urgência; as agendas já deveriam estar fechadas em fevereiro. No entanto, tudo seria rapidamente resolvido e, em março, o museu seria obrigado a encaixar a exposição oferecida por Fléxor em caráter de última hora:

> A sra. poderia preparar uma carta para o Fléxor, assinada por Carmem, dizendo que teremos o maior prazer de fazer uma exposição dele este ano no museu. Como, no entanto, estamos com vários compromissos assumidos, pedimos a ele esperar um pouco mais para uma resposta definitiva nossa.[184]

O caso era raro; os oferecimentos eram sistematicamente recusados.

Se para Rodrigo Melo Franco de Andrade fazia sentido, em 1949, aceitar a exposição de Léon Zack, sobretudo quando podia dizer que não tinham "ainda novas exposições programadas",[185] seria impensável, anos depois, na gestão seguinte, referir-se a uma agenda que já não estivesse assoberbada até o próximo ano. O tempo era, com efeito, o tempo de Niomar.

Do mesmo modo, as finanças do museu eram controladas de perto e com a mesma sistematicidade com que se acompanhava a gestão da agenda, do acervo e das obras do MAM. A instituição havia que se sustentar com pernas próprias. Não haveria mais registro de exposições requisitadas e depois recusadas pelo preço excessivo. Seria designado um cobrador especialmente encarregado de ir às portas dos sócios recolher o pagamento mensal. Para isso receberia comissão e deveria ser contratado pelo museu, já que, segundo a administradora, "cobradores de outras instituições não se interessa[va]m suficientemente".[186] Segundo seu cálculo baseado em experiência anterior, o cobrador do museu, que prestava contas diariamente, cobrava mais que o triplo que o cobrador "recomen-

---

[184] Carta de Niomar Moniz Sodré a Mathilde Pereira de Souza (1955b).
[185] Carta de Rodrigo Melo Franco de Andrade a Raymundo Ottoni de Castro Maya (1949).
[186] Carta de Mathilde Pereira de Souza a Niomar Moniz Sodré (1956).

dado pelo Nelson, do Touring Club".[187] A cobrança aos sócios era, de fato, fatia importante da receita da instituição, e era constante a vigilância sobre sua variação. Relatórios mensais eram enviados e, por vezes, vivamente discutidos. O MAM passaria a ter uma renda fixa com que poderia contar para suas atividades rotineiras.

Para além, contudo, da cobrança aos sócios, que deixara de depender das visitas ao museu para o recebimento do pagamento e contava agora com um funcionário especializado, Niomar buscava nas doações novas fontes de renda. O MAM editaria brochuras e folhetos em português, inglês, francês e alemão, e eles seriam enviados por correio ou pessoalmente entregues, numa campanha financeira internacional de vulto. Em carta a Raul Bopp, diria Niomar:

> Penso que o melhor é você guardar aí os folhetos franceses, pois não adianta muito mandar pacotes aos diplomatas. Você sabe muito bem que poucos dão importância. Jogam fora ou distribuem à toa, o que dá no mesmo. À proporção que eu for precisando aqui, ou na Europa, pediria a vocês.
>
> Quanto aos brasileiros, tenho a impressão de que você uma vez me disse ter-nos mandado 200, não sei por que via. É triste não ter mais nenhum. Fazem muito sucesso e são muito úteis na campanha financeira. O jeito agora é guardar os franceses.[188]

Assim como a cobrança aos sócios, a distribuição dos folhetos e brochuras exigia empenho e insistência.[189] No Brasil ou no exterior, deveria ser feita de preferência pessoalmente e sempre acompanhada de propostas de sócios beneméritos. Grandes companhias estrangeiras eram visitadas e o museu deveria ser apresentado como convinha. Pequenas encadernações com ilustrações colori-

---

[187] Id.
[188] Carta de Niomar Moniz Sodré a Luppe e Raul Bopp (1958d).
[189] Quando a insistência falhava, restava a Niomar, no entanto, praguejar: "Não é de admirar que o presidente da Swissair tenha morrido. Quem não ajuda o museu, podendo fazê-lo, morre mesmo ou vive mal. Espero que diante disso, o dr. Berchtold resolva logo o assunto" (carta de Niomar Moniz Sodré a Luppe e Raul Bopp, 1958b).

das davam a boa impressão que o MAM queria passar.[190] A campanha financeira nos Estados Unidos, quando fundara a Associação de Amigos do Museu de Arte Moderna do Rio de Janeiro e que, segundo fora noticiado, teria arrecadado US$ 4 milhões[191] durante a permanência de Niomar no país, serviria certamente de parâmetro para as campanhas em outros lugares.[192] Segundo a diretora do museu ao falar sobre a campanha nos Estados Unidos:

> Meu programa básico foi organizado no sentido de entrosar-me com todos os presidentes das grandes companhias americanas que têm interesses comerciais no Brasil, conforme já fizera em vários países europeus. [...] O programa, todavia, foi transformado para melhor, uma vez que encontrei grande entusiasmo de diretores de museus, colecionadores de arte que não têm ligações com o Brasil, mas que demonstraram grande interesse pela nossa obra.[193]

O museu, apresentado como instituição baseada no modelo do MoMA nova-iorquino, devia decerto atender às expectativas de grandes empresários americanos, que apostavam na boa vizinhança de Roosevelt para a política internacional e para a filantropia

---

[190] Descrevendo a brochura da campanha americana, diria Niomar Moniz Sodré: "Visando a dar uma ideia da obra que estamos construindo no Rio, mandamos confeccionar um catálogo em inglês, que serviu de preliminar à 'promoção' que pretendíamos realizar em favor da instituição. Através dele, ficaram os nossos amigos dos Estados Unidos sabendo de todas as atividades do museu, seus cursos, exposições, informações sobre o edifício-sede, gastos realizados e importância do empreendimento para a cultura brasileira" (*O Dia*, Rio de Janeiro, 12 jan. 1958. Arquivos do Museu de Arte Moderna do Rio de Janeiro).
[191] A cifra de US$ 4 milhões teria sido desmentida por Niomar; contudo, não houve divulgação do real valor arrecadado e a citada quantia permanecia como horizonte a ser alcançado.
[192] "Mário Dias Costa segue na próxima semana para a Suíça. Vai fazer uma brochura em francês e alemão para o nosso museu, um pouco inspirada na americana, que tem dado um grande resultado, não só na campanha financeira, como na divulgação cultural" (carta de Niomar Moniz Sodré a Luppe e Raul Bopp, 1958b).
[193] "Americanos unem-se a brasileiros para a concretização do Museu de Arte Moderna" (1958).

de seus negócios. Se Castro Maya havia apostado no modelo de Estado interventor para garantir os fundos internacionais para o museu, Niomar parecia entrar na lógica capitalista das finanças americanas e, conseguindo isenção de impostos sobre as doações à Associação de Amigos do Museu de Arte Moderna do Rio de Janeiro, conseguia fazer com que os interesses do Estado e do capital produtivo operassem em sincronia a seu favor.

Tudo se passava como se fosse, de fato, possível ponderar meios e medir as exatas consequências para alcançar um fim ótimo (Weber, 1995; Elster, 1994). À civilidade e autocontrole de Castro Maya, Niomar opunha uma racionalidade apaixonada, que fazia dos "momentos de violência íntima", vontade de "pôr as coisas em ordem", vontade de ação.[194] Em nome de sua causa e fim último, indispor-se-ia com tudo e com todos. Se a imagem de modernidade de Castro Maya jazia sobre um modo de estar no mundo previsível e civilizado, modo de realizar que supunha a incorporação de uma segunda natureza social e controlada (Elias, 1990, 2001), ao construir sua autoimagem a modernidade de Niomar repousava, ao contrário, sobre os fins realizados, precisas descontinuidades que levavam a marca de seu nome e de seu temperamento.

Assim também o MAM, em sua gestão, passaria a se definir pelas ações executadas e metas alcançadas. A nova sede, a constante busca de exposições, as *vernissages*, todas as manifestações do museu seriam concretizações materiais a serem exibidas como conquistas da instituição e da diretoria. A realização material do museu seria, ela mesma, meta alcançada.

De certo ponto de vista, o processo de institucionalização do MAM parece estar acompanhado da criação de um novo ambiente no país. As próprias fontes primárias parecem sempre chamar a atenção para um processo de mudança que acompanha os anos 1950: emergência de uma nova década, marcada por novas formas de ver e de pensar o mundo.

Compartilhando de uma tradição intelectual comum, que formulava um diagnóstico de atraso, o MAM se fazia por homens con-

[194] Carta de San Tiago Dantas a Niomar Moniz Sodré (1951).

temporâneos de seu tempo e encontrava, em sua época, a vontade de desenvolvimento que lhe era própria e, no homem comum, o agente deste processo.

Em lugar, contudo, de procurar num contexto que paira sobre os fatos e impõe, sobre países e instituições, mudanças necessárias com sentido teleológico, sugeri que se refletisse sobre o modo como as pessoas de fato, no mundo concreto da vida, se inseriram nesse contexto e tomaram decisões que traduziram novos conceitos.

Nesta medida, ao olhar o modelo de museu de arte moderna tal como apresentado pelo MAM em seus anos de fundação, me deparo com dois momentos distintos e mais ou menos precisos, aos quais corresponderiam dois modos muito diversos de ver o mundo e constituir o espaço museico.

Conforme procurei mostrar no capítulo 1, de um lado Castro Maya, comportando-se de acordo com a imagem de portador de civilidade (Panofsky, 1979) e absoluto autocontrole (Elias, 1990) — que, como fazia questão, lhe eram característicos —, era correntemente citado como idealizador do museu e acionaria sua rede de relações para pôr a instituição em movimento: amigos da alta sociedade, curadores de suas próprias exposições num círculo íntimo de diletantes. O conceito de arte moderna, ainda que apresentasse a modernidade como modelo, a entendia antes como modelo a ser cultuado, realidade outra fora da vida de fato. A arte moderna aparecia aqui na distância do horizonte concluído, inalcançável.

De outro lado, Niomar Moniz Sodré, ao lado de Paulo Bittencourt na direção do *Correio da Manhã*, sustentava uma imagem de mulher empreendedora, criando relações na medida em que podiam fazer acontecer o museu. Obra de arte a fazer seu próprio público, instituição museica capaz de forjar seus produtores. O MAM, ao consagrar o modelo de Niomar, institucionalizava esta modernidade, que criava nos vínculos pessoalizados seu próprio destino. Não bastava que o público comparecesse ao museu e exercesse em ato contemplativo sua presença ali. Era preciso que a repercussão da instituição pudesse ser medida. Niomar fazia questão de transformar em números as visitas às exposições, divulgando sempre como numerosa a frequência ao museu. Não é, portanto, por acaso, que o MAM acabaria fundando, ao lado das atividades de colecionamento, uma escola de formação de artistas. Era preciso que o impacto da instituição pudesse ter eficácia, e que sua eficácia pudesse ser mensurada.

O conceito de modernização do museu de Niomar, visto antes como fruto de ações e da vontade do que como resultado de forças materiais, permitia que se ultrapassasse o hiato entre o espaço do fazer e o espaço do julgar. O MAM não era simples espaço de colecionamento, mas era uma ação no mundo que se media por seus resultados. Sucessão de rupturas contra a continuidade que se identificava com o novo, e com a qual a vanguarda, por sua vez, poderia se identificar. Memória do futuro capaz de construção do devir.

Modos distintos de ver o mundo, de portar-se nele, Niomar Moniz Sodré e Raymundo Ottoni de Castro Maya incorporaram imagens de si e imagens do outro para exibir e fazer representar. Ao fazê-lo, manifestaram concepções de tempo, mudança e ação, que em muito ordenaram as práticas do museu no período em que estiveram — e não estiveram — em sua direção. O museu de Raymundo e o museu de Niomar supuseram modos de encarar o país, a modernidade e a própria vida, e implicaram instituições distintas que, se parecem se suceder no tempo, implicam, ao contrário, a concomitância e a convivência de conceitos diversos dos quais pessoas diversas se fizeram portadoras. À medida que dialogaram ou romperam, conceitos e imagens foram aclamados, recebidos, ignorados, rejeitados, tachados de novíssimos e anacrônicos, localizados num passado remoto ou num futuro que ainda estava por vir.

Personagens distintas, com autoimagens absolutamente divergentes e modos incomensuráveis de portar-se no mundo. O museu, grande obra para a posteridade, se deveria levar consigo a memória de seus fundadores, não poderia de modo algum corresponder a memórias tão diferentes. As autoimagens dos dois membros-chave da instituição traziam em seu bojo um modo de proceder no mundo e de encarar a instituição que, ao que parece, não podiam dialogar.

Niomar e Raymundo, ainda que contemporâneos e de origem social similar, eram portadores de modernidades com significados diferentes, e protagonistas de museus de arte moderna diferentes.

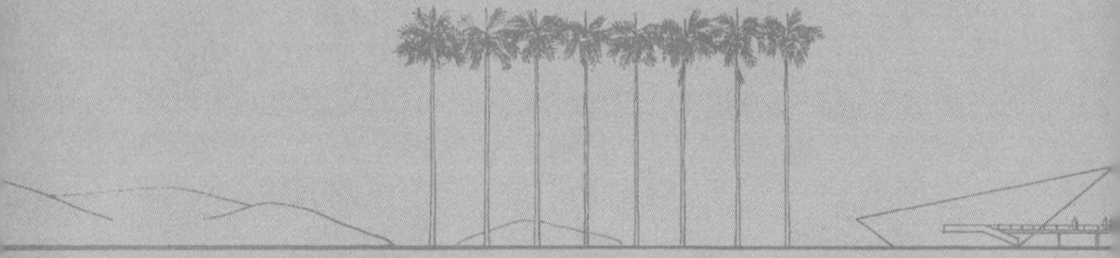

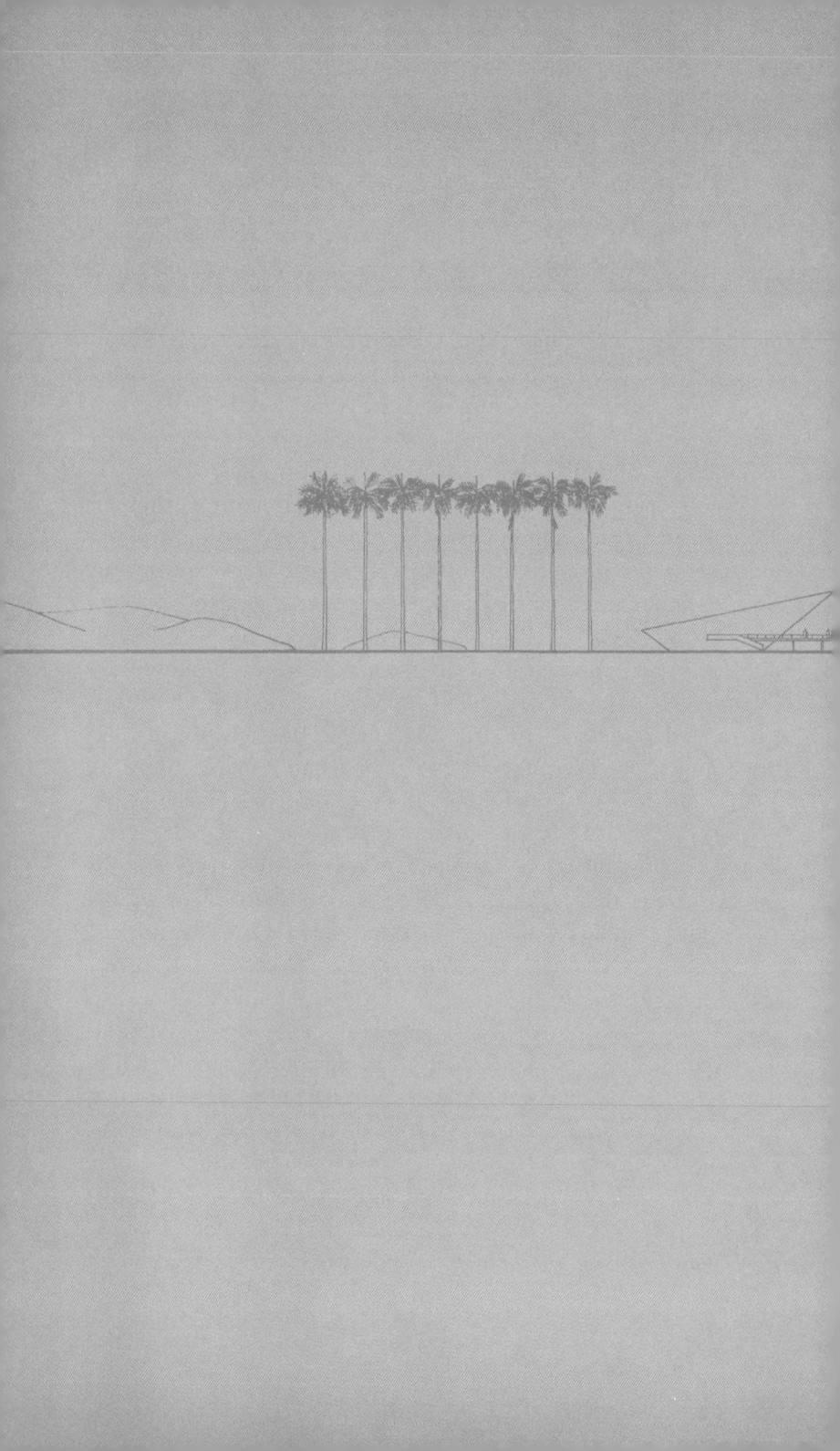

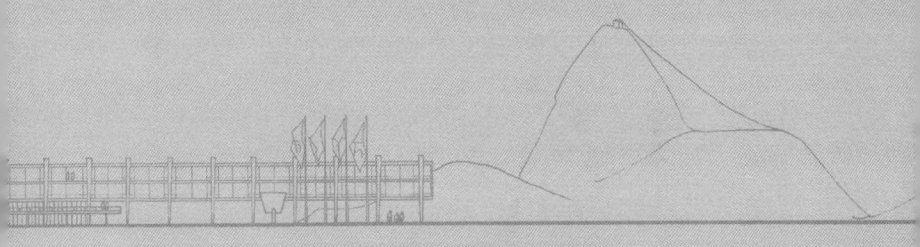

Parte II

Na primeira parte deste livro, procurei entender o Museu de Arte Moderna do Rio de Janeiro do ponto de vista da imagem que a instituição apresentava ao mundo, tendo em vista, de um lado, os discursos por meio dos quais apresentava essa imagem e, de outro, o modo como esses discursos supunham portadores sociais, se colocavam em relação e ganhavam o mundo. Assim, conforme procurei mostrar, o MAM se constituía como disputa pela memória e pelo moderno; disputa que, no entanto, escondia, sob a unidade institucional, as idas e vindas da relação dialógica e passava ao público o discurso em uníssono que, de fato, descartava as especificidades. A modernização, embora tenha sido tradicionalmente vista como condição suficiente para explicar mudanças no horizonte da produção de cultura, foi apresentada na discussão dos dois primeiros capítulos como categoria que recebeu interpretações diversas e, assim, ordenou diversamente relações e formas sociais.

Observando, contudo, a existência de outros museus de arte moderna e o lugar do MAM carioca numa teia compartilhada de instituições do mesmo gênero, seria possível pensar que o modelo de Niomar Moniz Sodré talvez se impusesse necessariamente como aquele que corresponderia ao fluxo mais universal, inerente ao próprio movimento da arte moderna em sua relação com as instituições de cultura. Talvez não faça sentido conceder ao modelo vencedor de Niomar, e à sua relação com o modelo alternativo de Raymundo, a importância em que tenho procurado insistir. Num olhar mais amplo, o MAM pertenceria simplesmente à categoria de *museu de arte moderna*; a qual talvez tenha sido até agora negligenciada.

A ideia de construção de uma *instituição de memória da modernidade* — diagnóstico de relevância da produção artística contemporânea e constituição de um acervo das criações de aqui e agora para a contemplação futura — parece ser, em si mesma, suficiente para romper com o museu da tradição, instaurar novas práticas museológicas e justificar o abrigo de vanguardas. Segundo Andreas Huyssen, o hiato que tão cronicamente separou vanguardas e museus, bastiões da alta cultura para o modernismo, parece ser ele mesmo explicativo das mudanças que se processaram na institucionalização da memória ao longo do tempo. Os museus, ao tornarem-se constantes alvos de crítica dos movimentos de arte em nome do novo, poriam em curso a dialética entre "alta arte e cultura de massa", tornando as fronteiras entre uma e outra "cada vez mais fluidas" (Huyssen, 1997:11). A vanguarda, sempre oposta ao modernismo — culto da arte pura, ou da arte pela arte, como apontaria Bourdieu (1983, 2002) — daria aos museus possibilidade de autoconsciência que, em movimento de síntese, abrigariam o par antitético sob sua guarda. Poder-se-ia localizar os museus de arte moderna na chave da dialética memória-vanguarda-cultura de massa. Concretismo e MAM estariam simplesmente reunidos como precursores de um movimento em direção à síntese pós-moderna do museu de cultura de massas, paradoxo fora do tempo que permitiria o anacronismo de um museu aberto à crítica da alta cultura com missão modernizadora.

> Desde a década de 1950, a morte das vanguardas no museu se tornou um tropo muito citado. Muitos viram essa situação como a maior vitória do museu e, nessa visão, os muitos museus de arte contemporânea e todos os projetos do período pós-guerra apenas acrescentariam insultos à injúria. Mas as vitórias tendem a imprimir seus efeitos tanto nos vitoriosos como nos vencidos; talvez um dia alguém queira investigar até que ponto a musealização do projeto da vanguarda atravessou as fronteiras entre a vida e a arte e ajudou a derrubar os muros do museu, democratizando-o a ponto de torná-lo mais acessível e a facilitar as atuais transformações do museu, que de uma fortaleza de poucas pessoas selecionadas passou a ser cultura de massa, e que de tesouraria passou a local de performances e *mise en scène* para um público ainda maior [Huyssen, 1997:231].

Contudo, mesmo que o modelo de museu da tradição se crie como resultado da crítica aos mausoléus de memória, aparecendo como outro do museu de arte moderna, vale, ainda assim, chamar a atenção para um processo que não se dá necessariamente e que não pode ser nem mesmo processo, senão pelos portadores sociais que o fazem. Nesse sentido, se o museu de Niomar parece em muito se adequar ao processo de emergência de um novo paradigma, o museu de Castro Maya — seu contemporâneo e também, a seu modo, vitorioso na construção da Chácara do Céu — questiona o argumento de conciliação numa dialética necessária.

Assim, se é verdade que se poderia olhar o museu de Niomar como aquele que corresponde a seu tempo e é consagrado na imprensa e na crítica, interpretando corretamente o movimento de sua época, sugiro que se olhe ainda um terceiro modelo que lhe serve de inspiração e que talvez sirva para esclarecer em que medida modernidade e modernização, levando em conta seu outro da memória — o museu —, convergem, ou não, para conjurar um mundo pós-moderno de musealização, em que a crítica aos museus da alta cultura levaria, de um lado, à democratização da arte como cultura de massa e, de outro, à disseminação do passado em setores antes não sujeitos ao universo museico (Huyssen, 1997). Nesta medida, recupero, a partir de agora, o modelo do Museu de Arte Moderna de Nova York para entender em que medida seu paradigma supõe a relação com a vanguarda. Sugiro, portanto, em primeiro lugar, uma análise comparativa que retome as duas instituições e seus respectivos conceitos de museu de arte moderna. Em seguida, sugiro uma nova discussão que reflita sobre o lugar concedido aos movimentos de vanguarda pelas duas instituições.

Ou seja, na segunda parte deste livro a proposta é que se contraponha, à ideia do museu marcado pela imagem de seus fundadores e construído na relação dialógica entre duas diferentes formas de conceber o MAM, uma interpretação que leve em conta a possibilidade de que o MAM seja simplesmente *mais um* museu de arte moderna. Para tanto sugiro, a partir de agora, uma análise comparativa *com outra* instituição congênere, qual seja, o MoMA nova-iorquino, para entender em que medida um e outro podem ou não ser entendidos como faces idênticas de um mesmo processo.

Capítulo 3
O MoMA como modelo ou de como o Museu de Arte Moderna de Nova York não veio parar no Rio de Janeiro

Várias são as versões para a origem da ideia de fundação do Museu de Arte Moderna do Rio de Janeiro. Do mesmo modo que a escolha da data, já discutida na primeira parte deste livro, o mito de origem do MAM varia de acordo com o ponto de vista de quem o narra. Ora diz-se que foi Nelson Rockefeller quem teria procurado Raymundo Ottoni de Castro Maya para sugerir-lhe a fundação da instituição (Machado, 2002); ora Niomar Moniz Sodré teria sido apresentada ao magnata norte-americano e, do encontro, teria surgido a ideia (Corrêa, 2001); ora a ideia é simplesmente apresentada como geração espontânea do encontro entre as elites cariocas e nova-iorquinas no imediato pós-guerra (Parada, 1993; Durand, 1989). De todo modo, em qualquer um dos casos, a presença de Nelson Rockefeller é inquestionável. Magnata do petróleo norte-americano e presidente do MoMA de 1935 a 1958, Nelson Rockefeller aparece sempre como principal responsável pela criação de um museu de arte moderna no Rio de Janeiro à imagem do modelo norte-americano.

De fato, nos arquivos pesquisados, é notável a relação estabelecida entre os dois museus. Tanto na documentação coletada no Rio de Janeiro quanto na pesquisada em Nova York, há extensa correspondência que se refere a um esforço prévio e sistemático para a organização da instituição brasileira. No entanto, o primeiro documento em que encontro referência à criação de um museu de arte moderna no Rio de Janeiro aparece numa carta de Henrique Mindlin a René d'Harnoncourt, então diretor executivo do Museu de Arte Moderna de Nova York, datada de 15 de março de 1945.[195] Após citar uma reunião em sua casa, o autor relembra uma conversa ocorrida na noite anterior, sobre a possibilidade de "fazer algo aqui com relação ao museu de arte moderna".[196] Na carta, o arquiteto fazia ainda referência aos contatos que havia efetuado em função da concretização da ideia e citava os nomes de Portinari, artista brasileiro de maior prestígio internacional naquele momento, e de Paulo Almeida Camargo, diretor do Instituto de Arquitetos do Brasil. Ainda que depois da ocasião o nome de Portinari apareça raras vezes na documentação sobre o esforço de fundação do MAM, vale chamar a atenção para o fato de que é numa exposição de seu painel de Tiradentes que o nome do museu aparece em público pela primeira vez.

O museu se criava, portanto, para "fazer algo aqui com relação ao museu de arte moderna". Não a *um* museu de arte moderna, mas *ao* museu. E não em qualquer lugar, mas *aqui*. O Museu de Arte Moderna, ideia no singular, aparecia como unidade. E não se tratava de fundar um museu, como seria feito mais tarde, mas de fundar uma *sociedade de amigos* do museu; não de um museu de arte moderna no Rio de Janeiro, mas *do* Museu de Arte Moderna, provavelmente de Nova York. Talvez fosse, de fato, vontade de abrir uma filial do Museu de Arte Moderna americano no Rio de Janeiro (Parada, 1993).

É bem verdade, entretanto, que cronologicamente o nome de Nelson Rockefeller apareceria em seguida na documentação, numa carta endereçada a Raymundo Ottoni de Castro Maya, datada de 26 de novembro de 1946.[197] No documento, que parece ser um dos principais constituintes da memória deste primeiro momento, evocava-se uma pequena reunião precedente entre os dois interlocutores, Rubens Borba de Moraes (modernista, bibliógrafo e ex--diretor da Biblioteca Municipal de São Paulo), Oscar Niemeyer (já promissor arquiteto e técnico do Serviço do Patrimônio Histórico e Artístico Nacional), Alcides de Rocha Miranda (também arquite-

---

[195] Carta de Henrique Mindlin a René d'Harnoncourt (1945).
[196] Id.
[197] Carta de Nelson Rockefeller a Raymundo Ottoni de Castro Maya (1946).

to e técnico do Sphan), Rodrigo Melo Franco de Andrade (fundador e diretor do Sphan) e Aníbal Machado (crítico de artes plásticas, literato, modernista e escritor).

Entre todos os presentes, apenas Rodrigo Melo Franco de Andrade e Raymundo Ottoni de Castro Maya permaneceriam mais efetivamente ligados à constituição do museu, construindo, na memória institucional do MAM, laços para serem mais tarde lembrados. Talvez não tenha sido, no entanto, por acaso que Nelson Rockefeller decidiria escrever a Castro Maya para confirmar o que ficara já então acordado e certificar-se de que encontraria nele "assistência e ajuda ao movimento".[198]

O diretor do MoMA nova-iorquino, então indicado para a Superintendência dos Estados Unidos na América Latina, parecia ser de fato um dos principais interessados na formação de um museu de arte moderna do Rio de Janeiro. Nelson Rockefeller acumulou, entre 1940 e 1945, diversas funções ligadas à política externa norte-americana. No período foi coordenador do Inter-American Affairs, conselheiro da Inter-American Development Comission e secretário de Estado assistente para a Latin American Affairs. Mais tarde, entre 1954 e 1955, na gestão de Eisenhower, seria ainda assistente da Presidência para assuntos estrangeiros, chefe do Comitê para Segurança Nacional e, finalmente, em 1958, seria eleito governador de Nova York.

Em 1945, ao começarem as negociações para abrir "filiais" do MoMA no Rio e em São Paulo, Nelson Rockefeller empreenderia um esforço pessoal para criar, nestas cidades, museus baseados nos padrões de sua instituição. Em 28 de novembro de 1946, uma carta de Charleston Sprague Smith ao então presidente do Instituto de Arquitetos de São Paulo, Kneese de Mello, dava a dimensão dos esforços do diretor do museu nova-iorquino:

> Tenho muito prazer em passar-lhe às mãos, em nome do sr. Rockefeller, 13 guaches, aquarelas e pinturas a óleo, bem como uma escultura móvel em arame com lâminas de aço. Como foi mencionado em diversas ocasiões, estas obras de arte contemporânea deverão ser doadas

[198] Carta de Nelson Rockefeller a Raymundo Ottoni de Castro Maya (1946).

mais tarde ao Museu de Arte Moderna do Rio de Janeiro e ao Museu de Arte Moderna de São Paulo, constituindo doação particular do sr. Rockefeller.

O momento apropriado para doação formal destes trabalhos dependerá da rapidez com que os dois comitês formarem organizações estáveis, com planos concretos para a realização de exposições, seções cinematográficas, quadro de membros etc.

O sr. Rockefeller espera que tal possa efetuar-se em futuro próximo e, na qualidade de consultante latino-americano do MoMA de Nova York, posso fazer eco a este desejo, sobretudo porque nós, em Nova York, estamos ansiosos para estabelecer cooperação ativa com o Brasil.[199]

Em entrevista à revista *Veja* de 29 de novembro de 2006, David Rockefeller enfatizaria a rede de relações que seu irmão Nelson havia constituído no Brasil em meados do século XX. Entre os "vários brasileiros" de quem teria ficado amigo, Walter Moreira Salles, proprietário do Banco Moreira Salles e um dos primeiros financiadores do MAM, aparece citado como exemplo de nome das relações que transitavam entre as esferas financeiras e estatal, conformando projetos de modernidade nacional.[200]

De um lado, diretores do MoMA norte-americano efetivamente procuravam na América Latina uma chance de instituir uma filial do museu aqui; de outro, eminentes homens da sociedade carioca acreditavam na ideia do museu.

Conforme salienta Vera Beatriz Cordeiro Siqueira, Castro Maya havia, já naquela época, presidido a "Sociedade dos Cem Bibliófilos do Brasil", ingressado na busca "de associados que acreditassem na literatura e na arte moderna nacionais" (Siqueira, 1999:145), constituído a aura de colecionador que o circundava e a imagem do possível patrono, capaz de dar fundação à Comissão de Organização e Propaganda do Museu de Arte Moderna. A escolha de seu nome parecia, portanto, cair como uma luva nas ambições de Rockefeller. De um lado, Castro Maya buscava construir para si

---

[199] Carta de Charleston Sprague Smith a Paulo Kneese de Mello (1946).
[200] "Um velho amigo: o bilionário americano fala de sua relação com o Brasil e diz que filantropia é um dever das empresas" (2006).

uma imagem ligada a seu projeto de civilização para o país; de outro, Nelson Rockefeller buscava associar-se ao projeto de expansão norte-americano.

A fundação dos museus de arte moderna do Rio de Janeiro e de São Paulo seria precursora dos esforços de internacionalização do Museu de Arte Moderna de Nova York, a partir de cuja fundação foi criado o Programa Internacional do MoMA, voltado exclusivamente para as relações entre o museu e seus congêneres no exterior. O MAM carioca se inseria numa teia de relações e interesses que estava muito além do momento de sua fundação.

Os primeiros anos que sucederam a II Guerra Mundial assistiram à emergência de um chamado período de Guerra Fria. Países recém-saídos dos turbulentos anos 1940 experimentaram o desafio de viver um momento de fragilidade e instabilidade política. Tratava-se de uma paz prestes a ser quebrada. O mundo tornara-se a arena das decisões que definiriam o destino da vida individual. O escopo de ação política alargara-se e, em muitos sentidos, conquistas internacionais se tornariam a medida do sucesso local. Grandes instituições nos Estados Unidos passaram a encarar o risco de expandir suas fronteiras através de um discurso de segurança nacional. Esforços de expansão do país foram empreendidos e apoiados por todo bom cidadão americano. Governo e instituições privadas competiram para decidir qual seria o *American way of life* a ser mostrado no exterior. Intensos debates faziam parte da rotina pública e privada destas elites. E, no meio delas, diretores e financiadores do MoMA buscaram fazer da instituição aquela que seria capaz de dizer, por intermédio da arte, o que era a América. De fato, os discursos de liberdade de expressão e da arte como representação do *self* foram modos bem-sucedidos de serem exportados como modelo do país (Cockroft, 1974; Pohl, 1981).

Neste ínterim, a América Latina, incluída numa política de boa vizinhança, foi visada pelo programa internacional da instituição. Inserido na ordem de investimentos e nas relações pessoais dos financiadores do MoMA, o Brasil era, então, visto como um país promissor, e começou a receber atenção. O ano de 1945 marcava o fim da guerra, mas também coincidia com políticas de expansão norte-americanas e desenvolvimentismo brasileiro (Moura, 1985).

Esferas públicas e privadas davam concretude aos movimentos (Parada, 1993), e o MAM e o MoMA começariam a tomar as suas atuais dimensões nesse momento.

Em sua dissertação de mestrado, Maurício Parada chega mesmo a afirmar que o MAM carioca aparecia no horizonte das relações internacionais do país como sintoma de um processo de americanização que acompanharia o Brasil a partir do fim da II Guerra Mundial. Segundo ele:

> Hollywood, Frank Sinatra e a Coca-Cola foram signos de um imaginário americanizado que se esforçava em relacionar a noção de sociedade livre e democrática com o prazer e o bem-estar material produzidos por uma sociedade de consumo. O Museu de Arte Moderna do Rio de Janeiro é um dos símbolos desse novo imaginário emergente, marcado pelo consumo e lazer, e um dos mais significativos resultados do programa internacional de museus desenvolvido pelo MoMA [Parada, 1993:107].

Como bem nota Bendix (1996), a emergência de novos Estados independentes no pós-guerra traria à tona a reflexão acerca da formação de Estados nacionais modernos. Os processos de industrialização e de modernização de relações sociais e de representação política apareceriam, naquele momento, como metas desejáveis. França, Inglaterra e Estados Unidos se tornariam modelos em que se espelhar. Diz ele:

> Todos os países, além da Inglaterra, desenvolveram-se ou estão se "desenvolvendo" no sentido de que adotam uma tecnologia já desenvolvida vinda de fora e várias instituições políticas, enquanto retêm sua estrutura social nativa, frequentemente denominadas [sic] "arcaicas", "feudais" ou "tradicionais" [Bendix, 1996:43].

Contudo, se também o Brasil dos anos 1950 encontrou na Europa e nos Estados Unidos a utopia que deveria perseguir, vale ainda refletir sobre o modo como se deu essa relação na vida de fato entre o *eu* e o *outro*: no caso, o MAM e os modelos em que se espelhava e o que recusava.

Assim, a euforia inicial com o aceno de uma instituição do porte do MoMA nova-iorquino logo seria frustrada pela ajuda não tão generosa quanto se esperava, ou pelas restrições de uma instituição não tão grande quanto se queria. Para abrir a primeira mostra do museu, Josias Leão escreveria a René d'Harnoncourt requisitando a montagem de uma exposição de Braque, que deveria acontecer ainda no fim de 1948. O diretor executivo do MoMA escreveria em resposta lamentando a impossibilidade de atender à solicitação. Segundo ele, a instituição não dispunha de mais que seis obras do pintor, e elas já seriam cedidas para uma exibição em Cleveland. D'Harnoncourt sugeria, então, uma mostra de arte dos séculos XIX e XX da coleção do MoMA.[201] A ausência de resposta de Josias Leão indica, no entanto, que o preço estava provavelmente muito acima do orçamento pretendido. A exposição realizar-se-ia com obras das coleções particulares de membros do MAM e perceber-se-ia, afinal, que o museu carioca teria que se sustentar por suas próprias pernas, dando-se por satisfeito com a doação do Chagall de Rockefeller.[202]

É paradigmática a correspondência mantida entre Maria do Carmo Nabuco, René d'Harnoncourt e Francisco Matarazzo Sobrinho. Entre 1948 e 1949, os dois museus de arte moderna brasileiros, o do Rio de Janeiro e o de São Paulo, solicitariam ao MoMA auxílio na montagem de uma exposição que poderia ser realizada nas duas instituições. A mostra exibiria parte do acervo do museu nova-iorquino. A estimativa de custos com transporte e seguro das 25 obras seria, entretanto, tão alta que Francisco Matarazzo escreveria imediatamente, declinando do pedido e sugerindo uma mostra mais modesta, de gravuras, aquarelas ou desenhos de jovens artistas americanos.[203] Ao menos no Rio, nenhuma das duas exibições se concretizaria.

---

[201] Carta de Alfred Barr Jr. a Josias Leão (1948b); carta de Josias Leão a Alfred Barr Jr. (1948).
[202] Carta de Charleston Sprague Smith a Paulo Kneese de Mello (1946).
[203] Carta de Maria do Carmo Nabuco a René d'Harnoncourt (1949); carta de Francisco Matarazzo Sobrinho a René d'Harnoncourt (1949).

Assim, fosse por restrições financeiras, por indiferença política ou por qualquer outro motivo, o MAM não se realizou propriamente como filial do Museu de Arte Moderna de Nova York e, embora seus membros compartilhassem o desejo de fundar aqui um museu de arte moderna, há que se ver ainda de que modo se apresentavam publicamente o daqui e o de lá, de que tanto se esperava.

Ainda que se possam diagnosticar processos, é bem verdade que nada aconteceria se não fossem os seus protagonistas e os diferentes sentidos que conferiram a seus discursos e ações. Para tanto, há que se entender primeiro o modelo a que se voltavam os olhares no momento de construção do MAM.

O MoMA

O Museu de Arte Moderna de Nova York foi fundado em 1929 por um grupo de mulheres das mais abastadas famílias americanas. Embora múltiplas versões sejam apresentadas para a origem da ideia do museu,[204] mrs. John Rockefeller Jr., miss Lizzie P. Bliss e mrs. Cornelius J. Sullivan são recorrentemente citadas como fundadoras do grupo que se reuniu para criar a nova instituição. Associado às maiores fortunas de Nova York e às donas de algumas das mais importantes coleções de arte moderna da cidade, o mito de origem do museu, tal como narrado em seu discurso institucional, remete, de um lado, a uma longa tradição de filantropia nos Estados Unidos[205] e, de outro, ao momento turbulento em que foi criado: 1929 seria justamente o ano em que estouraria a maior crise financeira da história norte-americana.

Instituição privada, sem fins lucrativos, o museu teria supostamente surgido do desejo de colocar a riqueza acumulada a serviço do bem comum e é verdade que, talvez, tenha existido apenas

---

[204] Ver Lynes (1973); Hunter (1984) e Messer (1979).
[205] É digna de nota, nesse sentido, a já citada entrevista de David Rockefeller à revista *Veja* de 29 de novembro de 2006 — "Um velho amigo: o bilionário americano fala de sua relação com o Brasil e diz que filantropia é um dever das empresas".

para valorizar as obras de que seus fundadores eram proprietários, tornando-os ainda mais milionários.

Deixando, contudo, de lado teorias de conspiração *a priori* e olhando o próprio discurso da instituição, vale notar que, fundado com o "propósito de encorajar e desenvolver o estudo das artes modernas e a aplicação de tais artes na manufatura e na vida prática, e [com o propósito] de fornecer instrução pública sob o nome corporativo de Museu de Arte Moderna",[206] o MoMA se criou como instituição educacional voltada para a exibição de um tipo de arte que, até então e segundo afirmava, não havia sido considerada digna de ser conservada em casa própria.

> Por muitos anos houve uma constante e recorrente crítica às grandes galerias e museus de todo o mundo — eles concentram excessiva atenção na arte de ontem e muito pouca na [arte] de hoje. Esta crítica, na maioria dos casos, é baseada na apreensão equivocada das funções dos museus de arte existentes.
>
> A experiência mostrou que a melhor forma de dar à arte moderna uma justa apresentação é estabelecer uma galeria francamente devotada aos trabalhos de artistas que mais verdadeiramente refletem o gosto, o sentimento e as tendências [que estão na ordem] do dia. A Tate Gallery em Londres e o Luxembourg em Paris são provavelmente as mais conhecidas instituições com este caráter especializado. Nos anos recentes, houve um marcante crescimento de interesse em arte moderna mundo afora. Em nenhum outro lugar este interesse foi mais manifesto do que em Nova York. Contudo, entre as grandes capitais do mundo, apenas em Nova York falta uma galeria pública onde os trabalhos de fundadores e mestres da escola moderna podem ser vistos.
>
> É para fornecer tal instituição que o abaixo-assinado propõe organizar, em Nova York, o Museu de Arte Moderna.[207]

---

[206] Provisional charter of the Museum of Modern Art (1929).
[207] *The Museum of Modern Art*: a new institution for NY (1929).

O MoMA, ao abrigar a "arte de hoje",[208] tomava posição em face do mundo em que se encontrava. No discurso institucional, em lugar de apresentar o passado, buscava ser um retrato do presente, definindo o moderno como a arte dos homens de seu tempo. O Museu de Arte Moderna apresentava-se como espelho de seu público, imagem de si mesmo. O diagnóstico do "marcante crescimento de interesse em arte moderna mundo afora"[209] era expressão do pertencimento a uma modernidade universal e do desejo de expressar a sincronia com seu entorno, dando concretude a um movimento que se desenrolaria a despeito da instituição. O MoMA dizia acompanhar o passo de seus contemporâneos e se pôr no mundo para atender aos seus desejos. Nova York, situada neste discurso "entre as grandes capitais do mundo",[210] era a aposta de sua própria forma como modelo de urbanidade. A arte moderna, refletindo o "gosto, o sentimento e as tendências [que estavam na ordem] do dia",[211] atendia às demandas de uma cidade que, sobretudo no pós-guerra, queria ser, em si mesma, símbolo de modernidade.

Com efeito, o MoMA parecia querer corresponder às necessidades de uma sociedade que, desde fins do século XIX, havia forjado um espaço que se exibia como "expressão material última da cidade capitalista" (Domosh, 1995:1). Nova York, espaço material do desenvolvimento desta vida moderna, era também mostrada como o lugar ideal para a arte do futuro. O museu deveria exibir esse "modelo de modernidade"[212] tal como acontecia na vida cotidiana (Hunter, 1984). Construída para mostrar ao mundo como a vida poderia ser vivida, a cidade representava, por sua vez, tudo aquilo que a civilização poderia alcançar. O museu reconhecia a mo-

---

[208] *The Museum of Modern Art*: a new institution for NY (1929).
[209] Id.
[210] Id.
[211] Id.
[212] Mesmo recentemente, em palestra no Rio de Janeiro, em março de 2005, Jay Levenson, diretor do MoMA's International Program, enfatizou que o museu e a cidade se põem no mundo como modelos internacionais de modernidade (Levenson, 2005).

dernidade como algo que acontecia aqui e agora (Berman, 1987) e inaugurava-se sublinhando o espaço local em que emergia; em detrimento da nação, evocava, como origem de seu surgimento, a adequação à história do cenário que o abrigava.

A década de 1880 aparecia na história de Nova York como momento fundador de uma enorme expansão urbana e de constituição da cidade como centro do capitalismo americano.

> Seus distritos comercial e residencial experienciavam expansão ilimitada, tanto horizontal como vertical, e suas elites mercantis e financeiras continuavam uma interminável busca por fontes de consumo conspícuo, usando suas residências e prédios comerciais como suas mais evidentes formas de exibição [Domosh, 1995:1].

Na década de 1920, quando o MoMA seria fundado, os arranha-céus já haviam se tornado a marca registrada da cidade, e a paisagem de Nova York, com suas maravilhas e mazelas, havia-se tornado referência de cidade moderna (Domosh, 1995:4).

Não é, portanto, por acaso que a primeira sede do MoMA ocuparia o 12º andar do Heckscher Building, um prédio comercial de 24 andares, que havia sido construído em 1921 e que compunha a paisagem de frenética verticalização de Midtown, Manhattan, reforçando a imagem da metrópole como o mito de origem do museu. Situado na esquina da rua 57 com a Quinta Avenida, o museu estaria em um dos endereços nobres da cidade, descrito por Alfred Barr Jr., já então diretor da instituição, como "perfeitamente localizado numa região bem conhecida" (Lynes, 1973:50).

Escolhido de acordo com a rede de relações que permitiam aluguéis negociáveis, e com as disponibilidades existentes num universo de escolhas possíveis, o prédio era, ainda assim, um símbolo da relação do museu com a cidade (Goodyear, 1933). Estar "perfeitamente localizado" era, com efeito, estar próximo dos endereços comerciais em que a vida corria no ritmo do capitalismo urbano. Elegendo seu primeiro endereço, o museu tomava posição em face da cidade, definindo o moderno como o mundo que se dava em seu entorno, um mundo que era imagem do futuro concretizado e que demandava uma arte em que se pudesse espelhar.

Assim, não é tampouco por acaso que a mudança da sede inicial se daria em 1932, quando a fatia de andar do Heckscher Building parecia ter-se tornado pequena demais para o tamanho do público que o frequentava. Três anos depois da fundação do museu, a instituição escolheria nova casa,

> não apenas por causa do alojamento apertado e da consternação do proprietário com os elevadores, mas porque, para sua surpresa, o sucesso elevara sua visão em direção a exposições mais ambiciosas e [a manter no edifício] mais de uma ao mesmo tempo [Lynes, 1973:74].

O MoMA se mudava para uma sede permanente e, mais importante que isso, justificava sua mudança com base na demanda de uma cidade que se sentia moderna e queria ostentar sua modernidade. Foi, portanto, a partir do esforço de convencer grandes doadores de que "a opinião conservadora havia finalmente se rendido a cada grupo [de modernistas]" e de que "hoje os observadores mais reacionários concorda[va]m que as ideias e o trabalho destes homens forma[va]m importantes capítulos na história da arte moderna" que o museu conseguiria angariar fundos para construir a casa própria de uma instituição que estava ali para mostrar que Nova York não era nem conservadora nem reacionária (Museum of Modern Art, 1931).

O fato de um museu de arte moderna ter, no entanto, sido criado num "momento de catástrofe nacional, apenas 10 dias depois da quebra da bolsa em outubro de 1929" (Lynes, 1973:3), questiona a ideia do lugar da boa missão para a sociedade. Se o MAM aparecia, no museu de Castro Maya, como instituição capaz de gerar civilidade e, no modelo de Niomar, como forma geradora de uma ordem social moderna, resta saber qual era a missão que, aos olhos de seus fundadores, poderia fazer do MoMA um monumento ao futuro. Resta saber que missão poderia ter a arte moderna em face da plena ruína financeira da cidade e do país.

Antes de tudo, é verdade que somente *a posteriori* se poderia ter a dimensão tomada pela vertiginosa quebra da Bolsa, em 1929. Dez dias depois do acontecido, dificilmente se poderia ter ideia do crescente índice de desemprego e das inúmeras falências que decorreriam. De um lado, o museu, de fato, vinha tomando forma desde o ano anterior, em dias mais tranquilos, quando as tendências em tudo apontavam para um crescimento econômico cada vez maior. A inauguração, prevista havia tempos, muito dificilmente poderia esperar a coincidência com o período fatídico. De outro lado, contudo, que o museu tenha sobrevivido às intempéries financeiras é um fato que chama a atenção. Se a missão da instituição havia-se definido antes do acontecido, ela, de todo modo, ganhava nova significação a partir daquele momento. Segundo Russel Lynes, no que ele chamaria de uma biografia do Museu de Arte Moderna de Nova York:

> Em retrospecto, parece improvável que qualquer outra organização cultural tivesse uma germinação tão curta quanto a do Museu de Arte Moderna, mas ele foi cultivado por pessoas que estavam habituadas a ver suas projeções tornarem-se realidades, pessoas cujos desejos corriam como cavalos e que, não limitando a si mesmas, esperavam que os outros agissem tão rápida e efetivamente quanto o faziam [Lynes, 1973:4].

Ao se criar contra a corrente de falências, o MoMA, para além da missão a que se propunha, reforçava a imagem das fundadoras, de suas famílias, de seus negócios e da própria cidade, como forças que se mantinham a despeito das intempéries. Se o MoMA se criava para exibir a modernidade da cidade e de suas elites, mais do que nunca era preciso ostentar sua eficácia e empreendedorismo. O grupo de fundadoras passaria, portanto, a se representar como trio de "senhoras ousadas", e o corpo de funcionários passaria a ser visto como "jovens e mulheres que trabalhavam até tarde da noite, semana após semana", para fazer o museu acontecer (Lynes, 1973:3).

No entanto, se o mito de origem se manteria ao longo do tempo, orientando as representações da instituição, fato é que, no correr das duas décadas que se passaram entre a fundação dos museus de arte moderna de Nova York e do Rio de Janeiro, múltiplas interpretações e tomadas de decisão contribuíram para que o MoMA tomasse as mais diversas formas.

A direção do museu, imediatamente passada a Alfred Barr Jr., seria tratada como cargo pessoal em todo o período em que este permaneceu ligado à instituição. À época um jovem de apenas 27 anos, Alfred Barr Jr. fora indicado por Paul Sachs, pela forte impressão que havia deixado em seus cursos de história da arte e, segundo Rusell Lynes, a primeira impressão causada pela aparência jovem e frágil teria sido imediatamente contornada pela competência demonstrada na primeira reunião com o grupo de fundadores (1973). Barr permaneceu no cargo praticamente sem interrupções por décadas, até sua aposentadoria em 1968, exercendo um poder pessoal em que cargo e encarregado se confundiam. No entanto, a unidade conferida pela sua imagem dificilmente poderia ser considerada homogênea. De um lado, porque o museu, uma vez concretizado, foi constante alvo de críticas, autocríticas, revisões, retificações, ratificações e radicalizações que punham obra e diretor em constante diálogo e poderiam ser, em si mesmas, expressão de imagens e autoimagens que se punham em movimento. De outro lado, porque — ainda que sua contratação, baseada em critérios meritórios, apontasse desde o início para um desejo de profissionalização do museu — a unidade institucional conferida pelo coerente discurso da direção muitas vezes encontrava-se diante de tensos embates em torno dos interesses do conselho deliberativo. Segundo Helaine Ruth Messer:

> Nenhuma pessoa sozinha foi completamente capaz de gerir o Museu de Arte Moderna. O poder reside, ao contrário, num conglomerado de membros do conselho que se dispersa através de um sistema de organização de comitês.
>
> O sistema complicava imensuravelmente a política artística no museu, porque retirava o processo último de tomadas de decisão do profissional de arte. Os membros do conselho do MoMA nunca se limitaram a votos dados ou simbólicos nas reuniões mensais do conselho. Eles participavam ativamente no nível departamental através de comitês que representavam cada forma de atividade do museu. [...] Esse envolvimento total criou uma camaradagem única para o museu e, no processo, transformou a instituição numa empresa familiar [Messer, 1979:3].

De fato, se de um lado a figura de Alfred Barr Jr. em tudo se confundia com a imagem do museu — posto que a palavra final, onde quer que tivesse origem, havia que sair com aval da diretoria e ser traduzida para seu sistema simbólico —, o discurso apresentado ao público supunha sempre uma série de negociações, idas e vindas, que faziam o museu existir e o transformavam no decorrer do tempo. Assim, se a unidade discursiva da instituição se mantinha pela presença constante do diretor, é preciso chamar a atenção para as mudanças que se processaram no discurso museico, no decorrer do tempo.

Faria pouco sentido comparar os dois museus como unidades essenciais em tempos distintos e, embora, talvez, a comparação entre os tempos de fundação institucional fosse pertinente numa perspectiva de evolução do processo de rotinização de cada museu, prefiro investigar as proximidades e oposições num recorte sincrônico, analisando o museu nova-iorquino no momento em que se apresentava ao MAM quando da exportação de seu modelo. As possíveis referências a um passado de institucionalização serão apresentadas à medida que são acionadas, presentificando o passado a ser rememorado para a ação. Assim, recorto a vida do MoMA no período que vai de 1945 a 1958, tentando entender a imagem que apresentava ao público e o escopo de sua ação.

A missão

Em 1948, quando o Museu de Arte Moderna de Nova York pensava a programação de seu 20º aniversário, o relatório de proposição para as exposições do ano seguinte assim resumia as suas atividades passadas:

> Quando o MoMA foi fundado em 1929, a posição do gosto americano foi resumida por um de seus críticos como "a crença de que qualquer coisa é arte, contanto que seja suficientemente velha". Nesse ano, o museu começou seu primeiro e continuado esforço de superar o hiato temporal entre as conquistas dos artistas criativos e a aceitação destas conquistas pelo público em geral.

Nos quase vinte anos que se passaram desde então, o gosto do público mudou. A arte moderna se tornou uma palavra familiar na América [Museum of Modern Art, 1948].

A narrativa da criação do museu em tudo parece corroborar a missão descrita nos estatutos de 1929, reiterando o "propósito de encorajar e desenvolver o estudo das artes modernas e a aplicação de tais artes na manufatura e na vida prática, e de fornecer instrução pública".[213] Contudo, se o *motus* original do museu reaparece no "primeiro e continuado esforço de superar o hiato temporal entre as conquistas dos artistas criativos e a aceitação destas conquistas pelo público em geral" (Museum of Modern Art, 1948), fato é que a lembrança dos 20 anos passados enfatizava, antes de qualquer coisa, o trabalho já realizado, os resultados cumpridos e a mudança alcançada. Em lugar de uma missão disseminadora orientada para o futuro, o museu se apresentava como coleção de conquistas e se pensava como instituição capaz — porque já comprovadamente capacitadora — de fazer descobrir "os prazeres e a satisfação que podem ser derivados da arte do nosso tempo" (Museum of Modern Art, 1948). Sua missão, derivada do passado, residia em apresentar aos seus contemporâneos a arte do presente. Se, em 1931, Nova York precisava mostrar que não era nem reacionária nem conservadora (Museum of Modern Art, 1931), quase 20 anos mais tarde a cidade parecia já tê-lo provado. O museu precisava agora mostrar-se permanência e continuidade. A instituição aparecia, ela mesma, como modelo almejável; seus objetivos haviam sido cumpridos e ela se havia tornado o parâmetro que deveria ser seguido em continuidade.

O museu narrava sua própria história como percurso de conquistas e, se a arte moderna era a arte de seu tempo, o MoMA propunha a si mesmo a reiterada função de apresentar a seus contemporâneos os clássicos do futuro. Tratava-se de tentar retirar do fluxo da vida presente a boa produção de seu tempo. E não por acaso, no ano de seu 20º aniversário o museu publicaria uma brochura em que apresentava coleção de seus mais notórios equívocos,

---

[213] Provisional charter of the Museum of Modern Art (1929).

fazendo *mea culpa* dos erros cometidos e chamando a atenção para a árdua tarefa de julgar o mundo contemporâneo, "evitar erros passados" e saber se uma obra de arte podia ser considerada boa arte moderna.[214] O museu se apresentava, portanto, como o asséptico e habitual colecionar de objetos de seu tempo. Sua rotina se determinava pela constante procura do presente, pela permanente reapresentação do contemporâneo. Seus *connoisseurs* e seus especialistas se responsabilizavam por dizer aquilo que, do passado recente, viria a ser história.[215]

Em nota explicativa às novas aquisições de arte americana do MoMA em 1944, James Thrall Soby — membro do conselho e conselheiro do Comitê das Coleções do MoMA — diria que a política do museu vinha sendo "a mesma desde seus primeiros dias" e consistia em "adquirir bons exemplos do trabalho daqueles artistas americanos que, em direções individuais ou de grupo, têm contribuído para a evolução de uma arte reconhecidamente contemporânea".[216]

O museu se definia sempre como continuado esforço — frequentemente considerado bem-sucedido — de encontrar o presente. Ao contrário do MAM de Niomar, que sucessivas vezes projetava suas conquistas para o futuro, apresentando a construção da sede, da coleção permanente e do acervo como metas e projetos que finalmente consagrariam o museu em anos vindouros, o MoMA nova-iorquino apresentava-se como portador de um modelo de passado bem-sucedido: era ele mesmo coleção de acontecimentos realizados. As tomadas de posição do museu, suas práticas e escolhas pareciam em tudo apontar para a construção de uma narrativa de sucessos.

Não é, portanto, por acaso que, em 1951, ao olhar a sucessão de sedes por que passara o museu, era notável a ênfase na continuidade que a acompanhava. Ainda em 1932, o MoMA se mudaria do Hecksher Building para o atual terreno da rua 53. O novo terreno permaneceria "perfeitamente localizado" no centro de Manhattan

---

[214] "What they said: postscript to art criticism. For the benefit of the Museum of Modern Art on its 20th anniversary" (1949).
[215] A esse respeito, ver também Leggio (1995).
[216] "New acquisitions in american painting" (1944).

(Lynes, 1973:50) e, embora saísse do âmbito do prédio comercial e da moderna construção neoclássica de 1921, para uma *townhouse*, é bem verdade que permanecia no mundo comercial de Manhattan e que, em breve, construiria a sede que seria efetivamente considerada à altura das dimensões do museu.

A compra da sede permanente do MoMA, em 1932, aparece na história do museu como simples etapa para a construção do prédio de Philip Lippincott Goodwin e Edward Durell Stone; construção que seria erguida como manifesto de modernidade em 1939 e cuja fachada permanece até hoje como símbolo do museu.

Dez anos depois da escolha do Heckscher Building, depois da quebra da Bolsa de Nova York e dos anos de depressão, o moderno havia adquirido novo sentido, "a era de competição desenfreada, que era simbolizada pela linha de arranha-céus, chegava vagarosamente ao fim, para ser eclipsada pelas caixas de vidro modernista do mundo corporativo" (Domosh, 1995:66). Em detrimento do luxo ostensivo dos prédios em *art-déco*, o estilo internacional, impessoal e voltado para uma estética de produção influenciada pela Bauhaus parecia agora dar o sentido do moderno. Se Nova York se havia constituído como modelo de cidade moderna, era preciso adequar-se ao ritmo do novo tempo, e o MoMA, como um *museu de arte moderna*, não poderia ser deixado para trás. De fato, a árdua escolha dos arquitetos, que precedeu a construção da nova sede, dava a dimensão daquilo que o prédio deveria significar.

Ao propor a construção de uma nova sede para o museu, Alfred Barr Jr. imediatamente consultaria grandes arquitetos estrangeiros que faziam a boa arquitetura internacional. Mies Van der Rohe e Walter Gropius seriam os primeiros nomes mencionados para a elaboração do projeto. Contudo, uma série de disputas internas no quadro dos membros do conselho acabaria levando à escolha de Phillip Goodwin para o projeto do novo prédio (Messer, 1979). Embora não fosse considerado um arquiteto modernista e seu estilo nada tivesse a ver com o modelo internacional que havia sido inicialmente proposto, Phillip Goodwin havia sido eleito em 1934 para membro do conselho e era alguém que merecia a consideração de seus pares, como "amigo próximo do museu" (Lynes, 1973:190). Para compensar as suspeitas sobre a escolha, cujo critério residia nas relações de amizade — em princípio, insuficientes para garantir uma sede que fosse um monumento à modernidade nova-iorquina —, Nelson Rockefeller, então membro do conselho do MoMA, indicaria o nome de um jovem arquiteto que pudesse conferir, à escolha, ares de aposta no futuro. Ao lado de Goodwin, Eduard Durell se tornaria, então, o segundo nome na construção do novo projeto (Messer, 1979).

Assim, ainda que os renomados arquitetos internacionais tenham sido postos de lado, os membros do conselho parecem ter conseguido articular nomes que deram forma a um prédio que seguiria os padrões da moderna arquitetura mundial, e que seria consagrado como um manifesto do Museu de Arte Moderna à forma contemporânea. Sendo posteriormente descrita como tendo tomado "ares e graças de uma catedral da nova cultura" (Lynes, 1973:212), a construção do prédio Goodwin-Durell apareceria como clímax da institucionalização do Museu de Arte Moderna de Nova York, exibindo-se sempre como cartão-postal da cidade. Embora tenha passado por inúmeras reformas e ampliações, o museu continua hoje apresentando a fachada como parte central de sua construção, preservando-a como capítulo de um momento-chave de sua fundação (Satterwait, 1998:5).

Também em 1951, quando nova intervenção arquitetônica seria feita no museu, a instituição buscaria, de um lado, marcar o desejo de modernidade, atualizando o interior e ampliando os espaços de exibição, sempre sob o argumento da demanda; de outro lado, ao manter-se no mesmo espaço, buscaria marcar a continuidade da instituição e seu desejo de permanência cumulativa. Naquele ano, ao propor uma nova reforma para a instituição, o MoMA permaneceria no prédio que desde 1939 era sua casa. Reafirmando o discurso de sucessivas conquistas, estabelecia a fachada de Phillip Goodwin e Eduard Durell Stone como símbolo de seu passado. O novo projeto, de Phillip Johnson, se realizaria apenas como anexo e não interferiria na obra original. A construção de anexos invisíveis, aparentes continuidades da fachada inicial, parecia ser a marca de uma instituição que apagava a ruptura com o passado e que pensava suas atividades como o sempre mesmo *in crescendum* que se desenrolava a despeito do próprio tempo. O discurso do MoMA residia em sucessões de conquistas com desejo de permanência.

No decorrer da década de 1950 — e mesmo nos primeiros anos que sucederam o fim da II Guerra Mundial — o museu se apresentava correntemente como a constante rotina de busca do tempo presente. Trabalho de Sísifo, idêntica repetição de si mesmo, mas que, embora não se completasse, deixava registro do já realizado; inventário de conquistas que justificavam a continuidade e garantiam a recursividade cumulativa de sua história — uma história que, no entanto, se queria fora do fluxo da vida e que se escrevia simplesmente como sucessão cumulativa de realizações.

A narrativa da trajetória do museu apareceria sempre como permanente processo de descoberta de passado no presente; um processo que parecia se dar para além do mundo da vida, como refinamento de práticas e técnicas que nada tinham a ver com esse presente que se propunha a julgar. O MoMA acreditava possuir, de fato, sua própria história institucional; narrativa a desenrolar-se a despeito da própria história da arte, que pensava ser capaz de descrever. Era assim que podia se apresentar simplesmente como constante que olhava de cima os fatos a se desenrolarem no mundo da vida.

Se era verdade que a "arte moderna desempenhava importante papel na formação do mundo em que vivíamos", o museu deveria "demonstrar, aos persistentes descrentes do contrário, que a arte de qualquer período estava tanto ancorada na tradição quanto era verdadeiramente pertinente ao seu próprio tempo". A arte seguia seu curso, quer percebêssemos isso ou não, e mostrava-se ao mundo como mudança contínua (Goldwater, 1949/1950). Caberia, portanto, à instituição museica tomar consciência das rupturas que se processavam no fluxo de sua evolução e mostrá-las ao mundo. O boletim do MoMA do outono de 1947 assim definiria a relação entre artista, público e museu:

> O artista, procurando conformar uma visão pessoal, está preocupado com o desenvolvimento de um estilo pessoal. O museu, em sua busca de qualidade, reuniu uma variada coleção que reflete 60 anos de mudança e desenvolvimento na arte de muitos países. O público, ao mesmo tempo ávido e perplexo, se aproxima da coleção com emoções confusas. O museu é uma instituição da qual coisas boas, excitantes

e importantes são esperadas. O visitante quer entender a intenção do artista e aumentar sua própria apreciação da coleção.

O MoMA se punha, portanto, como instituição que reunia uma coleção, dizendo o que era o moderno. Autodefinindo-se como especialistas que deveriam seguir o percurso natural da arte, as autoridades do MoMA acreditavam que observavam o mundo do alto, diagnosticando, de um ponto de vista privilegiado, artistas e obras de valor. Concebendo a modernidade como algo que acontecia aqui e agora, como expressão da realidade material que independia de vontades e desejos, o MoMA supunha que deveria haver sempre um hiato entre produção e recepção. O moderno, vida social a desenrolar-se naturalmente, deveria sempre se tornar passado, para que pudesse, então, ser diagnosticado e coletado.

Assim, de um lado os boletins do museu[217] assinalariam o desejo de cobrir o amplo espectro das manifestações artísticas que, no passado recente, fizeram a história do aqui e agora, justificando a própria existência de um museu para a arte contemporânea. De outro lado, representariam o desejo de encontrar, com o passar dos acontecimentos diários, a produção do instante singular que faria, no futuro, a história da arte, referendando também, do mesmo modo que a sucessão de sedes, a história da instituição.

Publicadas trimestralmente, as brochuras procuravam dar conta das atividades do MoMA. Ora chamavam a atenção para os trabalhos rotineiros do museu,[218] ora enfatizavam o esforço cumulativamente realizado ao longo do tempo,[219] ora salientavam suas novas realizações, no entanto, com frequência apresentadas como acontecimentos cíclicos[220] ou como *continuum* de exposições que

---

[217] *Bulletin of the Museum of Modern Art*, 1943-1958.

[218] Entre estes, poder-se-ia citar: "O Departamento de Desenho Industrial" (1946); "O público questionador" (1947); "A cinemateca" (1956); "O Departamento de Ensino" (1951).

[219] Cf: Annual report (1948); Museum of Modern Art. (1949b).

[220] São paradigmáticos os frequentes boletins dedicados à apresentação das "novas aquisições": *Bulletin of the Museum of Modern Art*, Summer 1950, Summer 1956, Summer 1960.

se sucediam e se complementavam. São recorrentes nos discursos das novas exposições, as referências a eventos passados, indicando a linha de continuidade que se buscava estabelecer. O museu se apresentava a seus sócios como conjunto de práticas rigorosas que, de um lado, faziam as atividades cotidianas do museu e, de outro, forjavam seu passado bem-sucedido. Em lugar de buscar fazer do museu o espaço da novidade capaz de atrair seu público — como faria Niomar na dupla relação que estabeleceria entre os boletins e os jornais —, o MoMA, ao contrário, se apresentava como constância e regularidade; repetição do passado que se apresentava como garantia do sucesso futuro.

Do mesmo modo, ao selecionar suas exposições, o Museu de Arte Moderna de Nova York parecia optar por uma clara política de exibição.

De um lado, optava por escolher para as mostras individuais nomes consagrados que davam sensação de terem feito a recente história da arte moderna. Nesse caminho, ora sublinhava a unidade criadora do artista individual — Klee (1949), Soutine (1950), Alexander Calder (1951), Picasso (1952, 1957), Pollock (1957) —, ora enfatizava os grupos e vanguardas que haviam produzido coletivamente — Les Fauves (1952), De Stijl (1952).[221] A busca de unidade, de todo modo, retomava genealogias e procurava estabelecer sucessão cronológica para a produção de cada um dos artistas. O discurso que acompanha a exposição de Jackson Pollock é paradigmático:

> Com um punhado de pintores e escultores contemporâneos, um grupo heterogêneo que tinha sido ligado num movimento informal por vezes denominado Expressionismo Abstrato, Pollock foi responsável por injetar na arte americana uma vitalidade e confiança apenas comparável àquela do período que imediatamente se seguiu ao Armory Show. Seu trabalho desviava de modo inesperado dos clichês da arte doutrinária não objetiva que dominava a pintura americana avançada

---

[221] Catálogos de exposição disponíveis na Avery Library (Columbia University, NY).

nos anos 1930, e ajudou a gerar novos recursos de método e a liberar novas energias.[222]

A inserção do pintor num movimento, a superação de uma etapa anterior, a relação com os contemporâneos aparecem como narrativas capazes de indicar um lugar para a produção do artista numa sequência temporal lógica. Sua obra era investida de mérito suficiente para estar ali, na medida em que podia ocupar um lugar na evolução da arte americana; um lugar que se definia em relação de superação que se desenvolvia ao longo do tempo. O museu, portanto, selecionava os "grandes mestres" e "movimentos" a partir do impacto causado em seu tempo e de seu "pioneirismo" (Barr Jr., 1943). Para tanto, a distância temporal parecia fazer-se absolutamente necessária. Se "liberdade", "autenticidade" e "técnica" eram as categorias que recursivamente apareciam para caracterizar a boa arte moderna, o fato é que essas categorias pareciam só poder emergir no julgamento do tempo. Com efeito, no catálogo publicado para a mesma exposição exportada para Itália, Suíça, Holanda, Alemanha, Inglaterra e França a partir de 1958, Sam Hunter chamaria a atenção para a mudança que se processara na recepção da obra do artista. Para além de sua "originalidade e poder", enfatizaria o passado de *enfant terrible*, que lhe valera duras críticas em seu tempo de vida (Museum of Modern Art, 1958). A exposição parecia fazer a *mea culpa* de um museu que, ao final da década de 1930, durante os primeiros anos do movimento, deliberadamente evitara associar-se ao expressionismo abstrato.

O MoMA, ao definir-se como "instituição educacional", declarava-se "responsável pelo público e só indiretamente pelos artistas" (Soby, 1947), cindindo irremediavelmente a relação entre os dois. Se, no MAM carioca, recepção e produção apareciam como duas faces de uma mesma moeda, no museu nova-iorquino uma e outra pareciam incompatíveis e era à primeira dimensão que o museu deveria dedicar-se, esperando o julgamento do tempo para apresentar aos espectadores as obras que efetivamente teriam lugar na história da arte. O museu parecia deliberadamente esquecer ou

---

[222] *Bulletin of the Museum of Modern Art*, Winter 1956/1957.

esquivar-se de sua função consagradora, procurando na imagem asséptica a legitimidade de sua atuação.

De outro lado, contudo, é bem verdade que o museu não se fazia apenas das exposições individuais. Eram recorrentes as exposições coletivas que, em lugar dos artistas consagrados, apresentavam um panorama da arte contemporânea. *15 Americans* (1952), *12 Americans* (1956), *16 Americans* (1959), *Recent drawings in USA* (1956), *Recent sculpture in USA* (1959) são alguns dos títulos que podem ser encontrados entre a relação de exposições de meados do século XX e que, em verdade, remetiam a uma tradição do museu estabelecida já em 1929. Desde o ano de sua fundação, ao apresentar sua segunda mostra, a instituição comprometera-se com a exibição de artistas que fossem "verdadeiramente representativos das principais tendências na pintura americana contemporânea" (cf. Museum of Modern Art, 1929). Com relativa regularidade, o museu expunha, em suas salas, as obras da jovem produção nacional.

Buscando dar uma "justa prestação de contas das principais tendências e empreendimentos técnicos do século XX" (Museum of Modern Art, 1955b), o MoMA fazia jus ao nome que levava e buscava, na jovem produção de seu tempo, as principais "linhas de desenvolvimento" que surgiam no mundo da arte (Museum of Modern Art, 1955b). Além do que já fora consagrado no passado recente, a arte moderna se compunha da produção contemporânea do aqui e agora. Era preciso parar e olhar atentamente para o que vinha sendo produzido, de modo que fosse possível adivinhar os novos cursos da história futura. Consciente, porém, de sua capacidade de mudar o rumo dos acontecimentos,[223] o museu procurava adotar uma posição deliberadamente neutra, apresentando a produção recente como apanhado "eclético" e buscando exibir simultaneamente "artistas tão conservadores que já fora de moda

---

[223] No boletim do museu da primavera de 1947, James Thrall Soby, membro do conselho e conselheiro do Comitê das Coleções do MoMA, chamaria a atenção para a posição do museu. Segundo ele: "Num *survey* recentemente conduzido por uma importante revista de arte para determinar a causa do aumento do grande público na compra de arte contemporânea, o museu foi citado como mais relevante fato isolado".

e tão avançados que geralmente não aceitos" (Museum of Modern Art, 1929).

De um lado, ao preparar recursivamente estas exposições, o museu explicitava a ideia da arte moderna como a arte produzida no presente, pelos homens contemporâneos de seu tempo. O museu, como memória da modernidade, se punha a observar o mundo em que habitava, encontrando nos fatos que se desenrolavam aqui e agora as imagens que repercutiriam nas gerações futuras. De outro lado, ao deliberadamente optar por não tomar partido — ou, ao menos, ao acreditar fazê-lo —, a instituição mantinha a imagem de órgão imparcial, apto a julgar o mundo, porque, em lugar de imerso nele, se queria pairando sobre os fatos.

Assim, o museu apresentava dois principais modelos de exposição. O primeiro exibia a moderna arte consagrada, paradigma que mostrava que havia boa produção do passado recente e que, consequentemente, devia haver boa nova arte sendo feita aqui e agora, mesmo que nem sempre pudesse ser imediatamente assim percebida. A arte moderna, feita por "pioneiros" à frente de seu tempo, demandava "compreensão", "mente aberta", "espírito de aventura" (Barr Jr., 1943) e nem sempre podia ser compreendida. Para a arte já assimilada, o museu destinava a primeira forma de exposições: mostras individuais e elogiosas. Para a nova arte, de que nem mesmo os *experts* de seu *staff* estavam ainda certos do valor, o museu destinava a segunda forma de exposições: vistas panorâmicas da produção recente, simples convite a olhar o mundo de seu tempo.

Entre os dois extremos típicos de exposições, o MoMA apresentava ainda toda uma gama variável de mostras, que num mesmo ano ia de arte italiana do século XX (*Twentieth-century Italian art*, 1949), a padronagens da indústria têxtil (*Texture and pattern*, 1949) e influências da arte moderna na vida cotidiana (*Modern art in your life*, 1949). Não se perdia de vista a opção entre a exibição de modelos consagrados ou de um panorama não comprometido para ilustração das manifestações mais contemporâneas. O museu se dividia entre a memória do passado recente e a descoberta do passado futuro.

Quadro 3. Inventário de exposições organizadas pelo Museu de Arte Moderna de Nova York (1948-1958)[224]

Exposição	Local	Ano	Total
Mondrian	MoMA	1948	
Naum Gabo and Antoine Pevsner	MoMA	1948	
Painting and sculpture in the Museum of Modern Art	MoMA	1948	
Pierre Bonnard	MoMA, Cleveland	1948	4
Georges Braque	Cleveland	1949	
House in the Museum Garden (Marcel Breuer, architect)	MoMA	1949	
Modern art in your life	MoMA	1949	
Modern sculpture	MoMA	1949	
Klee	MoMA	1949	
Texture and pattern	MoMA	1949	
Twentieth-century Italian art	MoMA	1949	7
Charles Demuth	MoMA	1950	
Franklin C. Watkins	MoMA	1950	
Modern art old and new	MoMA	1950	
Museum of Modern Art, New York, painting and sculpture collection	MoMA	1950	
Woman's home companion exhibition house (Gregory Ain, architect)	MoMA	1950	
Paul Klee	MoMA	1950	
Soutine	MoMA	1950	7
8 Automobiles	MoMA	1951	
Abstract painting and sculpture in America	MoMA	1951	

continua

[224] Segundo dados coletados nos arquivos da Columbia University (Nova York).

Exposição	Local	Ano	Total
Alexander Calder	MoMA	1951	
Henri Matisse	MoMA, Cleveland, Chicago e São Francisco	1951	
James Ensor	MoMA	1951	
Memorable Life photographs	MoMA	1951	6
15 Americans	MoMA	1952	
Built in USA: post-war architecture	Circulou por diversos países	1952	
De Stijl	MoMA	1952	
French paintings from the Molyneux collection	MoMA	1952	
Les fauves	MoMA, Minneapolis, São Francisco, Canadá	1952	
Picasso: his graphic art	MoMA	1952	
Sculpture of the twentieth century	MoMA, Philadelphia, Chicago	1952	7
Léger	MoMA, Chicago, São Francisco	1953	
Mies van der Rohe	MoMA	1953	
Modern art in your life	MoMA	1953	
Rouault	MoMA, Cleveland	1953	
Ten automobiles	MoMA	1953	
Thonet furniture, 1830-1953: an exhibition	MoMA	1953	6
2 pittori, 3 scultor: de Kooning, Shahn	Bienal de Veneza	1954	
Ancient arts of the Andes	MoMA, Minneapolis São Francisco,	1954	
Architettura americana d'oggi	Veneza	1954	

continua

Exposição	Local	Ano	Total
Édouard Vuillard	MoMA, Cleveland	1954	
Sculpture of Jacques Lipchitz	MoMA, Minneapolis, Cleveland	1954	
Useful objects today	MoMA	1954	6
15 Paintings by French masters of the nineteenth century	MoMA	1955	
Architecture of Japan	MoMA	1955	
Arte moderno en los Estados Unidos	Barcelona	1955	
Family of man	Circulou por 68 países	1955	
Latin American architecture since 1945	MoMA	1955	
New decade; 22 European painters and sculptors	MoMA, Minneapolis	1955	
Paintings from private collections; a 25th anniversary exhibition	MoMA	1955	
Yves Tanguy	MoMA	1955	8
12 Americans	MoMA	1956	
Julio Gonzalez	MoMA, Minneapolis	1956	
Masters of British painting, 1800-1950	MoMA, São Francisco	1956	
Modern art in the United States	MoMA, Londres	1956	
Recent drawings USA	MoMA	1956	
Pollock	MoMA	1956	
Textiles and ornaments of India; a selection of designs	MoMA	1956	
Toulouse-Lautrec: paintings, drawings, posters, and lithographs	MoMA	1956	8
Antoni Gaudi	MoMA	1957	
Buildings for business and government	MoMA	1957	

continua

Exposição	Local	Ano	Total
The new American painting	MoMA	1957	
David Smith	MoMA	1957	
German art of the twentieth century	MoMA, Missouri	1957	
Matta	MoMA, Minneapolis, Boston	1957	
Picasso	MoMA, Chicago	1957	
Pollock	Bienal de São Paulo	1957	8
Jackson Pollock, 1912-1956	Londres, Basel, Hamburgo	1958	
Juan Gris	MoMA, Minneapolis, São Francisco e Los Angeles	1958	
Painting and sculpture in the Museum of Modern Art	MoMA	1958	
Seurat, paintings and drawings	MoMA, Chicago	1958	
Four new buildings: architecture and imagery	MoMA	1958	
Works of art: given or promised	MoMA	1958	
The Philip L. Goodwin collection	MoMA	1958	7
Total			72

Ao compor sua coleção e adotar uma política de aquisições, o MoMA deixava clara sua concepção de arte moderna e o lugar da instituição em face das mudanças que nela pareciam se processar. A existência de uma coleção permanente parecia ser, em si, índice da concepção de tempo e modernidade da instituição.

Ainda que recusasse a noção de estilos e de sua substituição no decorrer do tempo, o museu parecia acreditar, ao lado de Alfred Barr Jr., que a arte era espelho de seu próprio tempo e que seria moderna na medida em que fosse expressão individual da interpretação do artista acerca do novo mundo em que vivia. Em *What is modern painting?*, uma das principais publicações do MoMA no período,[225] Alfred Barr Jr. definiria o artista como "antena sensitiva da sociedade", que havia de ser contemporâneo do presente, sendo capaz de apresentar as mudanças que a história processava. A arte teria valor na medida em que expressasse o mundo da vida (Barr Jr., 1943).

O caráter cumulativo da coleção parecia apontar, desde o início, para a construção de um passado histórico. O colecionamento, ao supor a conservação dos objetos de seu tempo, supunha, por princípio, a crença numa continuidade evolutiva. A modernidade futura, instantâneo presente, supunha um moderno passado.

Contudo, se a partir de 1929 o museu começava sua coleção com doações e aquisições num sentido cumulativo, seria em 1931 que se definiria mais claramente a política da instituição. Conger Goodyear, então presidente do quadro de mantenedores da instituição, declararia, num artigo publicado em *Creative Art*, que "a coleção do museu não seria imutável" (Goodyear, 1933) e, dois anos mais tarde, diria ele:

> A coleção permanente pode ser pensada graficamente como um torpedo se movendo através do tempo: seu nariz, o presente, sempre avançando; sua cauda, o sempre renovado passado de 50 a 100 anos. Se uma pintura é tomada como exemplo, o corpo da coleção [...] estaria concentrado no presente nos primeiros anos do século XX, afilando-se até o século XIX com um propulsor a representar coleções [que formariam um] *background* [Goodyear, 1933].

Uma vez passado um período de 50 a 100 anos, as obras do museu poderiam ser vendidas, como o foram posteriormente, com grande repercussão para a instituição. Depois de intensa discussão sobre qual seria a distinção entre modernos e clássicos e qual seu

---

[225] Note-se que *What is modern painting?* parece ser também um dos principais meios de recepção do MoMA pelo MAM do Rio de Janeiro. O livro seria traduzido em 1953 por Antônio Callado e estaria sempre à venda na loja do museu carioca, sendo frequentemente anunciado nos boletins como livro de referência (cf. *Boletim do Museu de Arte Moderna*, set. 1953. "Novos livros sobre arte").

destino institucional — Museu de Arte Moderna ou o Metropolitan Museum (Varnedoe, 1995:14-15) — grande parte das obras do museu do século XIX foi vendida em 1944 para aquisição de obras contemporâneas (Lynes, 1973:297-298). Num primeiro olhar, o MoMA parecia rejeitar o caráter cumulativo do colecionamento de instantes presentes e apontar para uma concepção de modernidade como instante absoluto, constantemente acorrendo ao futuro (Barr Jr., 1941). A ênfase no "nariz do torpedo" (Goodyear, 1933) chamava a atenção para uma coleção que se renovava e que a todo custo evitava o engessamento. A modernidade se apresentava como contínua inovação.

Num olhar mais atento, contudo, vale chamar a atenção para a permanência da "coleção *background*" (Goodyear, 1933) como propulsora do futuro. Conger Goodyear deixava espaço para pensar o passado como origem do presente, retomando novamente a preocupação historiográfica da instituição. Se em 1944 o museu vendia parte de suas obras e tomava posição, deliberadamente recusando a imutabilidade da coleção permanente, o fato é que nem todo passado da coleção seria recusado e que, em 1953, o acordo de cessão dos clássicos ao Metropolitan Museum seria revogado (Varnedoe, 1995:43-45). Importantes obras da arte francesa do século XIX seriam mantidas no acervo do museu e guardadas com grande zelo, como atesta a organização de uma grande exposição de arte do século XIX, na França, em 1955. A mostra *De David a Toulouse-Lautrec*, organizada pelo museu com apoio dos governos francês e americano, dava a dimensão do lugar que a arte do período ainda ocupava na instituição. Para o empréstimo das três pinturas do século XIX cedidas pelo museu, Alfred Barr Jr. fez questão de obter aprovação de todo o comitê para as coleções e várias exigências foram feitas para a cessão das obras.[226] O museu mantinha as obras às quais atribuía maior valor e que faziam, para ele, a continuidade histórica do presente.

O MoMA se fazia na tensão entre a busca de um moderno pelo qual tateava e a construção de uma história em que o passado era certo. O presente se apresentava como o desconhecido espaço em que era preciso experimentar e no qual o risco era permitido; o

---

[226] Cf. carta de William Burden a Alfred Barr Jr. (1955).

passado, por sua vez, se apresentava como o lugar determinado, em que a dúvida havia sido eliminada e o museu podia erigir suas verdades. A instituição constituía, portanto, uma imagem de *experts* preocupados em fazer corretamente o passado do futuro. Seu horizonte era alcançar, no presente, a possível verdade histórica. Em lugar de desejar o futuro, o MoMA parecia desejar fazer do futuro, o passado.

Assim, a coleção se fazia entre a aquisição de obras consagradas e a formação de fundos doados por membros endinheirados do museu que, em seu nome, formavam, dentro da coleção principal, coleções adjacentes diretamente dirigidas à compra de obras de jovens promissores ou de artistas estrangeiros. A arte *ainda* não canônica demandava fundos especialmente destinados a ela. "Fundo para a arte americana" e "Fundo para a América Latina"[227] eram instrumentos que obrigavam a instituição a lembrar que a memória da arte moderna se fazia da arriscada aquisição de obras de artistas desconhecidos, ou *ainda* desconhecidos. A missão do museu parecia, portanto, consistir em encontrar as obras de arte que, sendo expressão de sua época, fizessem a história de seu tempo; história que justamente dava o sentido de ser da instituição como lugar de memória da modernidade, receptáculo do passado recente que, procurando recusar a imagem de *locus* da consagração, formava uma imagem de julgamento asséptico e acabava se legitimando como agente consagrador.

A acumulação de objetos, contudo, não parecia se bastar; era preciso que as obras encontrassem seu público, e era função do museu "possibilitar que o visitante descobrisse e enriquecesse seus próprios sentimentos" pela arte.[228] Era, portanto, ao criar uma escola para a apreciação da arte moderna, que o MoMA expressava mais claramente o modo como entendia o lugar do museu como instituição educacional. Em 1951, Victor D'Amico, responsável pelo Departamento de Educação do MoMA, assim definia o papel da escola do museu:

---

[227] Vale, é claro, sempre lembrar que um e outro guardavam sentidos bastante diversos, como procurarei ressaltar mais à frente.
[228] Cf. *Bulletin of the Museum of Modern Art*, Fall 1947. "The questioning public".

Enquanto as atividades do museu são educacionais por natureza, o departamento de educação tem a tarefa especial de atender às necessidades das crianças e adultos que procuram arte para satisfação pessoal, de educar o público para entender a importância da atividade criativa e de estimular a profissão de educador a promover a arte para o fim da educação em geral.[229]

Para além da imagem do colecionador, o museu se impunha a tarefa de educar seu público. Fosse por meio de visitas guiadas, fosse por meio de catálogos explicativos, ou, ainda, por meio de professores e salas de aula, o MoMA justificava sua existência na relação com o visitante. Adultos e crianças pareciam fazer parte de uma audiência que não só precisava ser educada, mas que, sobretudo, demandava educação. A arte moderna, furtando-se à percepção imediata, não podia ser entendida num "primeiro olhar", mas, ainda assim, podia ajudar a "compreender o nosso mundo moderno" (Barr Jr., 1943). De um lado, a contemplação da arte moderna precisava ser ensinada; de outro, essa contemplação não era um fim em si mesma, mas um meio para entender o mundo contemporâneo. Ensinar a ver a nova produção artística era ensinar a entender um mundo que demandava, ele mesmo, interpretação. Os artistas apareciam como esses seres sensíveis capazes de compreender a história presente antes que os homens comuns o fizessem (Barr Jr., 1943). Se a arte moderna era um instrumento de compreensão da vida, o museu era, por sua vez, instrumento de compreensão da arte moderna.

As salas de aula recebiam, assim, lugar de destaque. Destinados a adultos e crianças, os cursos apareciam como o espaço privilegiado de construção do saber acerca da arte — e, tal como entendida então, da vida — moderna. Atendendo à demanda de um público ávido desse saber, o museu se propunha a "desenvolver os interesses criativos das pessoas, velhas e jovens e a ajudar a enriquecer sua vida cotidiana através do entendimento da arte de nosso tempo".[230] O objetivo do museu, longe de visar à formação de novos

---

[229] Cf. *Bulletin of the Museum of Modern Art*, Fall 1951. "Creative art".
[230] Id.

artistas, parecia buscar transformar a percepção de mundo do homem comum. Segundo Victor D'Amico, a demanda pela expressão criativa deveria ser respondida com conhecimento. Dizia ele:

> "Amigos e parentes dizem que meu filho de 10 anos é talentoso. Você exibiria suas pinturas no seu museu?", pergunta uma mãe orgulhosa. "Não há professor de arte na escola que meus filhos frequentam e a professora os faz copiar figuras ou preencher formas com cor. Eu li que isso é ruim para as crianças. Onde posso encontrar uma boa aula de arte para eles?" Escreve outra [mãe] de uma menina de seis e um menino de oito anos. Um advogado, passando da meia idade, que quer pintar no seu tempo livre, assina sua carta como "um ávido, porém assustado iniciante". [...]
> A mãe orgulhosa, como muitos outros pais que querem exibir o trabalho de seus filhos, precisa entender as armadilhas de exibir o trabalho de crianças e o modo como isso pode enrijecer a habilidade criativa de seu filho a menos que seja dirigido com muito cuidado, com ênfase no processo criativo em lugar do produto final. A mãe que busca uma boa aula de arte para seus filhos é, na verdade, uma vítima de falsa economia por parte dos administradores da escola, que olham para a arte como frivolidade, enquanto o advogado que quer aulas de arte seria provavelmente desencorajado se fosse submetido aos métodos *laissez faire* de um grupo de *hobby*.[231]

Em lugar de educar seu público para a produção de arte, descobrindo talentos onde pareciam escondidos, a tarefa do museu, com relação a seu público, residia em ensinar uma nova percepção de mundo a seus alunos. Uma vez que a missão do museu centrava-se em diagnosticar do presente a obra de arte de seu tempo, como meio de conhecimento do mundo, cabia à instituição simplesmente viabilizar uma sensibilidade apropriada a seus contemporâneos. Em lugar de buscar novos artistas, o museu visava formar homens capazes de entender seu mundo e, nesse sentido, a criatividade era palavra de ordem. Se, para o museu carioca, a experimentação para criação de uma nova forma artística parecia ser a dimensão mais

---

[231] Cf. *Bulletin of the Museum of Modern Art*, Fall 1951. "Creative art".

importante de sua escola, a chave de entendimento da dimensão pedagógica do MoMA parecia estar alojada em sua capacidade de gerar "indivíduos criativos".[232]

Nesta medida, o que importava era dar ao aluno a "chance de descobrir seu próprio poder criativo, e esta descoberta [era] o coração da expressão artística".[233] Ao perceber a arte moderna como expressão de seu tempo e ao entender o papel do museu como instituição imparcial e asséptica — que, estando fora do mundo, era capaz de observá-lo mais do alto e, indicando a produção contemporânea de seu tempo, separar o joio do trigo —, o MoMA apostava na função do museu como missão de criar empatia entre público e artista. Fazendo com que os espectadores, ávidos de arte moderna, fossem capazes de entender os pioneiros de seu tempo, o museu daria origem a novas gerações de homens prontos para a modernidade. Sua missão nada mais seria, portanto, do que ocupar um espaço que o público demandava e assistir aos processos de criação e contemplação, como se sua relação com eles fosse uma necessidade suposta na própria expansão da arte moderna.

Assim, também o público de suas aulas, demandando conhecimento para a apreciação, se envolveria no processo criativo apenas como meio de melhor cumprir seu papel e de ser capaz de ingressar nos processos advindos de seu próprio tempo. O objetivo do museu era "ajudar as pessoas a derivarem satisfação da participação na atividade criativa, e não da promessa de se tornarem artistas ou artesãos profissionais, ou de venderem ou exibirem seu trabalho".[234] Por oposição à vontade criadora, o museu impunha uma criatividade contemplativa, buscando nos artistas amadores o público erudito capaz de, ao lado da instituição, compreender os pioneiros de seu tempo e o fluxo da história.

---

[232] Cf. *Bulletin of the Museum of Modern Art*, Fall 1951. "Creative art".
[233] Id.
[234] Id.

O escopo

Ao refletir sobre o escopo da missão do MoMA nova-iorquino, parece fazer-se premente olhar, mais uma vez, o discurso comemorativo do 20º aniversário do museu. Nele, seria definido, para além dos objetivos da instituição, seu espaço de ação. Em 1948, dizia Alfred Barr Jr.:

> Muitos de nós descobrimos os prazeres e a satisfação que podem ser derivados da arte do nosso tempo e apesar de nem todos aceitarmos o trabalho de nossos mais ousados contemporâneos, nós não somos mais ignorantes em relação a eles [Museum of Modern Art, 1948].

Definindo "muitos de nós", definia o Museu de Arte Moderna de Nova York, como Castro Maya (ver capítulo 1), o espaço do *eu* e do *eles*, do *cá* e do *lá*; o espaço da *missão* e o espaço *a ser deixado do lado de fora*. O *nós*, definido como "a América", apresentava-se, em princípio, como o espaço da identidade visada pela instituição. No lugar demarcado pela identidade nacional havia sido empreendido "o esforço de superar o hiato temporal entre as conquistas dos artistas criativos e a aceitação destas conquistas pelo público em geral" (Museum of Modern Art, 1948). A missão, concebida desde a fundação do museu, deveria se realizar, portanto, como contínuo processo de esclarecimento a tornar possível o encontro entre público e artistas. O primeiro, sujeito passível de esclarecimento, confinado no presente; o segundo, sujeito capaz de interpretar o que, de sua época, estaria sempre à frente do seu tempo.

Em 1948, entretanto, no momento de reflexão sobre o passado e o futuro da instituição, a missão parecia, ao menos parcialmente, cumprida: não éramos nós, o público, mais tão ignorantes em relação aos "nossos mais ousados contemporâneos" (Museum of Modern Art, 1948). Os 20 anos que haviam sucedido a fundação do museu teriam assistido a um intenso e recursivo trabalho, que parecia agora ter dado frutos. O escopo da ação da instituição, limitado no espaço, permitia que a missão se completasse num intervalo finito de tempo. Se o museu se orientava para o tempo presente e para seus contemporâneos, os objetivos haviam de ser alcançados e seria difícil imaginar uma eterna prorrogação de resultados inalcançáveis para o futuro. Ao contrário do MAM,[235] que punha a modernidade como distante horizonte desejável, o MoMA a vivia aqui e agora, como processo que se desenrolava a despeito de si mesmo, missão possível.

O MoMA abria espaço para que a instituição passasse a desejar alçar voos mais altos. Se na América sua missão parecia completa, o mundo se apresentava como escopo viável, próximo passo para o reconhecimento de seu sucesso. Se o museu havia tido sua fundação justificada pela demanda do público americano, a instituição havia de atender à demanda de seu próximo espectador: o mundo. No relatório de atividades internacionais de 1956, diria Porter McCray, diretor do Programa Internacional do MoMA:

> Existe um constante fluxo de pedidos ao museu de instituições e grupos interessados no exterior, que vão de conselhos para organização e iniciação de museus e centros de arte a pedidos de exposições [...]. Nós acreditamos que a razão para tantos pedidos endereçados ao MoMA pode ser encontrada no fato de que o nosso museu é visto como protótipo de um museu moderno, cujos métodos e práticas parecem ser os mais avançados e mais desejáveis para adoção.[236]

De um lado, o MoMA acreditava ter esgotado sua missão inicial; de outro lado, acreditava atender a uma demanda mais importante do que aquela que havia inicialmente proposto; demanda que, aliás, só se impunha porque, ao cumprir aquilo a que se havia proposto no escopo anteriormente definido, havia, segundo acreditava, se constituído espontaneamente como modelo de instituição.[237] Assim,

---

[235] Ver páginas 45-48 desta obra.

[236] Report on international activities of the Museum of Modern Art, 1952-1956.

[237] Para além da fundação dos museus de arte moderna do Rio de Janeiro e São Paulo, é paradigmática, nesse sentido, a carta que Augusto Alvarez Calderón, do Instituto de Arte Contemporânea do Peru, escreve a René d'Harnoncourt em 15 de fevereiro de 1957: "Prezado Senhor: Nosso amigo em comum, Mr. Truman Bailey, sugeriu que nos endereçássemos ao senhor, para descobrir se há alguma possibilidade de o Museu de Arte Moderna de Nova York ou do grupo que lhe dá

se o *nós* se mantinha como o núcleo de identidade para o qual o museu existia, ao considerar a missão cumprida, ou ao menos bem-sucedida, o *eles* — os que estavam fora — se tornavam o espaço a ser, então, conquistado. Se, em 1946, o propósito do Departamento de Exposições Itinerantes era "planejar, reunir, produzir e fazer circular exposições (e providenciar certos serviços educacionais) por museus, faculdades, universidades, escolas, bibliotecas, organizações cívicas, clubes e outras agências pelo país e, em menor grau, no exterior", em 1952 seria criado, dentro deste departamento, o Programa Internacional do MoMA, responsável pela circulação de exposições mundo afora, voltado exclusivamente para as relações do museu com instituições estrangeiras e cujas dimensões rapidamente em muito excederiam o âmbito inicial das mostras para as quais o departamento fora inicialmente programado.[238]

De um lado, o mundo exterior aparecia como medida do sucesso da instituição; de outro lado, ao permanecer como *eles outros*, supunha disputas de identidade e poder que em muito remetem às querelas políticas que ganhavam a esfera internacional no imediato pós-guerra. O Museu de Arte Moderna de Nova York precisava dialogar com o mundo que se apresentava à sua volta, e a expansão do escopo de sua missão não aconteceria por acaso. Em múltiplos

---

suporte colaborar conosco e assistir-nos em nossas atividades. O Instituto de Arte Contemporânea foi estabelecido por um grupo de pessoas interessadas em arte de um modo geral e é mantido com as modestas taxas de seus membros e certas contribuições de firmas de negócios locais [...]. Durante nossas discussões, [eu e Mr. Truman Bailey] comentamos sobre a excepcional ajuda que o grupo Rockefeller tem dado a determinados países — mais recentemente ao Brasil — presenteando-os com algumas pinturas para formar o núcleo de seu museu de arte moderna [...]. Nós nos perguntamos o que deveria ser feito de nossa parte para que se considerasse alguma coisa similar no futuro. Truman Bailey acredita que o senhor seja o homem que pode melhor julgar essas possibilidades e que, uma vez que o senhor, bem como a América do Sul e o Peru, estão interessados em contribuir para o desenvolvimento artístico, seu conselho sobre o que fazer e como proceder seria certamente de alto valor [...]" (carta de Augusto Alvarez Calderón a René d'Harnoncourt, 1957).

[238] Cf. *Bulletin of the Museum of Modern Art*, Winter, 1946. "Department of circulating exhibitions".

sentidos, o MoMA parecia consciente do mundo em seu entorno. Ao diagnosticar seu objeto de ação e definir suas exposições, discursos ou empréstimos, o museu havia de fazer suas opções políticas.

Em 1950, a correspondência interna do MoMA dava a dimensão das ponderações que supunham cada tomada de posição do museu e as disputas por projetos que estavam nelas implicadas. A uma carta que pedia resposta sobre o empréstimo de um quadro de Picasso ao Instituto de Arte Moderna de Buenos Aires, responderia a secretária do então diretor do museu: "O senhor Barr gostaria de saber se o empréstimo é *politicamente* importante — nós não temos um Picasso que *queiramos* emprestar!" [grifos da autora].[239] A distinção entre o politicamente importante e a verdadeira vontade do museu dava a exata proporção do lugar que a instituição ocupava no interior das relações internacionais.

De um lado, havia o que era definido, em princípio, como "a vontade do MoMA" e que parecia estar relacionada com o desejo — recursivamente expresso na reflexão sobre a missão do museu — de constituir uma instituição que pudesse ser imagem estável do bom julgamento artístico. Sob o argumento da defesa da qualidade, os responsáveis pelas escolhas do museu recorreriam constantemente ao discurso de retrair o escopo internacional da missão institucional que, ao contrário, parecia querer-se sempre em expansão. Sob a alegação da permanente boa execução das atividades do museu, empréstimos foram negados e financiamentos recusados (ver páginas 66-69 desta obra).

Por oposição ao desejo de abarcar o *eles* por uma crescente e alargada ação internacional, havia o contrário movimento de voltar-se para si mesmo e fazer da América o limite das fronteiras institucionais. A carta da responsável pelo Programa de Exposições Itinerantes a Porter McCray — então diretor do Programa Internacional do MoMA — é expressiva. Diz Jane Sabersky:

> As crescentes atividades de exibição do museu, bem como aquelas que são preparadas para além-mar representam um severo golpe para a

---

[239] Carta de Christl Ritter a Alfred Barr Jr. (1950).

organização deste departamento. Eu estou particularmente preocupada com a falta de material disponível para empréstimos. Eu sinto realmente que, sob essas circunstâncias, nós não podemos manter o nosso programa na mesma escala e garantir ao mesmo tempo o padrão e a qualidade do museu. [...]

Eu sinto pessoalmente que as exposições itinerantes servem a um propósito definido e preenchem uma necessidade decisiva em muitas comunidades neste país, e as contribuições que eu procurei dar, através de minha experiência e esforços conscienciosos, devem ser levadas em consideração neste respeito.[240]

Na ocasião, o desejo de manter reduzido o escopo das exposições levava mesmo Sabersky a anunciar que, se preciso, ofereceria sua carta de demissão. O atendimento às necessidades das diversas comunidades dos Estados Unidos parecia, a ela, uma questão infinitamente mais premente que a expansão internacional do museu. É verdade que a disputa entre os departamentos por financiamentos e empréstimos era parte do cotidiano da instituição, e que em defesa da sobrevivência de seu próprio departamento o argumento de retração do escopo do MoMA aparece nas cartas de Jane Sabersky.[241] A alegação era, contudo, correntemente considerada válida e apareceria recursivas vezes nas ponderações sobre as relações internacionais do museu. A demanda interna era o argumento que remontava à missão original do museu e que servia como elemento de contração da instituição.

De outro lado, contudo, havia o que Alfred Barr Jr., fazendo eco às demandas de Sabersky, chamava de "politicamente importante"[242] e que lhe parecia ser, então, estranho à vontade do museu e ao livre desenrolar de suas atividades. A dimensão política, pejorativamente definida como exterior aos desejos da diretoria, se ligava indissoluvelmente à definição do *eles* que se tornava paulatinamente parte do escopo do museu. As exposições na América Latina e, em menor escala, na Ásia e no Oriente Médio; as relações com os países do

---

[240] Carta de Jane Sabersky a Porter McCray (1955).
[241] Cf. carta de Jane Sabersky a Alfred Barr Jr. (1954).
[242] Carta de Christl Ritter a Alfred Barr Jr. (1950).

Leste Europeu e, finalmente, as disputas com a Europa apareciam como tomadas de decisão que, para além de julgamentos estéticos, se norteavam por julgamentos políticos e levavam em conta não apenas o museu, mas também o lugar do país no mundo.

Assim, as representações norte-americanas organizadas pelo MoMA para as bienais de São Paulo, ou exposições como *Brazil builds*, que circulavam pelos Estados Unidos expondo arte e arquitetura exóticas, eram mencionadas nos boletins do museu como parte de uma "nossa política de boa vizinhança para cimentar laços de amizade com a América Latina".[243] Se, no pós-guerra, os Estados Unidos precisavam se aproximar de suas "repúblicas irmãs" (Kirsten, 1943), garantindo seu espaço de influência, o MoMA se legitimava e ganhava projeção dando apoio à política nacional. Fosse reunindo a "maior coleção de arte latino-americana" (Kirsten, 1943), fosse formando museus de arte moderna à sua imagem, ou levando "os novos talentos, os novos movimentos e as novas técnicas"[244] nas exposições itinerantes enviadas a esses países, o MoMA encontrava oportunidades de expandir sua influência e consolidar prestígio em face de um país crescentemente preocupado com sua rede internacional.

São recorrentes os artigos, correspondências e registros enviados ao museu demandando uma tomada de posição frente à situação da América Latina. Embora sejam raras as respostas da instituição, há, de fato, uma crescente cobrança do museu em relação a uma posição externa mais efetiva. É paradigmático o memorando escrito por George Biddle com relação à "recomendabilidade de conclamar um congresso de artistas, escritores e intelectuais das 21 repúblicas americanas". Recém-chegado do Brasil, onde pintara o mural da Biblioteca Nacional como presente dos Estados Unidos ao país, o relator assim descreveria a atual situação das relações entre os dois Estados:

> É da maior premência que uma aproximação inteligente para um feliz entendimento com nossos vizinhos latino-americanos se dê através

---

[243] *Bulletin of the Museum of Modern Art*, Winter 1954.
[244] *Bulletin of the Museum of Modern Art*, Summer 1954.

das artes e da literatura; e que a mais segura fundação de uma amizade de longo prazo com eles seja um programa cultural inteligente. Essa política sempre foi realizada com eficiência pela França, Inglaterra e Alemanha como corolário de sua penetração econômica na América do Sul [Biddle, 1942].

Ainda que o MoMA pareça não ter tomado qualquer atitude imediata a respeito do referido congresso, é notável que lhe tenha sido recorrentemente endereçada uma demanda no sentido de tomar posição em face da nova situação mundial durante a guerra e no imediato período que sucedeu seu fim. Não apenas com relação à América Latina, mas também ao resto do mundo, o museu aparecia como instrumento passível de expandir o lugar dos Estados Unidos em meio às relações internacionais.

É também digna de nota a organização da exposição *De David à Toulouse Lautrec*, organizada pela instituição para ser apresentada na França em 1955.

A exposição, organizada a convite do Ministério de Relações Exteriores do governo francês, receberia o apoio do governo norte-americano e seria, deliberadamente, a oportunidade de apresentar à Europa uma imagem dos Estados Unidos que pudesse fazer frente aos estereótipos de um país de novos-ricos incultos. Eisenhower se empenharia pessoalmente na organização da exibição[245] e a máxima atenção seria destinada pelo museu ao certame. Segundo Douglas Dillon, então embaixador dos Estados Unidos na França:

> Eu acredito que tal exposição contribuiria substancialmente para o prestígio dos Estados Unidos na França. Ela demonstraria a precoce apreciação americana por grande período da arte francesa que afetou profundamente a direção da cultura ocidental no último século.[246]

A demonstração do bom gosto, da existência de *connoisseurs* e de boas coleções seria capaz de mostrar à Europa que também na América havia alta cultura. O discurso do museu parecia, com

---

[245] Cf. carta de Eisenhower a William Burden (1954).
[246] Cf. carta de Douglas Dillon a William Burden (1954).

efeito, servir ao Estado e se coadunar com uma posição de disputa no quadro das relações internacionais (Cockroft, 1974; Pohl, 1981).

Não quero, contudo, dizer que a ação do museu e a ação do governo se confundissem. São múltiplos os exemplos em que setores de um e de outro parecem ocupar posições opostas. Notáveis são, de fato, as controvérsias entre a diretoria do museu e as políticas do maccarthismo,[247] a postura adotada pelo Comitê de Educação Artística da instituição diante das demandas governamentais de educação cívica (cf. Morgan, 1995) ou de discussões sobre a circulação de exposições pela Agência de Informações Americana.[248] Recorrentes vezes o museu parece ter tido que se contrapor a — ou dialogar com — setores mais conservadores da esfera estatal. O diálogo entre Estado e instituição privada acontece na medida em que os interesses dos membros do conselho do museu, as demandas do governo e o discurso da instituição conseguiam coincidir.

Se as verbas governamentais não eram de modo algum desprezíveis, e se a instituição se punha em competição com órgãos congêneres em nome de projeção nacional e internacional,[249] o fato é que as possibilidades de sucesso na disputa pela atenção da esfera pública pareciam estar submetidas, sobretudo, às possibilidades de que o discurso estatal e o discurso institucional pudessem entrar

---

[247] Em 27 de maio de 1956, Alfred Barr Jr. escreveria a Nelson Rockefeller, preocupado com a ação dos congressistas "Mccarthy e Dondero, que ameaçaram retirar fundos do Congresso para a Agência de Informações Americana caso todos os artistas supostamente subversivos ou engajados em atividades antiamericanas não fossem excluídos das quatro exposições agora em preparação para a Usia, dirigida pela Federação Americana de Artes" (carta de Alfred Barr Jr. a Nelson Rockefeller, 1956).

[248] A esse respeito, vale notar que a exposição *Family of the man*, montada em 1955, exibia trabalhos de fotógrafos americanos e teria sido vendida para a Agência de Informações Americana em 1957, sob cujos auspícios teria circulado por 34 países. Várias versões tiveram que ser, no entanto, negociadas com a instituição, porque não teriam sido consideradas "apropriadas" para circular em determinados lugares (cf. carta de Richard L. Palmer a Wilder Green, 1965).

[249] Vale chamar a atenção, nesse caso, para a disputa que, por vezes, se estabeleceu entre o MoMA e o Instituto de Arte de Chicago. A esse respeito, ver Report on international activities of the Museum of Modern Art, 1952-1956.

em diálogo e se tornar comensuráveis. De um lado, era preciso que o Estado se quisesse representar pela produção de arte; de outro, era preciso que o museu quisesse ganhar ares de instituição cosmopolita. O encontro parecia, portanto, acontecer na medida em que o modelo de Estados Unidos para exportação podia ser traduzido em arte moderna.

Nesta medida, tomadas de posição deliberadamente nacionalistas e conservadoras seriam imediatamente recusadas pelo museu e duramente criticadas.[250] Se, com apoio do governo, a instituição ganhava espaço no exterior, era preciso que esse espaço pudesse se traduzir numa bem-sucedida concorrência com outros modelos de modernidade. Em lugar de acatar e reafirmar os clichês e estereótipos negativos que circundavam as imagens do gosto artístico norte-americano, parecia ser preciso que o museu encontrasse a brecha que permitisse associar o país com modernidade e bom gosto. Vera Zolberg chama a atenção para as imagens que durante um tempo impediram que fossem possíveis as associações entre alta cultura e democracia no país. Diz ela:

> Vituperado quer pelos críticos aristocráticos da democracia — segundo os quais os norte-americanos jamais seriam outra coisa senão toscos —, quer pelos observadores relativamente simpáticos, os Estados Unidos não poderiam abrigar um solo fértil para as artes. De um lado, os norte-americanos associavam as belas artes a um elitismo incompatível com as aspirações e as ideias democráticas, enquanto as artes populares eram vistas com suspeita de comercialismo [Zolberg, 2006].

---

[250] Em 1954, por ocasião da Bienal de Veneza, incontáveis críticas à representação norte-americana são recebidas pelo museu. Dignas de nota são as cartas de Audrey Y. Davis, que recebem relativa atenção da diretoria da instituição. Diz ela: "As gravuras de Ben Shahn e William Do Koning [sic], em exposição aqui em Veneza, chocaram a todos os americanos que as viram — e aos estrangeiros também. Alguns de nós estão simplesmente tentando entender por que selecionaram estes recém-naturalizados artistas para representar os EUA em tão importante evento. As telas de Ben Shahn especialmente difamam os ideais de tudo aquilo que os Estados Unidos defendem como ideal para o mundo, neste momento crucial de relações exteriores" (carta de Audrey Y. Davis, 1954).

Cabia, portanto, ao museu encontrar o espaço em que a arte moderna pudesse se tornar parte da identidade nacional e um modelo a ser exibido. Ao olhar o modo como a missão do museu vinha sendo concebida e executada, é verdade que muito já vinha sendo feito nesse sentido. Para que a arte fosse passível de validação no interior do país, era preciso que, também na concepção de uma imagem interna, a arte moderna pudesse ser positivamente associada a um modo de vida americano. Se a missão do museu se definia pela apresentação da modernidade que se desenrolava aqui e agora, era preciso encontrar a narrativa em que faria sentido para *nós* um museu de arte moderna.

Assim, de um lado foi preciso diluir os limites entre alta e baixa cultura, criando um museu para as massas, como precisaria Huyssen (1997). Por oposição a uma estética modernista, o museu incorporaria a modernidade como parte da vida cotidiana. Da Bauhaus herdaria a indistinção entre técnica e estética.[251] Das vanguardas históricas, herdaria a crítica ao elitismo da erudição e do museu bastião da alta cultura. Por oposição ao modernismo, encontrava, portanto, na modernidade a perfeita síntese da arte americana.

Por outro lado, ainda era preciso traduzir valores numa narrativa positiva de modernidade. Além da missão de colher o moderno onde quer que se manifestasse, era preciso ver o moderno como o que acontecia aqui e agora e converter os valores da nação em valores de modernização. Democracia e liberdade de expressão, apareciam, portanto, como valores de civilização que se manifestavam também como os valores de uma ordem moderna e da arte que lhe correspondia. Assim, no 25º aniversário do museu, já retribuindo e antecipando as contribuições da instituição à divulgação do país no exterior, Eisenhower faria o seguinte discurso na data comemorativa:

> Para mim, neste aniversário, há uma lembrança para todos nós de um importante princípio que deveríamos sempre ter em mente. O princípio é que a liberdade nas artes é uma liberdade básica, um dos pilares da liberdade no nosso país. Para que a nossa república permaneça livre,

---

[251] Cf. Provisional charter of the Museum of Modern Art (1929); Absolute charter of the Museum of Modern Art (1931).

aqueles entre nós com o raro dom de artesania devem ser livres para usar o seu talento do mesmo modo que o nosso povo deve ter a incomparável oportunidade de ver, de entender e de se beneficiar do trabalho dos nossos artistas [Twenty-fifth anniversary ceremonies, 1954].

A arte moderna se tornava não só nos Estados Unidos, mas também no modelo de país a ser exportado, expressão dos valores cultivados como parte da identidade nacional. Assim, a missão de disseminar a arte moderna *na América* ou *para a América* cedia lugar à exibição de arte moderna *da América*, ou exibição de *modernidade americana*. A repercussão no exterior, desejável, contribuía, em primeiro lugar, para desfazer o estereótipo do país mundo afora, mas, em segundo lugar, para desfazer o que o museu acreditava serem os estereótipos no interior do próprio país, as imagens de nação que acreditava negativas. A repercussão no exterior vinha sempre acompanhada de uma divulgação da instituição como promotora da nação para o resto do mundo.[252] A missão civilizadora, política de boa vizinhança, só parecia fazer sentido quando contribuía para legitimar a boa imagem do *American way of life*, tal como concebida pelo MoMA, também no interior do país. A missão civilizadora só parecia ser interessante para o museu na medida em que podia dialogar com a missão de "disseminar a arte moderna na América". O conflito entre os departamentos e entre os modos de conceber o escopo da ação do museu encontrava a síntese possível na repercussão das ações no exterior. Segundo o relatório de atividades internacionais do MoMA de 1952 a 1956:

> Também deve ser acrescentado aqui que a liberdade de restrições políticas, evidentes nas exposições do museu e no seu alto padrão estético, fizeram com que fossem particularmente desejáveis aos olhos do público internacional particularmente interessado em arte [Report on international activities of the Museum of Modern Art, 1952-1956].

Assim, a liberdade política, bem como a liberdade de pensamento, apareciam como valores universais compartilhados pela arte

---

[252] É particularmente notável que o nome da instituição tivesse que ser, ele mesmo, o portador de uma nova imagem do país.

moderna, mas também particularmente associados aos valores da nação. O MoMA nova-iorquino criava assim uma autoimagem positiva que o fazia associar-se a uma minoria de melhores, como diria Norbert Elias (2000). Ainda que a Guerra Fria tenha fornecido mecanismos de consagração desse modo de narrar a nação — narrativa que, é sempre bom lembrar, dialogava e se opunha a outros modos de construir a identidade americana —, fato é que ela funcionou como elemento de mediação que transformava a esfera internacional em instrumento válido de legitimação, sendo capaz de impor simultaneamente para o *nós* e para o *eles* um discurso que podia ser validado *aqui* porque era bem-sucedido *lá*.

Embora sejam correntes as interpretações que associam o discurso do MoMA com os instrumentos governamentais de expansão da influência do Estado, "parte de uma mais alargada campanha de propaganda cultural americana, voltada para melhorar a imagem da América pelo do mundo" (Pohl, 1981:80), fato é que estas análises perdem de vista que, para além da propaganda, havia uma série de narrativas de nacionalidade que se punham em diálogo e disputavam espaço, criando experiências no interior do próprio país. Para além do impacto internacional que poderiam ter, elas se constituíam também como identidades e autoimagens construídas. Em lugar de aderir às avessas ao discurso que acompanha o momento, sugiro que se olhe a lógica dos discursos como, em si mesma, constitutiva de sociabilidade.

MoMA e MAM

Vale dizer que o MoMA se constituiu no recursivo movimento em busca de formar modelos de modernidade. Um modelo de museu moderno, um modelo de cidade moderna e um modelo de nação moderna. O tempo cumulativo fazia do *nós* o espaço de realizações consolidadas, imagem para ser exibida e cultuada.

Efetivamente, o museu nova-iorquino parecia supor um modo muito peculiar de entender a memória e a modernidade. De um lado, representava sua ação como realização que se desenvolvia no tempo. De outro, olhava o passado como imediatamente responsável por sua projeção recente. O lugar do *eu* aparece sempre, portanto, como passado realizado, projeto efetuado, modelo presente e modelo futuro, para o *nós* e para o *outro*. A modernidade, expressão maior de sua própria vida social, era o espelho de si. Ao contrário do MAM, que via no outro o modelo a ser alcançado, o MoMA entendia a si mesmo como modelo a ser reproduzido. A modernidade parecia ser simultaneamente um diagnóstico e um elemento de identidade. Ela se inseria nas narrativas como conceito interpretado e como valor a ser perseguido ou ostentado.

Se o MAM apostava no futuro e entendia a modernidade como processo de modernização a se realizar, o MoMA, ao contrário, via no tempo presente o objeto de sua ação. Não era preciso fazer o futuro moderno; este se desenrolaria necessariamente como resultado do presente. Ao contrário, era preciso olhar a modernidade que acontecia *aqui* e *agora* e compreendê-la, fazendo-se parte dela.

Além de concepções de tempo distintas e de missões distintas, MoMA e MAM estabeleciam também distintos escopos para suas ações. Definindo e recortando o espaço, concebiam modelos diversos de um museu de arte moderna.

Assim, a hipótese de que a aproximação entre museus e vanguardas pode ser pensada como consequência necessária da modernidade parece ser de difícil comprovação. A modernidade parece se desdobrar como consequência de inúmeras interpretações e, ainda que uma realidade eminente comum seja tomada como solo compartilhado, seria difícil pensar em sínteses necessárias. Mesmo se pensarmos em modernidades alternativas, como fez Appadurai (1996), seria difícil imaginar uma relação homogênea no centro com variantes na periferia.

Acredito, portanto, que seja mais rentável pensar as relações construídas em torno do discurso da modernidade como redes de sociabilidade que supõem no seu enleio narrativas, percepções de tempo e espaço, e autoimagens construídas. Se é verdade que as narrativas entram em diálogo e se põem em relação, há que se olhar para o modo como se interpretam e se interpenetram. De todo modo, a questão de saber se é ou não possível pensar as mudanças na relação museu-vanguarda como consequência da modernidade só pode ser respondida quando, efetivamente, me debruçar sobre os casos em que acontecem.

Capítulo 4
O MAM do concretismo e o MoMA do expressionismo abstrato

No capítulo anterior apresentei uma análise comparativa entre os museus de arte moderna do Rio de Janeiro e de Nova York, buscando refletir sobre o modo como constituíram e articularam seus notadamente divergentes conceitos de memória e modernidade. Mostrei, de um lado, o modo pelo qual o MAM procurava apresentar sua ideia de modernidade, exibindo-a como destino que podia ser alcançado pelas *ações* da arte e do museu. De outro, mostrei como o MoMA pensava a modernidade como etapa histórica que se desenrolava no tempo e apresentava sua arte como resultado de mudanças que demandavam *compreensão*. Pode-se dizer que o MAM se punha como um museu *para a modernidade*, enquanto o MoMA se apresentava como museu *da modernidade*.

Às diferentes interpretações e aos distintos projetos institucionais, espera-se que tenham correspondido diferentes repercussões na vida e diferentes formas de relação com a sociedade envolvente, com seus públicos e, sobretudo, com os artistas que partilhavam com os dois museus um mesmo mundo da arte. No presente capítulo, procurarei entender especificamente de que modo a relação dos dois museus com as vanguardas que lhes eram contemporâneas efetivamente se dava, buscando surpreender os momentos em que rupturas e continuidades parecem dialogar com modos de conceber o moderno e a modernidade.

A escolha do objeto de comparação não se dá ao acaso. As vanguardas parecem ser, por excelência, a face crítica das instituições de memória, são seus principais antagonistas e os desafiadores de sua identidade. De fato, ao olhar a bibliografia produzida sobre o tema, vanguardas e museus parecem cronicamente incapazes de ocupar simultaneamente um mesmo espaço.

Numa perspectiva histórica, já em 1909, em seu *Manifesto futurista*, Marinetti sugeriria a destruição das instituições museicas (Marinetti, 1972). Anos mais tarde, em 1923, também Paul Valéry diria não morrer de amor por elas (Valéry, 2005). Ao lado de Picasso, que desprezava os manequins empoeirados do Trocadéro (Foster, 1985), gerações de artistas e poetas proclamariam, em nome da vanguarda, a morte dos museus.

Ainda nesse sentido, é extensa a bibliografia crítica, historiográfica e sociológica que referenda a definição dos movimentos de ruptura como eminentemente opostos às instituições de preservação do passado. Adorno chamava a atenção para a proximidade entre museus e mausoléus, reconhecendo que cultivavam objetos "com os quais o observador não [tinha] mais uma relação viva, objetos que definha[va]m por si mesmos e [eram] conservados mais por motivos históricos que por necessidade do presente" (Adorno, 1998:173). Poggioli, por sua vez, definiria as vanguardas por seu antagonismo a toda arte institucionalizada, localizando os museus na esfera de consagração do velho (Poggioli, 1968). Ainda mais recentemente, Douglas Crimp analisaria a ruína dos museus a partir de sua relação dialética com a crítica das vanguardas (Crimp, 1993) e Huyssen, ao contrário, sublinharia esta mesma relação como responsável por uma crescente inflação de memória nas sociedades contemporâneas (Huyssen, 1997).

Em outra via, tomando-se a arte como subsistema social, poder-se-ia crer na relação entre os dois como movimento de autocrítica, dialética necessária no moderno mundo burguês; momento em que o estágio de desenvolvimento da arte implicaria necessariamente movimentos ideológicos num sentido dialético de tese e antítese, trazendo em seu bojo o germe revolucionário da contestação (Bürger, 1974). Ou, ainda, poder-se-ia pensar num espaço de possibilidades estratégicas, em que o desejo da ruptura, vontade de heterodoxia, nada mais seria do que vontade de ascensão no campo, estratégia para destituir os artistas canônicos e acumular capital para fundar uma nova ortodoxia, galgando posições em seu interior. Inserido num processo de autonomização da arte que suporia a formação de um campo em que posições de prestígio estariam institucionalizadas, o discurso de ruptura seria, desse ponto de vista, a única estratégia possível de subverter a ordem vigente e instaurar novos mecanismos de consagração (Bourdieu, 1983, 2002).

Seja como for, as vanguardas sempre se definiram e, também, sempre estiveram definidas como produção que se encontra no polo oposto da arte do museu. Em qualquer opção por um sistema explicativo previamente dado, o estatuto da vanguarda e sua posição antimuseica estariam garantidos. Museu e vanguarda eram tese e antítese do próprio movimento da arte moderna. Num lado, colocavam-se as artes acadêmicas, culinárias ou ortodoxas; no outro, se punham as artes da ruptura, da quebra de paradigma ou da heterodoxia.

Segundo Pierre Nora, a criação de uma instituição de memória é notadamente um fenômeno da modernidade. A experiência moderna é vivenciada como perda da memória espontânea, da memória vivida, vínculo com um mundo originário e mítico recriado na experiência imediata. O passado moderno é história em que o vínculo com o presente aparece descontínuo e objetivado (Nora, 1986:24-25). Os lugares de memória seriam, portanto, tentativas de restabelecer a continuidade com o passado coletivo, recriando a relação mediata com uma memória contínua. Segundo ele:

> Os lugares de memória nascem e vivem do sentimento de que não há memória espontânea, de que é preciso criar arquivos, de que é preciso fixar aniversários, organizar celebrações, pronunciar elogios fúnebres, inventariar os atos, porque essas operações não são naturais [Nora, 1986:29].

Com efeito, se é possível entender um museu como lugar que abriga coleções, segundo Pomian (1990:9), como

> um conjunto de objetos naturais ou artificiais mantidos temporária ou permanentemente fora do circuito econômico, para os quais é garantida proteção especial e que são reunidos em lugares especificamente adaptados para este propósito e postos em exposição,

o fato é que não há dúvidas de que, ao constituir um acervo, os museus conservam e categorizam artefatos. Selecionando o que é digno de ser contemplado, cristalizam objetos, erguem obstáculos ao esquecimento (Weinreich, 2001) e consagram o passado, reservando para ele um lugar de culto apartado do mundo da vida.

Por oposição, a vanguarda seria guiada por princípios de niilismo e dinamismo, antagonismo e agonismo, cujas derivações desembocariam na ideia de uma "missão revolucionária, regeneradora da arte"; ideologia da "liberdade de criação" (Poggioli, 1968). Sempre imbuída do desejo de crítica e ruptura com o velho, poder-se-ia dizer que a vanguarda era simplesmente dotada do desejo de originalidade, como preferiria Genet-Delacroix (1999), e que saía à sua procura onde quer que se manifestasse. A vanguarda, como projeto de ruptura, rejeitaria, necessariamente, a continuidade com a história e com o museu.

Assim, tudo parece apontar para a necessária separação entre os movimentos de ruptura e as instituições de conservação do passado. Ao olhar, entretanto, o modo como os museus de arte moderna do Rio de Janeiro e de Nova York construíram relações com suas respectivas vanguardas em meados do século XX, uma nova luz parece poder ser lançada sobre a questão de saber se seriam vanguardas e museus, afinal, tão necessariamente incompatíveis.

Para responder à questão, sugiro que se olhe o modo como os dois museus previamente analisados construíram suas relações com as vanguardas que surgiram a seu redor, ao fim dos anos 1940 e início da década de 1950. Olhando atentamente os dois casos, pode-se pensar se os movimentos não poriam em xeque conceitos e paradigmas até então tomados como dados. De um lado, o MAM, colocando o concretismo imediatamente sob sua guarda; de outro, o MoMA, consagrando o expressionismo abstrato tão logo percebido seu valor histórico.

Como instrumento de análise, proponho que se olhe para o modo como as vanguardas entraram pela primeira vez em cada um dos museus, e sugiro que se analisem as primeiras exposições dedicadas pelas instituições a cada um dos respectivos movimentos. Assim, analiso, a partir de agora, o catálogo da mostra *Grupo Frente — Segunda mostra coletiva*, inaugurada no MAM, em 1955, e, em seguida, passo a discutir o catálogo da mostra *Abstract painting and sculpture in America*, inaugurada no MoMA em 1951.

O Museu de Arte Moderna do Rio de Janeiro e o Grupo Frente

Em julho de 1955, o Museu de Arte Moderna do Rio de Janeiro inauguraria a exposição *Grupo Frente — Segunda mostra coletiva*. Um ano depois de sua primeira aparição na Galeria Ibeu, o jovem grupo de artistas brasileiros recebia, na programação de 1955 do MAM carioca, o mesmo espaço destinado às prestigiadas mostras *Espace, Fléxor, Léger* e *Litografia artística inglesa*.[253] Noticiada nos jornais e revistas da época, a exposição parecia receber a mesma atenção dispensada aos demais eventos promovidos pelo MAM.

O índice de reconhecimento de tão recente formação artística seria de surpreender, não fosse o novo museu também a escola de formação dos jovens componentes do movimento. O grupo se identificava recorrentemente como aquele que se formara nas salas de aula do ateliê livre de Ivan Serpa. No Rio de Janeiro, conforme assinalado (ver páginas 117-121), é flagrante a ligação que se estabeleceu entre o Museu de Arte Moderna de Niomar Moniz Sodré e o Grupo Frente.

De um lado, é efetivamente recursiva a associação, pela imprensa da época, entre o museu e sua vanguarda. Diversas são, de fato, as reportagens que atribuem às salas de aula do museu o espaço de formação do núcleo original do movimento.[254] De outro, num silêncio significativo, não há qualquer documentação em que os componentes do Grupo Frente efetivamente recusem a ligação. Pelo contrário, os rótulos de professor e aluno, atribuídos por jornalistas, não parecem causar problemas entre os entrevistados.

---

[253] Cf. Inventário de exposições (1949-2004), cedido pelo Arquivo do Museu de Arte Moderna do Rio de Janeiro.
[254] Cf. "Arte concretista vai escalar a montanha" (1956); "O 'Grupo Frente': sua segunda exposição" (1955); "O Grupo Frente quer levar a arte concreta ao interior" (1956); "O Grupo Frente expõe pela primeira vez" (1954); "Queremos uma arte de vanguarda" (1954); "Grupo Frente no Ibeu" (1954).

Do mesmo modo, na construção de um mito de origem, e de uma memória coletiva, depoimentos *a posteriori* rememoram o pertencimento ao museu. Tanto na narrativa histórica do movimento,[255] como na memória construída por seus membros (Venâncio Filho, 1998; Milliet, 1989),[256] o museu é correntemente citado como peça fundamental na construção dos vínculos entre os artistas. O MAM parece, efetivamente, operar como categoria que confere unidade ao grupo (Sant'Anna, 2004).

Assim, não é, de fato, de estranhar que houvesse lugar para o "grupo do Serpa"[257] na atribulada agenda da instituição. Os artistas já pareciam fazer parte da rotina dos funcionários do museu, e seus nomes apareciam com frequência na lista de compromissos da administração.[258] O grupo estava efetivamente inserido no MAM.

O que seria, contudo, de estranhar é que houvesse algo como o "grupo do Serpa" dentro do Museu de Arte Moderna. Com efeito, ao tomar o MAM como espaço social no qual o grupo concretista reivindicava ter origem, escola de formação onde o *métier* do artista era erigido, parece ser um paradoxo que um museu, supostamente criado como *lieu de mémoire* (Nora, 1986), cristalizando objetos no espaço e no tempo, pudesse se tornar, para estes artistas, um lugar de modernidade e mudança, agrupando-os em seu entorno.

De fato, parece ser um paradoxo que um museu e uma vanguarda, tradicionalmente definidos em polos opostos, possam ter partilhado um sistema simbólico comum no Rio de Janeiro de meados do século XX. O museu, correntemente classificado como instituição do âmbito do velho e da arte consagrada — do mausoléu, como já diria Adorno —, foi, no mais das vezes, eleito pela arte dita de vanguarda como seu outro e o principal alvo de sua crítica.

---

[255] Ver Canongia (1987); Cocchiarale e Geiger (1987); Pougy (1996); Parada (1993).
[256] "Trabalho combina estética e ação política" (1995); "No ateliê: Aluísio Carvão, metamorfose ambulante" (1990); "A pintura me envolve de forma permanente" (1996); "Ivan Serpa morre aos 50 anos vítima de derrame cerebral" (1973).
[257] Carta de Mathilde Pereira de Souza a Niomar Moniz Sodré (1955a).
[258] Cf. correspondência entre Niomar Moniz Sodré e Mathilde Pereira de Souza, 1954-1959.

No entanto, a exposição de 1955 parece ser explicativa da relação entre os dois. Seu catálogo, então publicado pelo museu, contém elementos reveladores que merecem ser cuidadosamente examinados.

O catálogo *Grupo Frente — Segunda mostra coletiva*, editado pelo museu, abria-se com apresentação de Mário Pedrosa. Sem que fosse ele mesmo apresentado, o autor apresentava o grupo, seus objetivos, sua missão e, um a um, todos os seus componentes, suas obras, suas investigações, suas especificidades. Eram, então, apresentados ao público como coletividade os jovens artistas cariocas que seriam mais tarde classificados como concretistas.[259] Eric Baruch, Ivan Serpa, Aluísio Carvão, Abraham Palatinik, Lygia Pape, Décio Vieira, Lygia Clark, Vincent Iberson, João José da Silva Costa, Carlos Val, Rubem Ludolf, César Oiticica, Hélio Oiticica, Elisa Martins da Silveira e Franz Weissman eram nomes que assinavam a mostra e exibiam as mais diversas formas de expressão pictórica, oscilando entre a predominância da abstração geométrica e a inusitada presença dos quadros primitivos de Elisa Martins da Silveira e dos figurativos de Carlos Val.[260]

Único texto da publicação a falar sobre o grupo como unidade, o discurso parece poder funcionar como principal material de compreensão da exposição e do lugar do grupo no interior do museu.

Ao olhar a apresentação do catálogo *Grupo Frente - Segunda mostra coletiva* há que se ver o modo como Mário Pedrosa e outros personagens de fundamental importância foram capazes de, a partir da mesma ideia de moderno tão presente e compartilhada pelos discursos e ações do MAM (Sant'Anna, 2006a), costurar um chão comum para o museu e para a vanguarda.

---

[259] Embora o grupo envolva também artistas figurativos, conforme destaquei em minha dissertação de mestrado (Sant'Anna, 2004), a memória *a posteriori* do movimento concretista localiza sua origem recorrentemente no Grupo Frente (Canongia, 1987; Cocchiarale e Geiger, 1987; Venâncio Filho, 1998; Milliet, 1989).
260 Para uma análise da exposição do Grupo Frente no Ibeu, ver Formiga (2006).

Ao descrever o grupo, Mário Pedrosa assim o qualificava:

Os seus membros são todos jovens. E as adesões que têm crescido têm sido invariavelmente de personalidades ainda jovens. Isso quer dizer que o grupo está aberto... para o futuro, para as gerações em formação. Mais promissor ainda é o fato de o grupo não ser uma panelinha fechada, nem muito menos uma academia onde se ensinam e se aprendem regrinhas e receitas para fazer abstracionismo, concretismo, expressionismo, futurismo, cubismo, realismo e neorrealismo e outros ismos [...].

Não se juntam esses artistas em grupo por mundanismo, pura camaradagem ou por acaso. A virtude maior deles continua a ser — a que sempre foi: horror ao ecletismo. São todos eles homens e mulheres de fé, convencidos da missão revolucionária, da missão regeneradora da arte. Uma coisa os une, e com a qual não transigem, dispostos a defendê-la contra tudo e contra todos, colocando-a acima de tudo e de todos — a liberdade de criação. Em defesa desse postulado moral não dão, não pedem quartel.

Essa atitude não quer dizer que sejam pelo ridículo princípio parnasiano da chamada "arte pela arte". A arte para eles não é atividade de parasitas nem está a serviço de ociosos ricos, ou de causas políticas ou do Estado paternalista. Atividade autônoma e vital, ela visa a uma altíssima missão social, qual seja a de dar estilo à época e transformar os homens, educando-os a exercer os sentidos com plenitude e modelar as próprias emoções [Museu de Arte Moderna, 1955e].

Ao reler o texto de Mário Pedrosa e sua definição do Grupo Frente, algumas categorias saltam aos olhos. Em primeiro lugar, o grupo se une, segundo ele, em nome da "liberdade de criação", da "missão revolucionária", "regeneradora" (Museu de Arte Moderna, 1955e), que aparece seguidas vezes como *liberdade* de experimentação e *trabalho formativo* em busca do burilar da forma (Sant'Anna, 2004). A "liberdade de criação" era, então, o que dava sentido à associação. Era em nome dela que se uniam artistas para se definirem em grupo e, mais tarde, em movimento.[261] Não queriam eles,

---

[261] Ainda que, nesse momento, Mário Pedrosa apresentasse o Grupo Frente simplesmente como grupo, recusando as prerrogativas de movimento, fato é que —

nesse momento, ditar regras de bem-proceder, nem conceitos de boa arte. A busca da forma era sua missão revolucionária.

A exposição se dava quatro anos depois da publicação, em São Paulo, do *Manifesto Ruptura*, marco inicial no país de um inédito movimento construtivo. Liderado por Waldemar Cordeiro, o Grupo Ruptura buscava, na abstração geométrica, nos ritmos matemáticos da forma, nas cores primárias e na relação dos planos, os princípios para uma nova arte, mais racional e objetiva. Decretando que "o naturalismo científico da renascença — o método para representar o mundo exterior (três dimensões) sobre um plano (duas dimensões) — esgotou sua tarefa histórica", o manifesto declarava-se portador do novo, definindo como tal

> as expressões baseadas nos novos princípios artísticos; todas as experiências que tendem à renovação dos valores essenciais da arte-visual (espaço-tempo, movimento e matéria); a intuição artística dotada de princípios claros e inteligentes e de grandes possibilidades de desenvolvimento prático; conferir à arte um lugar definido no quadro do trabalho espiritual contemporâneo, considerando-a um meio de conhecimento deduzível [*sic*] de conceitos, situando-a acima da opinião, exigindo para seu juízo conhecimento prévio [Canongia, 1987].

Acompanhando o discurso do concretismo paulista definido pela imprensa como "Gente moça que se agrupa para realizar pesquisas artísticas" (Maurício, 1955), o Grupo Frente apresentava-se como tentativa deliberada de tomar posição em face da produção de arte canônica. Assumiam, então, os artistas de Ivan Serpa, posição que recusava a arte social de 1930 e a busca da brasilidade tão cara aos modernistas de 1922. No meio-tempo, se indispunham com Portinari e

---

conforme procurei mostrar em outro trabalho (Sant'Anna, 2004) — a categoria de "liberdade de criação" permanecia ordenando as tomadas de posição do grupo, mesmo ao tornar-se movimento concretista (1956), ao lado do grupo paulista, e neoconcretista (1959). Com efeito, também é essa a missão revolucionária que parece ser acionada por Mário Pedrosa e pelo Museu de Arte Moderna nos demais discursos de adesão ao grupo (cf., por exemplo, Museu de Arte Moderna, 1959f).

discutiam com Di Cavalcanti em nome da nova arte.[262] Tudo parecia corroborar a ideia de que Grupo Frente e Grupo Ruptura eram duas faces da mesma moeda do concretismo brasileiro.

No entanto, a leitura mais atenta do catálogo leva um pouco mais adiante do que a filiação ao concretismo nacional poderia supor. Para além do caráter afirmativo do texto, chamam também a atenção as sistemáticas negações que estavam nele implicadas. Se a própria ideia de grupo e o trabalho pelo novo — por oposição à tradição e ao dado — poderiam indicar, imediatamente, proximidade com outros grupos e outros movimentos, o autor do catálogo, contudo, recusava veementemente qualquer relação com o que chamava de panelinhas e "outros ismos". Não se tratava simplesmente de repetição gratuita da busca de ruptura e substituição de dogmas. A "liberdade de criação" era o que distinguia o grupo e o tornava "aberto para o futuro" (Museu de Arte Moderna, 1955e). Distanciava-se, assim, também o Grupo Frente do *Manifesto Ruptura*, então tachado de dogmático (Sant'Anna, 2004), e procurava reduzir sua identidade à simples ideia do novo.

Poderia o grupo estar, então, simplesmente a reivindicar uma autonomia da arte que se valesse por si mesma e que, mais pura, pudesse ser um fim em si. No entanto, recusava também, no catálogo, o princípio parnasiano da "arte pela arte". A "liberdade de criação" se revestia ali de uma "missão social": missão de dar forma a seu tempo e "estilo à sua época", educando e transformando homens (Museu de Arte Moderna, 1955e). Tratava-se de buscar a arte que fosse expressão de seu tempo e, por meio da percepção, tocar o público e dar-lhe os instrumentos de uma nova ordem social. Dito de outro modo, a forma moderna seria, ela mesma, capaz de, uma vez exibida, demandar novos modelos de percepção, gerando, no ato

---

[262] São notórias as pelejas entre os artistas da arte social brasileira e do Grupo Frente. De um lado, Portinari e Di Cavalcanti davam declarações defendendo a riqueza do realismo e tachando as obras abstratas de supérfluas. De outro, Mário Pedrosa se fazia com frequência porta-voz do grupo para sublinhar a caducidade da arte social e as inovações formais de que a abstração seria portadora. Cf.: "A opinião de Portinari sobre a bienal" (1951); depoimento de Di Cavalcanti em Cintrão e Nascimento (2002:17); Pedrosa (1981:51); Pedrosa (1998:241-242).

contemplativo, uma nova ordem de pensamento, um novo modo de ser no mundo e, finalmente, uma realidade material moderna.

O Grupo Frente se investia, ali, da capacidade de transformação social, e não apenas o grupo era assim apresentado — o museu, do mesmo modo, aparecia na narrativa da apresentação do catálogo como elemento necessário à realização da vocação transformadora da arte.

Estando "investido da missão de estimular os valores novos e estimular o público pelo contato que estabelece entre este e aqueles", o MAM tomava "decisão acertada" (Museu de Arte Moderna, 1955e) ao abraçar a causa de um grupo que se voltava também à formação do espírito de seu tempo e às novas gerações. *Museu e vanguarda, imbuídos de objetivos comuns podiam, com efeito, compartilhar o mesmo espaço.*

Num certo sentido, o discurso impresso no catálogo *Grupo Frente — Segunda mostra coletiva* incorporava, da vanguarda, a crítica ao modernismo (Huyssen, 1997). Acreditando no poder reformador da arte, dava início, a seu modo, a um processo de dissolução do museu como bastião da alta cultura e abria o MAM à possibilidade da cultura de massas. A vanguarda podia entrar no museu pela porta da frente, ao mesmo tempo que se produzia.

Dito de outro modo, a apresentação do catálogo parece ser reveladora do modo como o museu de Niomar Moniz Sodré foi capaz de eliminar as barreiras que tradicionalmente separavam museus e vanguardas, e que criavam um hiato entre um primeiro momento em que os discursos de memória e os discursos de ruptura supunham antagonismo, para apenas se reconciliarem no momento em que as vanguardas consagradas podiam, com os anos passados, entrar no museu como crítica apaziguada. Ao pensar o museu como narrativa e gesto de modernização — modernidade em movimento de fazer-se —, o MAM incorporava a crítica das vanguardas como sintoma positivo de concretização do moderno. E não apenas sintoma, mas, como forma geradora de novas percepções, também germe de modernidade.

É bem verdade que, se a entrada da vanguarda no museu aconteceu na vanguarda histórica apenas *a posteriori* — com sua transformação em passado e musealização — e se sua entrada no museu correspondeu à incorporação de sua crítica à instituição, é digno de nota que a entrada do Grupo Frente e, mais tarde, do concretismo no MAM tenha se dado, ao contrário, *imediatamente*.

Em lugar do lento processo de musealização da vanguarda, que generalizaria a condição crítica da modernidade institucionalizando sua própria antítese, o que se tem aqui é, ao contrário, uma tentativa de tornar o museu *instituição da vanguarda*. Em lugar de uma vitória do museu sobre a vanguarda, tratar-se-ia de uma vitória da vanguarda sobre o museu. Em último caso, talvez as consequências pudessem ser as mesmas e talvez a cultura de massas fosse o destino necessário das instituições museicas. Entretanto, não é de pouca importância que tudo tenha sido feito em nome da modernidade, visando-a como horizonte, ao invés do olhar para trás em atitude crítica. De um lado, exibição de um passado moderno; de outro, construção de um futuro moderno.

Nesta medida, no caso do MAM, a vanguarda, ao invés de crítica da memória, se movia ao lado do museu em direção à implementação do moderno. Voltado para a ação, o discurso da liminaridade tomava o moderno ora como objeto de musealização, ora como horizonte e, ao mover-se para a mudança, fazia no mundo uma lógica que subvertia antíteses presumidas e evoluções necessárias. Sua narrativa da modernização incorporava e instrumentalizava tanto instituições da modernidade como sua crítica, e criava entre museu e vanguarda uma *relação imediata*.

Devo, portanto, argumentar que a unicidade do MAM jaz para além de seus projetos e discursos e que é possível que sua singularidade esteja inscrita em suas práticas, no modo pelo qual o museu foi efetivamente constituído por pessoas e ações de fato.

Assim, dando continuidade à análise do catálogo, podem-se apontar ainda, pela própria natureza do nome do primeiro texto, algumas questões. O título, "Apresentação" — fosse ela referente ao grupo ou à exposição —, supunha, antes de mais nada, quem apresentasse. A assinatura de Mário Pedrosa ao fim do discurso leva a algumas possibilidades: poderia apresentar-se o autor como um membro do corpo de funcionários que apresentava a mostra e lhe justificava a escolha, ou como um membro do grupo que se apresentava e o apresentava ao público, ou como um *connoisseur*, investido da autoridade do saber, que apresentava um ou outro ao leitor e visitante. O nome de Mário Pedrosa, impresso ao fim da "Apresentação", aparece, contudo, solitário, despido de título ou designação que lhe dê sentido. Tratava-se apenas de Mário Pedrosa.

Há que se ir, então, ao próprio texto, para descobrir de onde fala o autor. Começa ele por apresentar o movimento e não a mostra. Discorre sobre uma impessoal "ideia de 'grupo'", sobre as armadilhas que ela poderia conter e, finalmente, sentencia, em terceira pessoa do singular, ser este "um grupo de jovens"; um *ele* que o exclui como sujeito escritor, diferenciando-o do objeto descrito. Para além do conteúdo revelador, do elemento de juventude, a sentença formal finalmente denuncia que não fala *em nome deles*, mas fala *deles*. Há que se descartar, portanto, a apresentação do grupo como apresentação de si. O grupo era *o outro*, que Mário descrevia.

Mário Pedrosa talvez, então, falasse em nome do museu. Os dois últimos parágrafos são, contudo, desalentadores nesse sentido. Não fala Pedrosa em nome do museu que, segundo ele, tomava "boa iniciativa" e "cumpr[ia] a missão de estimular os valores novos". Fala, portanto, em nome de si, como atesta o uso da terceira pessoa do plural, no corrente hábito de imparcialidade linguística. Fala como *connoisseur*.

Connoisseur, entretanto, demasiado peculiar, que, embora em terceira pessoa, toma posição e se inflama para concluir em protestos de incentivo ao grupo e à mostra:

> Sustentar as próprias convicções é a suprema cortesia que se pode prestar aos que discordam de nós. É o penhor do nosso respeito por eles. E é nessa linha que, com o apoio do público, ou sem ele, nos deixamos comprometer irremediavelmente para externar aqui a nossa convicção de que a presente manifestação coletiva desse punhado de artistas fervorosos pode sofrer o cotejo com o que, no gênero, se exibe, atualmente, de mais vivo pelas capitais artisticamente válidas do mundo contemporâneo.

Fala, de fato, Mário Pedrosa como Mário Pedrosa. A peculiaridade característica da escrita que omite posições sociais é, contudo, reveladora das múltiplas inserções que poderiam ter sido escolhidas pelo autor ao escrever o texto da "Apresentação". Com efeito, o crítico poderia, tanto se haver colocado como membro do corpo de funcionários honorários do museu, como também ter-se posto como sócio da instituição e membro do conselho diretor, ou poderia ainda apresentar-se ao lado do Grupo Frente, do qual, em verdade, bem poderia considerar-se parte.

Explico: ao olhar a biografia de Mário Pedrosa,[263] há que se notar o esforço da construção de uma carreira e de uma reputação de crítico e especialista: os estudos na Alemanha em cadeiras que o credenciavam ao estatuto de *connoisseur* (1927-29), a escritura de grandes ensaios (1932, 1942), o trabalho na redação da seção de "Artes plásticas" no *Correio da Manhã*, a defesa da tese *Da natureza afetiva da forma na obra de arte* em concurso para a cátedra de história da arte e estética da Faculdade de Arquitetura do Rio de Janeiro (1949), a filiação à Associação Internacional de Críticos de Arte desde sua fundação (1948), tudo parece corroborar a sólida construção da autoridade de *expert*, quando a profissão se constitui simplesmente como gênero de discurso (Dresdner, 2005).

No entanto, para além do papel de crítico e especialista, conquistado nas práticas próprias ao *métier*, Mário Pedrosa ocupava também múltiplas outras inserções[264] no mundo da arte (Becker, 1982) e no Museu de Arte Moderna. Em 1953 era já sócio do MAM e, em 10 setembro, em Assembleia Geral, seria eleito membro da Assembleia de Delegados da instituição.[265] Dois anos depois, em 19 de setembro de 1955, ainda na Assembleia de Delegados do

---

[263] Ver Amaral (1977; 2001); Arantes (2001, 2004); Pedrosa (1986).

[264] Notórias são também suas outras múltiplas inserções no mundo da política, como descreve Lygia Pape em entrevista: "O Mário tinha ligações políticas, nós éramos os artistas e lá dentro tinha a biblioteca dele que ele chamava o meu 'Cafarnaum', que era um caos absoluto. Quando ele tinha coisa secretíssima para discutir, passavam aqueles caras misteriosos que nem olhavam para a gente, entravam, trancavam a porta e ficavam horas lá decidindo o destino do Brasil, do mundo etc., depois saíam discretamente, iam embora, a gente não olhava..." (Venâncio Filho, 1998:13). No entanto, para fins de simplificação analítica, restrinjo a pesquisa ao mundo da arte.

[265] Cf. ata da Assembleia Geral Extraordinária do Museu de Arte Moderna do Rio de Janeiro (1953).

Museu, seria eleito por aclamação para dirigir os trabalhos da reunião para eleição dos membros do conselho deliberativo. Embora na "Apresentação" do catálogo de exposição do Grupo Frente se referisse à "boa iniciativa da direção do Museu de Arte Moderna" como atitude exterior a si, fazia parte do corpo de sócios com prestígio e poder de decisão.

Embora não ocupasse efetivamente cargo de direção ou posição no conselho deliberativo do museu, Pedrosa contava em verdade com grande influência junto a Niomar Moniz Sodré. Entre 1954 e 1959, na correspondência mantida pela então diretora executiva, Niomar Moniz Sodré, com d. Mathilde Pereira de Souza, administradora do museu, em seus períodos de ausência da instituição, Mário Pedrosa aparece citado com frequência. Embora não figurasse na lista de funcionários, seu nome aparece citado 17 vezes com as mais diversas finalidades.[266] De acordo com a correspondência, é ele o responsável pela execução de diversos catálogos do museu (*Espace*, 1955; *Burle Marx*, 1956; *Exposição permanente*, 1956-1957; *Volpi*, 1957), pela direção artística da retrospectiva de Volpi (1957), pela proposição e organização de conferência na exposição do Grupo Frente (1955) e pela seleção de obras do ateliê do Engenho de Dentro para exposição organizada pelo museu no exterior (1955). Com efeito, as múltiplas atividades do crítico no interior do museu denotam sua influência nas decisões da instituição. E é, contudo, o livre trânsito de seus pedidos e solicitações que se torna verdadeiramente revelador de seu *status* dentro do MAM. Em 3 de janeiro de 1957, Mathilde Pereira de Souza escreveria a Niomar Moniz Sodré a respeito de duas exposições sugeridas por Mário Pedrosa.[267] A primeira seria uma exposição retrospectiva de Volpi e a segunda, uma exposição de arte concreta com poesias. A resposta de Niomar viria dois dias depois: "As duas [exposições]

---

[266] Se comparado, por exemplo, a outros sócios de importância, como Castro Maya, cujo nome não aparece sequer uma vez, ou de Roberto Marinho, cujo nome aparece apenas duas vezes, Mário Pedrosa parece ser figura bastante frequente nos corredores do museu, e sua opinião, de bastante valia nas decisões efetivamente relevantes da instituição.

[267] Carta de Mathilde Pereira de Souza a Niomar Moniz Sodré (1957).

oferecidas pelo Mário Pedrosa são muito boas. A senhora pode desde já pedir-lhe todas as indicações relativas ao número de obras, datas mais convenientes etc.".

A resposta é ainda mais sintomática quando diante das várias exposições recusadas sob alegada falta de espaço na agenda do museu,[268] e tanto mais reveladora na medida em que não exige passagem pelo crivo de Flexa Ribeiro, crítico de arte, titular da cátedra de história da arte e estética da Faculdade de Arquitetura do Rio de Janeiro e principal consultor da diretora nos assuntos relativos a exposições oferecidas e quadros ofertados.[269] As proposições de Mário Pedrosa dispensavam a mediação de *experts*. Era de fato, ele mesmo, um de seus *connoisseurs*.

É, contudo, mesmo na posição de *connoisseur* do Museu de Arte Moderna que Mário Pedrosa revela a outra face de sua inserção no mundo da arte. Não é por acaso que, em 1957, eram estas as exposições que propunha. De um lado, sugeria a exposição de Volpi, que, embora desde 1924 produzisse arte figurativa, passava nos idos dos anos 1950 a ser qualificado como precursor de uma forma simples e geométrica, "quase neoplástica", como definiria Mário Pedrosa no catálogo de 1957. De outro lado, sugeria exposição da vanguarda concreta, que no ano anterior havia unido em São Paulo, na *Primeira exposição nacional de arte concreta*, os cariocas do Grupo Frente e paulistas do Grupo Ruptura, partidários da abstração geométrica. Uma e outra exposição pareciam de fato corresponder ao projeto de arte de Mário Pedrosa. A arte concreta, o construtivismo, o neoplasticismo, enfim, a abstração geométrica pareciam pôr em discussão os conceitos centrais de sua tese para a cátedra de histó-

---

[268] Dois anos antes, em 1955, Mathilde Pereira de Souza escreveria a Niomar Moniz Sodré a respeito de outra exposição proposta. "O decano da Faculdade de Belas Artes, prof. Luiz Oyarzum, pediu para fazermos a exposição dos artistas chilenos que ora estão na III Bienal. Disse-lhe que o nosso programa estava completo e já tínhamos compromissos para o ano vindouro. Pediu-me que a senhora examinasse as obras quando fosse a São Paulo, dando-lhe depois uma resposta definitiva" (carta de Mathilde Pereira de Souza a Niomar Moniz Sodré, 1955).
[269] Cf. correspondência entre Niomar Moniz Sodré e Mathilde Pereira de Souza (1954-1959).

ria da arte e estética da Faculdade de Arquitetura do Rio de Janeiro, defendida em 1949. A arte e os critérios de seu julgamento eram simplesmente ordenados pela forma e pela percepção, e a forma pura deveria ser o horizonte a se alcançar.

O crítico cultivava, em verdade, íntima relação com a formação do concretismo na cidade. Segundo Glaucia Villas Bôas, em 1947 ele conhecera Almir Mavignier e, por intermédio dele, Ivan Serpa e Abraham Palatnick (Villas Bôas, 2006a). Mavignier vinha trabalhando desde 1946 ao lado da dra. Nise da Silveira no ateliê por eles criado[270] no Centro Nacional Psiquiátrico Pedro II, no Engenho de Dentro, e convidaria os três a compartilhar com ele a experiência que vinha sendo desenvolvida no hospital. Mobilizados pela expressividade do trabalho dos internos, os quatro passariam a se encontrar periodicamente para discutir os limites e possibilidades da forma (Villas Bôas, 2006a).

Não é casual que, ao fim da apresentação do catálogo da exposição do Grupo Frente no Museu de Arte Moderna, Mário Pedrosa se regozijasse pela "boa iniciativa" do MAM e se comprometesse "irremediavelmente para externar [sua] convicção". O *connoisseur* tomava posição em favor do grupo que, como bem demonstrava o catálogo, era sobretudo formado por artistas da forma concreta: Eric Baruch, Aluísio Carvão, Lygia Clark, João José da Silva Costa, Vincent Ibberson, Rubem Mauro Ludolf, César Oiticica, Hélio Oiticica, Lygia Pape, Ivan Serpa, Décio Vieira e Franz Weissman. As exceções se limitam a Carlos Val e Elisa Martins da Silveira, que, de maneira elogiosa, seriam, no entanto, definidos pelo autor como "individualistas rebeldes", que fugiam ao sentido do grupo. Era sua fé na arte concreta que o levava, portanto, a saudar como positiva a seleção feita pelo museu.

Assim, a relação com os artistas não se limitava à observação entusiasmada do *connoisseur*. Do convívio em sua casa sairiam as principais questões que norteariam a produção dos artistas do

---

[270] Conforme nota Villas Bôas, a origem da ideia da criação do ateliê é controversa. Tanto Nise da Silveira como Almir Mavignier reivindicam a primazia da iniciativa de criação de um ateliê de pintura no Setor de Terapêutica Ocupacional e Recreação, dirigido por Nise da Silveira, médica psiquiatra.

Grupo Frente, e uma identidade partilhada que os unia. Segundo Lygia Pape, em entrevista a *Arte & Ensaios*:

> A gente frequentava [o MAM]... tinha uma sala naquele prédio do Gato Preto onde a gente se encontrava para conversar sobre arte. Mas o que a gente frequentava sistematicamente, vamos dizer, diariamente, era a casa do Mário Pedrosa. Toda noite certas pessoas iam para a casa do Mário... ele já estava sentado na cadeira de balanço, chegava-se, sentava-se e ninguém falava nada. Ficava todo mundo para lá e para cá, quando dava meia noite, uma hora, todo mundo levantava... às vezes tinha grandes discussões, às vezes tinha visita de fora, então era uma espécie de proposta ambiental de performance. Você nunca sabia o que ia acontecer lá dentro... [Venâncio Filho et al., 1998:13].

A relação de Mário Pedrosa com o grupo em muito excedia, portanto, os limites de observação do *connoisseur*. O contato diário, a discussão da produção dos artistas e mesmo o debate em torno do que era arte e do que era a prática artística supunham uma aproximação indicativa de um discurso compartilhado e de uma efetiva identificação com aqueles atores sociais. Mário Pedrosa frequentava o Grupo Frente e dele se fazia "porta-voz" (Amaral, 2001:53). Ainda que na apresentação do catálogo de sua *Segunda mostra coletiva* assinasse simplesmente com seu nome, omitindo filiações quer ao MAM, quer ao movimento, Mário Pedrosa estava envolvido num duplo pertencimento: de um lado, ao museu em que tinha trânsito livre; de outro, ao grupo de artistas que diariamente o frequentava.

Embora o duplo vínculo de Mário Pedrosa possa ficar efetivamente explícito pela análise da ambígua posição adotada no catálogo, vale lembrar que a prerrogativa não era privilégio exclusivamente seu. Muito pelo contrário, é Ivan Serpa quem parece ser o principal envolvido no sistema de liminaridade criado pelo museu de Niomar.

Em 1952 Ivan Serpa inauguraria as salas de aula do Museu de Arte Moderna, dando início ao ateliê livre e ao ateliê infantil do MAM.[271] Para lá levaria a ideia de busca da forma como elemen-

---

[271] Mais tarde, outros professores seriam incorporados à escola do museu, entre eles Zélia Salgado, André LeBlanc, Tomás Santa Rosa e Wladimir Alves de Souza.

to perceptivo. Para além do ensino de técnicas e materiais, incentivava os alunos a experimentar elementos de composição que, em detrimento da *mímesis* da natureza, valessem em si mesmos. Discussões frequentemente faziam parte do cotidiano das aulas.[272] Alunos e professor debatiam soluções e passariam a compartilhar um sentido comum do fazer artístico.

Nesse momento formar-se-ia o núcleo do Grupo Frente, e as experimentações surgidas nesse trabalho seriam as principais responsáveis por criar o sentido de pertencimento a um grupo que se orientava para a mudança, partilhando de uma mesma vontade de realizar *pesquisas artísticas*[273] e, sobretudo, orientando-se pela sistematicidade de realizá-las num mesmo lugar e sob uma mesma orientação. A autoridade da escola de formação aparecia, então, como força capaz de conferir unidade ao grupo. Em reportagem dedicada ao Grupo Frente, a *Tribuna da Imprensa* assim descreveria sua formação: "Dirigindo um curso no MAM, o pintor Ivan Serpa achou, a certa altura, que seus alunos já estavam maduros para embrear-se com ele, formando um grupo. Deu a ideia e daí nasceu o Grupo Frente a que logo aderiram outros artistas".[274] O depoimento, ainda que livremente transcrito pelo repórter, dava, sem dúvida, o tom do pertencimento ao museu e da narrativa da origem do grupo. A escola do MAM aparecia, graças à ação de Serpa, como espaço de formação e mito de origem para a identidade coletiva.

Longe do sentido acadêmico conferido às escolas de arte italianas do século XVI e XVII, mas tampouco colado ao sentido do anonimato artesanal desejado pela Bauhaus (Pevsner, 2005) e posteriormente por Max Bill, em Ulm (Buchsteiner, 2005), as aulas de Ivan Serpa pareciam buscar dar ao aluno a sensação do encontro de uma forma que fosse expressão de sua obra individual, encontro que se dava como trabalho e experimentação. De um lado, Ivan Serpa dava ao aluno a liberdade de produzir o que bem entendesse no tempo de duração de suas aulas. Ao fim das seções, percorria

---

[272] Cf. *Boletim do Museu de Arte Moderna*, jan. 1953. "O professor Ivan Serpa". Matéria publicada no *Correio da Manhã*, 14 dez. 1952.
[273] Id.
[274] "Queremos uma Arte de Vanguarda" (1954).

a sala comentando cada um dos trabalhos realizados. Os alunos eram estimulados a buscar a forma que melhor se adequasse a suas pesquisas pictóricas. No entanto, se como professor era capaz de conceder ao grupo a estranha liberdade de deixar que convivessem concretos, figurativos e primitivos, são recorrentes as descrições que atribuem a Ivan Serpa extremo rigor em relação aos alunos. Segundo Lygia Pape, por vezes "era tomado de fúria, pegava o trabalho do cavalete do aluno, rasgava, dava um show de mau humor, deixava o aluno petrificado" (Venâncio Filho, 1998:14). Os episódios de caráter extremo, ainda que esporádicos, parecem ser fundamentais para entender o outro aspecto fundamental do processo pedagógico de Serpa. As duras críticas implicavam uma rigorosa ausência de *laissez-faire*, pareciam dar um sentido profissional às obras produzidas em suas aulas e permitiam que os alunos, positivamente recompensados pelo professor e escolhidos para participar do convívio em sua casa, encontrassem ali o sentimento de poder pertencer a uma minoria de eleitos, efetivamente capazes de dar origem a um movimento de mudança na cultura. Era assim que o nome de *ateliê livre* podia significar, simultaneamente, o local do fazer artístico profissional e a liberdade de orientação. O momento de crítica, assim como a recusa em seguir caminhos prontos, parecia fazer parte de um projeto didático de busca de resultados profissionais para a expressão de originalidade e individualidade. É sempre à ênfase na expressividade e na liberdade de experimentar que o grupo se refere quando evoca a figura do Museu de Arte Moderna para reafirmar sua unidade.

De fato, estes jovens artistas do Grupo Frente se classificavam e construíam unidade em torno do museu. Assim, embora na futura trajetória de suas carreiras tenham mudado de posição sistemáticas vezes, oscilando entre Grupo Frente, concretismo e neoconcretismo, referir-se-iam com frequência ao MAM como instituição em que se conheceram e puderam cunhar os mesmos valores a serem recursivamente acionados para justificar o pertencimento ou afastamento de cada um dos movimentos e para explicar as sucessivas rupturas que orientaram as diferentes trajetórias de cada um dos artistas. Conforme procurei mostrar em outras ocasiões (Sant'Anna, 2004), o concretismo carioca, como prática coletiva de um movimento coeso teve, no Grupo Frente e no MAM, um mito fundador que operaria como categoria discursiva a repercutir *a posteriori* para justificar as escolhas de determinados artistas na trajetória de suas carreiras. Ainda que tenham ou não participado do movimento e presenciado as aulas de Serpa, o mito de origem funcionou, com frequência, para justificar tomadas de posição elaboradas com base nos valores de liberdade de experimentação recursivamente atribuídos ao museu.

Assim, a narrativa da prática artística do concretismo carioca supunha correntemente, como origem do grupo, um espaço de convivência sobre o qual a rede de sociabilidade se erguia e em torno do qual a identidade do grupo girava. O Museu de Arte Moderna, visto como escola de formação, aparecia, nos atos de fala de artistas, críticos e contemporâneos, como lugar de reunião; espaço em que o vínculo social se forjara e o desejo de ruptura emergiria. Segundo Lygia Pape, "no Rio de Janeiro, o que fortaleceu realmente foi o grupo do MAM, porque todo mundo começou a frequentar o museu. O Ivan Serpa era professor e começou a criar turmas e mais turmas" (Venâncio Filho, 1998:14).

E, com efeito, parece ser na formação destas turmas que se inscreveria a possibilidade de consolidação de uma rede de sociabilidade orientada para a mudança. Se a associação de grupos com identidades coletivas supõe o acionar de experiências compartilhadas e um projeto de ação (Seyferth, 1999), as salas de aula do MAM garantiram a concretude de um passado coletivo e a materialidade de "uma verdade [que], para se fixar na memória de um grupo, deve se apresentar sob a forma concreta de um evento, de uma figura pessoal, ou de um lugar" (Halbwachs, 1971:124).

As aulas de Ivan Serpa, para além de um lugar de encontro, forneceriam o projeto comum em torno do qual sujeitos sociais se agrupavam. Sob o discurso da experimentação, jovens candidatos a artistas aprenderiam, ao lado do *métier* próprio à profissão, um modo de fazer arte orientado para a mudança. Assim, as salas de aula do MAM aparecem no discurso *a posteriori* como o espaço em que se puderam forjar, de um lado, laços de solidariedade e amizade e, de outro, o peculiar espírito de vanguarda que orientaria as tomadas de decisão do grupo. Foi, portanto, desta relação com o museu e com o aprendizado encerrado em suas salas, que se pôde construir, no Rio de Janeiro de meados do século XX, um grupo de artistas que se nomearam e foram nomeados como portadores de uma arte de vanguarda.[275]

Desse modo, ainda no catálogo da exposição *Grupo Frente — Segunda mostra coletiva*, Ivan Serpa parecia pertencer ao mundo de liminaridade do MAM. Inserido ao fim da publicação relativa à mostra, um inventário de artistas — incluindo breve biografia de cada um dos expositores — parece ser revelador da posição do artista. Seu nome aparecia elencado em duas posições bastante distintas. De um lado, Ivan Serpa era listado como expositor e, ao fim de sua biografia, lia-se simplesmente: "Pertence ao Grupo Frente". De outro lado, seu nome aparece recursivamente na biografia de cada um dos demais expositores como o professor com quem haviam começado seus estudos. Assim, por exemplo, ao lado do nome de Elisa Martins da Silveira, lia-se: "Começou a estudar em 1952, no Curso Livre de Pintura de Ivan Serpa, tendo apresentado um quadro na *Exposição do Patrimônio do Museu de Arte Moderna do Rio de Janeiro*, em 1953". O duplo pertencimento ficava mais uma vez explicitado no catálogo.

Mário Pedrosa e Ivan Serpa eram, assim, os elementos que tornavam possível não só o movimento de vanguarda, mas também a relação entre a vanguarda e o museu. Ao tomarem posição quanto ao Grupo Frente, eles estavam, de fato, imersos no mundo a que deveriam pertencer apenas como crítico e professor, respectivamente.

Olhando a relação que estabeleciam, o que em primeiro lugar chama a atenção — e que já foi amplamente sugerido na bibliografia sobre a modernização da cultura brasileira (Ortiz, 2001; Durand, 1989) — é que haveria sempre uma rede de relações pessoais, que

---

[275] A definição do grupo como de vanguarda já foi estabelecida em minha dissertação de mestrado (Sant'Anna, 2004) e será discutida mais longamente adiante, neste livro. A reportagem publicada na *Tribuna da Imprensa* de 30 de junho de 1954, "Queremos uma arte de vanguarda", um dos poucos pronunciamentos coletivos do grupo à época, parece ser, no entanto, reveladora não só do desejo de associar-se aos movimentos de ruptura, como também do reconhecimento público desse *status*.

suporia, necessariamente, a tradição. Num primeiro olhar, Mário Pedrosa e Ivan Serpa parecem depender de uma sociabilidade que se fundava nas relações de amizade e camaradagem. Nesse lugar de limites tênues e patentes ambiguidades haveria uma fusão de dois mundos: os estudantes eram membros do museu, assistiam às conferências e estavam engajados no processo de fazer a instituição, tornando-se professores, doando quadros ou fazendo cartões de natal.

Contudo, olhando mais atentamente, salta aos olhos, de um lado, que relações pessoais e improviso faziam também parte da rotina de outros museus de arte moderna do período, como foram os de São Paulo, Resende ou Florianópolis. E, no entanto, não há qualquer registro de que tragam a reboque identificação com alguma vanguarda.[276]

Da mesma forma, do ponto de vista da relação do MAM com seus especialistas, chama a atenção que o acesso ao livre trânsito entre museu e vanguarda derive, antes de tudo, de suas posições como *connoisseurs*. Ivan Serpa só podia liderar um grupo de artistas porque investido da autoridade de professor, assim como Mário Pedrosa só conseguia ter influência sobre as decisões do museu porque se fez reconhecidamente crítico de arte. Eram o *mérito* e a *profissão* que lhes davam a possibilidade de se identificar simplesmente pelo nome, como autoridades em seu âmbito de conhecimento. Não se identificavam nem pela antiguidade nem pela consanguinidade. Eram profissionais. Em lugar de anônimos portadores de cargos na burocracia moderna (Weber, 1995), com a profissão eram, ao contrário, investidos de autoridade.

Num primeiro olhar, a construção de uma autoridade simultaneamente profissional e pessoal poderia, sem dúvida, remeter à sociedade de bacharéis tão criticada por Sérgio Buarque de Holanda:

---

[276] Aqui incluo também o MoMA nova-iorquino. Conforme procurarei mostrar a seguir, apesar de Alfred Barr Jr. dirigir o museu em cargo pessoal durante mais de 30 anos, e de as decisões da instituição serem, muitas vezes, pautadas pelos interesses individuais dos membros do conselho do museu, não foi possível associá-lo à efetiva criação de qualquer vanguarda no período.

Numa sociedade como a nossa, em que certas virtudes senhoriais ainda merecem largo crédito, as qualidades do espírito substituem, não raro, os títulos honoríficos, e alguns dos seus distintivos materiais, como o anel de grau e a carta de bacharel, podem equivaler a autênticos brasões de nobreza [Holanda, 2004:83].

Entretanto, dificilmente parece possível imaginar que o discurso que, de acordo com Pedrosa (1986), se constitui contra

> a tradição supostamente nacional de acomodação ao existente, à rotina, ao conformismo, às indefinições em que todos se ajeitam, ao romantismo frouxo que sem descontinuidade chega ao sentimentalismo, numa sociedade de persistentes ressaibos paternalistas tanto nas relações sociais como nas relações de produção,

pudesse estar, em verdade, ancorado numa rede de relações de favor, cujo sentido residia na própria manutenção dos sistemas de privilégio e poder.

Embora fossem cabíveis argumentos que enfatizassem as práticas personalistas da instituição, atribuindo ao museu elementos da tradição brasileira, vale chamar a atenção para outras questões. Sem negar que esses elementos possam existir, parece difícil poder atribuí-los a uma simples continuidade de práticas anteriores e cuja antiguidade se impunha necessariamente, reforçando sempre uma recursividade do mesmo. O discurso do MAM parecia estar justamente ancorado sobre a ruptura com essas práticas e parecia também emergir, de fato, como fundador de novas formas sociais.

Assim, o que parece permitir a ambiguidade entre os espaços de fazer e de julgar é, antes, o próprio conceito de modernização tal como entendido pelo museu. Ao pensar a modernidade como horizonte possível e futuro a ser construído, o MAM, ao lado de Niomar Moniz Sodré, centrar-se-ia na agência e, assim fazendo, buscaria *uma equipe que já estivesse trabalhando,*[277] especialistas que se fossem formando junto com a instituição, vanguardas que já

---

[277] Carta de Niomar Moniz Sodré a Raymundo Ottoni de Castro Maya (1951b).

estivessem sendo feitas para serem *imediatamente* exibidas. As escolhas em que a instituição se baseava partiam do princípio de que o mundo a ser feito no futuro seria feito a partir do que se tinha aqui e agora.

Não se tratava de esperar o moderno acontecer para colher os seus frutos, mas de fazê-lo efetivamente operar, reconhecendo, *imediatamente*, nos agentes do novo, os especialistas do futuro.

Acreditando que a modernidade era resultado de ideias capazes de mudar o mundo uma vez que fossem formadas, o MAM pôde acreditar-se capaz de forjar suas próprias vanguardas. Não apenas o Grupo Frente associou-se ao museu; no mesmo período, a cinemateca do MAM foi responsável por criar um público e movimentos de ruptura no cinema nacional (Pougy, 1996). O museu e a modernidade brasileira, não sendo encarados como resultado de um processo espontâneo a ser seguido por colecionadores e especialistas, foram, ao contrário, investidos do poder de fazer a ordem moderna.

O Museu de Arte Moderna de Nova York e o expressionismo abstrato

Do outro lado da relação MAM-concretismo, estão o Museu de Arte Moderna de Nova York e o movimento do expressionismo abstrato, que, nos anos 1970, foram postos lado a lado pela crítica de arte e pela historiografia norte-americanas (Cockroft, 1974; Shapiro e Shapiro, 1990).

Ao olhar a relação entre o MoMA e o principal movimento artístico que, por sua vez, lhe era contemporâneo em meados do século XX, tudo parece também apontar para a estreita relação entre os dois. Quadros dos jovens artistas do expressionismo abstrato constavam com frequência das listas de novas aquisições publicadas nos boletins do MoMA. Em 1948, quadros de Pollock e Baziotes já faziam parte da coleção do museu (Museum of Modern Art, 1948). Ao longo dos anos 1950, obras de expoentes do movimento, como De Kooning (1950-1951, 1956, 1957), Baziotes (1957), Motherwell (1957, 1958) e Pollock (1950-1951, 1958, 1959) entrariam para seu acervo permanente.

Na Bienal de Veneza de 1954, De Kooning foi um dos dois únicos artistas escolhidos para ser exibido na representação americana. Ao lado de Pollock e Rothko, compôs, em 1957, o conjunto das representações americanas da *Third international contemporary art exhibition* (Índia) e *The new american painting* (Suíça, Itália, Espanha, Alemanha, Holanda, Bélgica, Inglaterra e Estados Unidos).

Pollock, por sua vez, foi um dos únicos jovens pintores a ser incluído na mostra comemorativa do 25° aniversário do museu, em 1954. No ano de sua morte, o *Boletim do MoMA* publicaria, em sua homenagem, um longo artigo de Sam Hunter, crítico e curador da instituição. Ele seria então descrito como tendo sido responsável, "com um punhado de pintores e escultores contemporâneos [...], por injetar vitalidade na arte americana" (Hunter, 1956-1957). Depois de sua morte, em 1957, seria reunida pelo MoMA, para a IV Bienal de São Paulo, uma grande exposição do artista, e teria início um longo processo de construção da imagem de mártir (Heinich, 1991) que o transformaria, então, no "mais influente artista da vanguarda americana".[278]

Não é, portanto, por acaso, que a partir de meados dos anos 1970 tenham começado a surgir interpretações sociológicas e historiográficas associando a divulgação do expressionismo abstrato pelo Museu de Arte Moderna de Nova York às estratégias de expansão norte-americana durante a Guerra Fria.[279] O discurso de liberdade de expressão e de individualidade criadora, tão caro ao movimento, é, de fato, correntemente associado a uma deliberada missão anticomunista. Segundo Eva Cockroft:

> São estes quadros de membros do conselho — frequentemente os mesmos "proeminentes cidadãos" que controlam bancos e ajudam a forjar a formulação de política externa — que em última instância determinam a política do museu de contratar e demitir diretores, e à qual os funcionários profissionais têm de prestar contas. Examinar o crescente sucesso do Expressionismo Abstrato na América depois da II Guerra Mundial, portanto, implica considerar o papel do principal

[278] IV Bienal de São Paulo (1957).
[279] Ver Cockroft (1974); Shapiro e Shapiro (1990); Pohl (1981).

museu de arte contemporânea — o Museu de Arte Moderna — e as necessidades ideológicas de seus escritórios durante um período de virulento anticomunismo e intensificação da "Guerra Fria" [Cockroft, 1974:10-11].

A partir de fins dos anos 1940, o expressionismo abstrato parece ter recebido tratamento especial do Museu de Arte Moderna de Nova York. Em 1951, seria organizada a primeira mostra do museu dedicada predominantemente ao movimento: *Abstract painting and sculpture in America*. A partir do mesmo ano, nos boletins do museu (Spring 1951; Fall-Winter 1954; Winter 1956-1957) e nos catálogos de exposição (*Abstract painting and sculpture in America*, 1951; *15 Americans*, 1952; *Jackson Pollock*, 1956; *Vennice Biennial*, 1954; *Modern art in the United States*, 1956; *Pollock*, 1957; *Jackson Pollock*, 1958), categorias como "expressividade", "liberdade", "juventude", "vitalidade", "novas energias" e "distintamente americano" seriam indistintamente usadas para caracterizar o expressionismo abstrato e os artistas que dele faziam parte. Em 1958 seria preparada uma grande exposição exclusivamente endereçada ao movimento. Organizada pelo programa internacional do museu, ela circularia na Europa e nos Estados Unidos divulgando a *nova pintura americana*.[280] Vanguarda e museu pareciam, mais uma vez, habitar horizontes comuns.

Contudo, a aparente afinidade com o modo como o MAM recebeu sua vanguarda acaba por aqui. Ainda que, numa primeira aproximação, MoMA e MAM pareçam ter aberto suas portas aos movimentos de ruptura e à crítica da alta cultura, compartilhando, como *museus de arte moderna*, o lugar de ponto de inflexão num processo de musealização do presente, num olhar mais atento vale perguntar se os modos pelos quais essa relação é construída não são, em verdade, bastante dessemelhantes. Vale chamar a atenção para o lugar conferido a cada uma dessas vanguardas pelo museu.

Para que a comparação seja possível, faço análise análoga à procedida com relação à publicação da exposição *Grupo Frente — Segunda mostra coletiva*, e recupero o catálogo da exposição *Abstract*

---

[280] Cf. "The new American painting as shown in eight European countries" (1959).

Painting and Sculpture in America. Exibida em 1951, tratava-se da primeira exposição do MoMA exclusivamente dedicada ao gênero, e pode ser tomada como momento de conversão da diretoria do museu ao movimento.[281] O curador da exposição, Andrew Carnduff Ritchie, havia passado a integrar o quadro de funcionários do MoMA em 1949 e parece ter sido responsável por abrir o museu às novas manifestações da arte contemporânea. Ao dar início ao catálogo da exposição, Ritchie, então diretor do Departamento de Pintura e Escultura do Museu de Arte Moderna de Nova York, assim apresentava a mostra:

> Em 1936, o MoMA apresentou uma exposição intitulada *Cubism and abstract art*. No prefácio ao catálogo, Alfred Barr Jr. enuncia que a exposição se restringe a exemplos europeus de cubismo e abstração, uma vez que, no [ano] anterior, o Whitney havia mostrado uma grande coleção de arte abstrata na América.
>
> Agora, quinze anos mais tarde, com a produção de pinturas e esculturas abstratas crescendo firmemente neste país, pareceu apropriado revisar o movimento num sentido tanto histórico quanto contemporâneo. Esta exposição compreende um período de aproximadamente 37 anos, desde os tempos do famoso Armory Show de 1913 até o presente. As origens da arte abstrata estão na Europa, mas alguns artistas americanos reagiram quase imediatamente aos primeiros sinais do movimento, consequentemente o período coberto nesta exposição coincide francamente bem com a história da arte abstrata no exterior [Museum of Modern Art, 1951a].

Ao analisar os primeiros parágrafos da apresentação da exposição, alguns aspectos chamam imediatamente a atenção e explicitam as notáveis diferenças que distinguem a relação entre os dois museus de arte moderna analisados e suas respectivas vanguardas. Antes de mais nada, o que salta aos olhos é a perspectiva histórica

---

[281] Embora Messer (1979) localize em *15 Americans*, de 1952, o momento de adesão do então diretor Alfred Barr Jr. ao movimento do expressionismo abstrato, a exposição de 1951, incluindo muitos de seus artistas, parece ser indicativa de uma mudança de paradigma nas escolhas da instituição.

conferida à exposição. Ao contrário da *Segunda mostra coletiva do Grupo Frente*, inteiramente dedicada ao grupo, a mostra apresentada aqui abrange o período de "1913 até o presente" e rotula a produção do período de arte abstrata. Categorias como expressionismo abstrato e grupo são evitadas, e a ideia de movimento se impõe de modo abrangente a um "período de aproximadamente 37 anos", em que os mais diversos artistas e soluções artísticas estariam compreendidos. Motherwell, Baziotes e Tobey estavam representados como artistas da abstração informal, mas também estavam presentes artistas como Fritz Glarner, com seus ritmos e composições construtivas à De Stijl (Museum of Modern Art, 1951a).

Em lugar do grupo, a nação aparecia como unidade. A ideia de arte abstrata americana compreendia de um lado o escopo do espaço nacional e, de outro, abrangia um período que permitia a comparação entre nacionalidades. Em detrimento do movimento, entrava em jogo a *arte moderna americana,* que havia reagido "quase imediatamente aos primeiros sinais do movimento" (Museum of Modern Art, 1951a). A arte abstrata estava duplamente subordinada: de um lado, ao plano local de que, sendo *americana*, se fazia representante; de outro, a um tempo evolutivo universal, que, sendo *moderna*, então acompanhava, coincidindo "francamente bem com a história da arte abstrata no exterior" (Museum of Modern Art, 1951a).

Em vez de assumir uma função social como a proposta pelo catálogo do MAM, pondo-se no mundo como elemento capaz de diagnosticar com precisão a forma correspondente a sua época e educar o público e criar modernidade, a produção de arte parecia ser aqui, ao contrário, consequência de movimentos históricos necessários, que a botavam numa posição à frente de seu tempo.

Ao escrever a Alfred Barr Jr. justificando a predominância de dois grupos particulares (gestuais e lineares) na escolha das obras da exposição *Abstract painting and sculpture in America*, Libby Tennenbaum descreve os dois grupos — posteriormente identificados simplesmente pela alcunha de expressionismo abstrato — como tendo "chegado a um novo modo de sensibilidade".[282] A abs-

---

[282] Cf. carta de Libby Tennenbaum a Alfred Barr Jr. (1950).

tração se definia aqui por sua localização no tempo e por sua relação com um conceito de modernidade evolutivo. Embora houvesse espaço para uma multiplicidade de vertentes pictóricas, a ênfase recairia sobre aqueles que se mostrassem mais contemporâneos ao presente e melhor representassem uma "nova sensibilidade".[283]

Assim é que, mais adiante, no catálogo da mostra, ao responder à questão "o que é arte abstrata?", Andrew Carnduff Ritchie assim a definiria:

> Embora a arte abstrata não seja um novo fenômeno, deve ser enfatizado que nunca antes do século XX ela desempenhou um papel particularmente importante na história da arte ocidental. Uma característica distintiva nesta tradição ocidental realista e acadêmica é que ambas se dirigem à natureza, uma particularizando, outra generalizando suas observações até que possam se encaixar. A arte abstrata do século XX, ao contrário, pelo menos em seus estados puros, se subtrai completamente a todas as referências aos aspectos tradicionais da natureza ou às ideias convencionais de matéria subjetiva [Museum of Modern Art, 1951a].

A arte abstrata parecia ser, então, uma etapa na evolução da arte ocidental. Ligada a seu tempo, ela ocupava, sem dúvida, uma posição na história. Conforme demonstrado no capítulo anterior, a produção de arte ocorria no mundo e demandava especialistas para reconhecê-la como tal.

Para além, contudo, do lugar ocupado pelas etapas de produção de arte no quadro mais geral de sua época, o que saltava aos olhos era o tom de *mea culpa* assumido pelo diretor do Departamento de Pintura e Escultura do museu. Ao relembrar a posição adotada por Alfred Barr Jr. 15 anos antes, à época da exposição *Cubism and abstract art*, o autor parece escrever uma espécie de retratação, lamentando a exclusão de obras de arte americanas da seleção. De fato, Carnduff Ritchie, recentemente incluído no quadro de funcionários do museu, era, não por acaso, responsável pela organização da mostra. Alfred Barr Jr. e Dorothy Miller estavam excessivamente

---

[283] Cf. carta de Libby Tennenbaum a Alfred Barr Jr. (1950).

associados a um período em que a abstração americana fora deliberadamente esquecida pelo museu.

Embora correntemente acusado de usar o expressionismo abstrato como arma na Guerra Fria (Cockroft, 1974), divulgando no exterior as obras de Pollock, De Kooning e Rothko como odes à liberdade e a um estilo de vida americano, o fato é que o MoMA mantinha uma relação bastante ambígua com a vanguarda, que compartilhava com ele o desejo de modernidade ao fim dos anos 1940.

De fato, ainda que posteriormente consagrados pelo museu, tendo obras compradas para a coleção permanente da instituição e trabalhos exibidos em exposições individuais, os artistas do expressionismo abstrato estiveram, num primeiro momento, excluídos pelo MoMA da ideia da boa arte americana. Tudo se passava de modo muito diverso daquele empreendido pelo MAM com relação ao Grupo Frente. As obras do movimento norte-americano não eram selecionadas para participar de exposições coletivas do MoMA e, em face dos movimentos artísticos europeus, foram frequentemente vistas como representantes menores da, assim chamada, arte moderna (Lynes, 1973).

Contudo, ainda mais importante do que serem negligenciados, a questão é que se percebiam como tal e que, deliberadamente, assumiram posição contrária ao museu. Manifestações foram feitas e críticas escritas contra as decisões tomadas por Alfred Barr Jr. e Dorothy Miller, então os principais responsáveis pela escolha das obras. À época da exposição *Abstract painting and sculpture in America*, o boletim do museu George L. K. Morris chamaria a atenção para a enorme mudança que acontecia na posição dos artistas:

> De algum modo, não parece haver passado muito tempo desde que eu marchei em uma linha de piquetes, nesta rua aqui e na chuva. Uma justa silenciosa manifestação contra o museu, o qual não estava sempre com vontade de exibir arte abstrata feita por americanos. Foi divertido, eu suponho; é desnecessário dizer que os piquetes não produziram nenhum resultado. No entanto, a maioria dos piqueteiros estão aqui, visíveis através dos seus trabalhos, que no momento são expostos lá em cima, no terceiro andar, onde está quente e protegido da chuva [*Bulletin of the Museum of Modern Art*, Spring 1951].

O episódio narrado se referia aos protestos organizados à época da exposição *Cubism and abstract art*, em 1936. Artistas que desde aquele ano se haviam reunido em nome da arte abstrata como *American abstract artists*, se mobilizariam em torno da mostra. Além das manifestações descritas por George L. K. Morris, o grupo publicaria ainda um panfleto intitulado *How modern is the Museum of Modern Art?* — ou, em tradução livre, *Quão moderno é o Museu de Arte Moderna?* Na publicação, a principal crítica se endereçava ao pouco incentivo dado pelo museu aos jovens artistas que o rodeavam.

Não é, portanto, ocasional a *mea culpa* feita por Carnduff Ritchie quanto à exclusão de artistas americanos do certame. Por causa da seleção o museu fora alvo das mais contundentes retaliações.

A exposição *Abstract painting and sculpture in America*, organizada em 1951 — 15 anos depois de *Cubism and abstract art* e dos protestos que vieram em seu bojo — parecia, portanto, acontecer como retratação ao pouco empenho demonstrado pelo MoMA na divulgação da produção de arte local. Admitir agora que "artistas americanos reagiram quase imediatamente aos primeiros sinais do movimento" (Museum of Modern Art, 1951a) era certamente uma tentativa de abrandar declarações como as de James Thrall Soby, que haveria dito, no momento anterior, quando era diretor do Departamento de Pintura e Escultura do Museu, que "o que acontecia na Europa era muito mais interessante do que o que acontecia na América" (Lynes, 1973). Como chama a atenção o início do catálogo de *Abstract art in America*, tratava-se, portanto, de mostrar estarem equivocadas as acusações às posições reacionárias do museu. Sobrepondo novas tomadas de decisão às antigas, o MoMA buscava reescrever sua história.

Todavia, a mostra de 1951 não seria suficiente para tirar o museu do alvo de críticas da vanguarda. Parece ser ponto pacífico na bibliografia sobre o tema[284] que a *mea culpa* do museu não significaria uma profunda mudança no *modus operandi* da instituição. O reconhecimento do erro de julgamento era local e se referia simplesmente ao conjunto de obras de arte que se haviam provado e imposto seu valor no curso do tempo. Uma divergência profunda

---

[284] Ver Lynes (1973); Messer (1979); Kramer (1999).

parecia continuar afastando a instituição dos artistas que lhe eram contemporâneos. Segundo Messer (1979:122-123):

> A questão era complicada pelo fato de que o museu e os artistas tinham concepções diferentes da função primária do museu. Ostensivamente, o museu considerava básico, para o seu papel como instituição educacional, apontar tendências na arte moderna. Sua primeira obrigação era para com o público; apenas indiretamente ele existia para benefício do artista. Os artistas gostavam de pensar que deveriam ser a primeira preocupação do museu.

De fato, uma vez que a arte moderna se definia para o museu como etapa histórica, ao MoMA, na posição de observador e juiz do mundo da arte, cabia apenas a contemplação da produção e seu posterior colecionamento. Ao fazer suas escolhas, o museu elegia os especialistas que deviam fazer a instituição efetivamente operar, selecionando os itens que compunham a coleção, montando as exposições, dispondo as obras no espaço, em suma, sendo responsáveis por distinguir aquilo que deveria ser lembrado no futuro. Esses *experts*, autoridades investidas de um *savoir-faire*, deviam ser os encarregados de retirar do mundo os objetos que receberiam o valor de obra de arte. No mais das vezes investidos do caráter quase científico de observadores da história, estes personagens da autoridade se punham fora do mundo da vida, para que, ao olhá-lo mais de longe, pudessem ter o benefício da imparcialidade. Sua relação com o público nada tinha a ver com a liminaridade de Serpa e Pedrosa.

Se, na exposição de 1951, Carnduff Ritchie sugeria uma revisão dos quadros não contemplados pela primeira mostra de arte abstrata do museu, fato é que a *mea culpa* se limitava a desfazer a omissão da época, revendo, de um ponto de vista privilegiado pelo passar do tempo, as obras que, agora sim, haviam provado seu valor. Em lugar de repensar a função do museu e sua relação com o mundo que lhe era contemporâneo, o que se revia era uma posição adotada num momento preciso. Estruturalmente o museu permanecia o mesmo. Críticas continuaram sendo endereçadas ao MoMA e, a elas, as respostas continuaram sendo dadas em nome da imparcialidade da instituição e da necessidade do tempo passado para apuração de valores.

Anos mais tarde, em rascunho para carta de resposta ao editorial de Thomas B. Hess publicado na edição do verão de 1957 de *Art News* — que havia criticado ferozmente o descaso do MoMA para com o expressionismo abstrato em seus primeiros anos e duvidado de seu comprometimento com a arte de seu tempo —, diria Alfred Barr Jr. que o museu não se comprometeria "com uma única facção", recusando os pedidos no sentido de que a instituição se alinhasse "exclusivamente com a vanguarda do presente".[285]

A certeza de que o museu podia intervir nos rumos concretos da história da arte levava a um deliberado cuidado com o tempo. Temores de acusações de que lucros pudessem ser tirados com o poder conferido pela instituição levavam a um redobrado cuidado com a escolha das obras. Segundo Lynes, apesar de terem efetivamente exercido papel fundamental no mercado, os funcionários do museu teriam procurado manter-se à parte da Bolsa de Arte, evitando associar-se aos lucros da atividade e dando legitimidade aos julgamentos do museu. Ainda de acordo com ele:

> Acima de qualquer coisa, Barr não gostava de ser chamado de "orientador do gosto" e quando John Canady chamou-o, no *New York Times*, em 1960, de "o mais poderoso orientador do gosto na arte americana hoje e provavelmente no mundo", Barr respondeu: "Os artistas guiam; o museu segue, exibindo, colecionando e publicando seu trabalho. Ao fazê-lo, ele tenta agir tanto com sabedoria, como com coragem, mas também com consciência de sua falibilidade". Era característico dele desqualificar sua influência, embora ele devesse ter poucas dúvidas sobre isso [Lynes, 1973:406-407].

O caráter consagrador do museu, mais do que um instrumento de ação, parecia ser um problema para os funcionários do MoMA. Assim, tampouco é de admirar que as funções didáticas dos museus de arte moderna do Rio de Janeiro e de Nova York pudessem ser tão diferentes. No mesmo ano da exposição de arte abstrata

---

[285] Carta de Alfred Barr Jr. a *Art News* [1957].

americana, o MoMA publicaria um boletim dedicado à escola do museu.[286] Em matéria intitulada "Arte criativa", o boletim dava a clara dimensão da estrutura pedagógica da instituição.[287] Na descrição de suas aulas, destinadas a "ajudar as pessoas a derivarem satisfação da participação na atividade criativa",[288] o museu deixava claro que sua intenção não residia no aprendizado de uma profissão. Contra a "promessa de se tornarem artistas ou artesãos profissionais, ou de venderem ou exibirem seu trabalho",[289] Victor D'Amico, então diretor do Departamento de Educação do museu, propunha aos alunos o contato com a arte moderna como fonte de "satisfação pessoal".[290]

Ao dedicar-se a possibilitar "o entendimento da arte do nosso tempo",[291] o Departamento de Educação do MoMA se isentava de toda responsabilidade de formação profissional. Sua função se limitava a tornar possível a relação entre o público e o artista. Supondo a necessidade de mediação entre um e outro, supunha o conhecimento como ponte possível, sem a qual a barreira intransponível que se punha entre ambos não poderia ser ultrapassada. O MoMA parecia percorrer o caminho contrário ao do MAM que, ao lado de Mário Pedrosa e Ivan Serpa, supunha a percepção como *imediata* causadora de novas ordens de pensamento, de *gestalt*, e encarava todo o público como agente passível de fazer o moderno, fosse pela produção de arte, ao colocar no mundo novas formas modernas, fosse pela sua contemplação, ao entender e realizar o moderno.

O museu de Nova York parecia acreditar, por sua vez, serem artistas e público humanidades de naturezas diferentes. Um capaz de entender seu tempo e expressá-lo imageticamente; o outro apenas capaz de apreciação pelo conhecimento. Entre os dois, supunha-se, pois, a mediação de especialistas capazes de traduzir os dois mun-

---

[286] *Bulletin of the Museum of Modern Art*, Fall 1951.
[287] Para uma discussão sobre a missão didática do Museu de Arte Moderna de Nova York, ver páginas 176-181 desta obra.
[288] *Bulletin of the Museum of Modern Art*, fall 1951.
[289] Id.
[290] Id.
[291] Id.

dos e tornar possível o diálogo entre eles. Uma vez, porém, que a possibilidade de conhecimento demandava a passagem do tempo e que só seria possível reconhecer os verdadeiros artistas na medida em que a história assim os provasse, cortava o museu qualquer vínculo com o presente.

Assim, ao olhar novamente, lado a lado, as posições adotadas pelos museus de arte moderna de Nova York e do Rio de Janeiro, são notáveis as diferenças que se impõem. Ainda que se possa atribuir ao MoMA a responsabilidade pela consagração do expressionismo abstrato, fato é que o movimento não entraria imediatamente no museu. Supondo a mediação de um tempo que permitia *conhecer*, as vanguardas entravam no museu, em verdade, apenas *a posteriori*; entravam apenas ao tornar-se passado, objeto de musealização (Huyssen, 1997), afastado do mundo da vida no tempo e no espaço, como preferiria Adorno (1998). Que, uma vez dentro da instituição, tenham tido ainda efetividade no mundo, operando sua ferrenha crítica à alta cultura (Poggioli, 1968), ao bom gosto e ao bom senso, mesmo que vencidas, envidraçadas e etiquetadas, é o que lhes daria o possível estatuto de pertencimento a uma modernidade que traz em seu bojo o movimento necessário de sua antítese e sua crítica (Giddens, 1991; Habermas, 2000). Ironia do destino e consequência necessária da modernidade, a vanguarda operaria, nesse caso, como ruptura com as grandes narrativas (Lyotard, 1998) também museicas, tornando possíveis novos sistemas classificatórios e uma inserção nas categorias de pós-moderno, hipermoderno, ou, por paradoxal que pareça, precursor de pós-moderno.

Olhando mais uma vez o modo como as vanguardas se davam ao museu, a patente diferença entre ambas as instituições em tudo contraria as teses correntes. Em cada um dos casos, rompendo papéis tradicionais de chofre, pela porta da frente — caso do Grupo Frente — ou operando como contradiscurso, crítica deliberada que, uma vez apaziguada pelo tempo, entrava pela porta dos fundos, corrompendo, de dentro, práticas institucionais — caso do expressionismo abstrato —, há que se ver que é a categoria de modernidade que faz o museu efetuar diferentes recepções e diferentes relações com a vanguarda. No primeiro caso, o moderno operava como horizonte possível que se havia de fazer e, associado à vanguarda, tornava possível a relação que dispensava mediadores. No segundo caso, ele operava como realidade objetiva que se dava a despeito dos sujeitos e que se havia de observar, supondo a mediação da técnica capaz de em tudo penetrar.

Num e noutro caso as vanguardas entravam no museu em nome da modernidade. Uma vez em nome do *futuro moderno*, e outra vez em nome de um *passado do moderno*.

A modernidade aparecia, portanto, como categoria com efetividade e capaz de operar no mundo seus diferentes sentidos; de modos diferentes e com consequências diferentes. Julgar que *a vanguarda*, como conceito uníssono, pudesse levar necessariamente a pós-modernidades, sociedades de cultura de massa, musealizações — ou mesmo corresponder a partes necessárias do processo — parece por vezes deixar de levar em conta o quanto de efetividade está também investido nessas categorias. Vanguarda, museus e modernidade entraram em relação — e podem continuar entrando — das mais diversas maneiras e, ao fazê-lo, deixaram em seu encalço novos conteúdos e novas formas sociais.

Considerações finais

Ao chegar ao fim deste livro e às indicações de que o MAM, construído na relação entre seus fundadores, se forjou como instituição peculiar e absolutamente distinta do MoMA nova-iorquino, deixo-me ainda olhar uma última vez para o museu e procurar entender sua especificidade em face da principal instituição que constituía seu horizonte de expectativas.

Assim, acredito que valha aqui a pena voltar à questão que fundamentalmente guiou este trabalho. Partindo do diagnóstico de uma estreita relação entre o Museu de Arte Moderna e o concretismo nas diversas formas que tomou no Rio de Janeiro (Sant'Anna, 2004), procurei entender como havia sido possível a improvável injunção de um museu para preservação da memória e de uma vanguarda que, por definição, visava à ruptura.

Para responder à questão que havia sido posta, procurei entender o que poderia haver de peculiar num museu, para que ele pudesse se oferecer a um grupo social como símbolo de descontinuidade. Busquei, então, compreender as relações sociais que informavam a instituição no momento de sua fundação e o modo como se constituía em discurso. Assim foi que encontrei, no embate entre os dois principais fundadores do MAM, Niomar Moniz Sodré e Raymundo Ottoni de Castro Maya, duas diferentes narrativas de modernidade e uma disputa pela prevalência delas na concretização do museu. A ideia de modernização tal como concebida por Niomar Moniz Sodré, sendo vitoriosa, parecia ter sido finalmente capaz de se apresentar como busca do novo e, ao mesmo tempo, possibilitar vínculos institucionais imediatos entre as diferentes esferas que compunham o museu, formando escolas e vanguardas.

A construção do argumento se deu na contraposição a uma ideia de que as instituições de cultura do Brasil de meados século XX — e, em seu bojo, as relações sociais que supunham e criavam — eram consequência necessária das condições de produção advindas de processos de urbanização e industrialização da época, ou ainda, em outro viés, de que eram fruto do interesse particular de uma elite unívoca e uníssona. Em qualquer um dos casos, a modernidade poderia se apresentar como projeto finito, sendo vista ora como o peculiar conjunto de condições político-institucionais que resultariam no Estado-nação, ora como conjunto de condições materiais que teriam dado origem a uma nova ordem social, ora como nova ordem de pensamento que emergiria no tempo. De todo modo, a modernidade pensada como fato material ou forma material de pensamento, projeto previamente definido, faz com que, forçosamente e de onde quer que falemos, cheguemos sempre à conclusão de que jamais teríamos sido modernos (Latour, 2005), ou, o que seria ainda pior, de que modernos são os outros.

Por oposição, procurei, então, mostrar como as práticas sociais em nome da modernidade foram, elas mesmas, capazes de fazer novas relações sociais e estabelecer novos padrões de comportamento, impondo formas tão modernas como a Chandigarh de Corbusier. Assim, o MAM, como instituição criada para gerar modernidade, era, antes, resultado de embates em nome da mudança social pela construção de uma história comum, para que nomes e indivíduos ficassem gravados na memória coletiva. Nesse sentido, procurei mostrar como a disputa envolvendo a cúpula diretora do MAM supunha, sobretudo: (a) uma imagem pessoal na qual o desejo de mudança social pudesse estar encarnado e da qual fosse, simultaneamente, também devedor; (b) um conceito de modernidade que tivesse efetividade no mundo e que pudesse se constituir como a *grande obra* de seus fundadores.

Diagnosticado o modelo vencedor e tendo como contraponto o Museu de Arte Moderna de Nova York, procurei comparar o discurso das duas diferentes instituições. Busquei entender se a vitória da narrativa de Niomar Moniz Sodré poderia ser, de fato, explicada pela construção de conceitos e autoimagens ou se ela não passava, em verdade, de fração necessária de um processo que se concluiria de todo modo com a deglutição das vanguardas no museu (Huyssen, 1997), quando provariam que "eram modernas em sua intenção, mas pós-modernas em suas consequências" (Bauman, 1998:127). Tratar-se-ia simplesmente, portanto, dos primeiros sinais de emergência de uma sociedade de consumo e da cultura do simulacro (Baudrillard, 1981), quando a arte seria reduzida a mercadoria e as vanguardas provocariam seu próprio fim (Jameson, 2002).

À ideia de um processo de modernização necessário, que se centrava nas causas materiais de um ambiente envolvente — determinando ou elites *a priori* interessadas, ou reflexos espontâneos explicáveis em si mesmos —, procurei contrapor, então, a ideia de sínteses necessárias em processos epistemológicos da dialética da modernidade. Nessa segunda via explicativa seria possível pensar a estrutura da ordem moderna como causadora de sua ruína ou superação; pós-modernidade, hipermodernidade, modernidade tardia ou como quer que se queira chamá-la.

Na base deste processo, instituições da modernidade — muito provavelmente em nome da própria modernidade — abririam espaço para a crítica e crise de sua era. Assim também, nos museus de arte moderna, síntese e antítese irreconciliáveis reuniriam o impossível e abrigariam, em casas de memória, o passado da ruptura. O mal estaria feito: MAM e MoMA, em nome de seu tempo, haveriam contribuído para destruí-lo.

Ao comparar os dois museus, no entanto, salta aos olhos que o binômio museu-vanguarda apresenta, em cada caso, diferentes encaixes. De um lado, o MoMA, atribuindo-se a condição de especialista, procurava para a vanguarda seu lugar na história; de outro lado, o MAM, atribuindo-se uma missão social, procurava fazer uma vanguarda com efetividade na história. Dificilmente se poderia sustentar que MoMA e MAM fossem instituições idênticas ou que o último fosse cópia do primeiro. As diferenças eram patentes e pareciam ser devedoras da forma como a modernidade era concebida em cada um dos casos. Não porque o moderno supusesse um hiato de desenvolvimento, implicando aqui atrasos e ausências, mas porque era entendido de modos diferentes e, assim, era capaz de operar no mundo de modos também distintos.

Por oposição aos processos necessários, o que sugiro, portanto, é que, para além de um conjunto de condições materiais ou de uma nova ordem de pensamento, a modernidade se pôs no mundo como categoria, que poderia ser interpretada de maneiras diversas e, assim, ganhar materialidade e repercussão, operando aqui e agora. Mudanças, em maior ou menor escala, fazem parte da condição do próprio tempo. Que a modernidade fosse, no entanto, nomeada e diagnosticada como processo foi o que a transformou num universal passível de comunicação, de interpretação e de operacionalidade. Num certo sentido, MAM e MoMA foram, portanto, modos de entender o moderno e de dar a ele concretude no mundo; formas materiais de diálogo e discussão.

Referências

Fontes primárias

ATAS

ATA da Assembleia Geral de constituição do Museu de Arte Moderna do Rio de Janeiro, Rio de Janeiro, 3 maio 1948. Livro de Atas do MAM. Arquivos do Museu de Arte Moderna do Rio de Janeiro.

ATA da Assembleia Geral Extraordinária do Conselho Deliberativo para eleição da Comissão Executiva e aprovação do projeto de reforma dos atuais estatutos e outras deliberações, Rio de Janeiro, 21 mar. 1951. Livro de Atas do MAM. Arquivos do Museu de Arte Moderna do Rio de Janeiro.

ATA de Assembleia Geral Extraordinária do Museu de Arte Moderna do Rio de Janeiro, Rio de Janeiro, 10 set. 1953. Livro de Atas do MAM. Arquivos do Museu de Arte Moderna do Rio de Janeiro.

MINUTA da ata de reunião da diretoria, 11 fev. 1952. MAMIII, pasta 69, doc. 63. Arquivos da Fundação Castro Maya.

BOLETINS

BOLETIM DO MUSEU DE ARTE MODERNA. Rio de Janeiro, MAM: nov. 1952; dez. 1952; jan. 1953; fev. 1953; mar./abr. 1953; maio 1953; jun. 1953; jul. 1953; ago. 1953; set. 1953; dez. 1954; jan. 1958; jan. 1959.

BULLETIN OF THE MUSEUM OF MODERN ART. Nova York, MoMA: Winter 1943-1944; Spring 1944; Winter 1946; Fall 1946; Spring 1947; Fall 1947; Winter 1948; Winter 1949-1950; Summer 1950; Winter 1950-1951; Spring 1951; Fall 1951; Winter 1954; Spring 1954; Summer 1954; Fall-winter 1954; Summer 1956; Fall 1956; Winter 1956-1957; Summer 1957; Summer 1958; Summer 1959; Summer 1960.

CARTAS [DE]

Audrey Y. Davis, 1954. Coleção D'Harnoncourt, série VI, pasta 6. Arquivos da Fundação Rockefeller.
Augusto Alvarez Calderón a Réne d'Harnoncourt, 15 fev. 1957. Coleção D'Harnoncourt, série III, pasta 24. Arquivos da Fundação Rockefeller.
Alfred Barr Jr. a *Art News*, [jun. 1957]. Coleção Alfred Barr Jr, série IV, pasta 316. Arquivos do Museu de Arte Moderna de Nova York.
Alfred Barr Jr. a Josias Leão, 2 mar. 1948a. Coleção D'Harnoncourt, série II, pasta 38. Arquivos da Fundação Rockefeller.
Alfred Barr Jr. a Josias Leão, New York, 13 jul. 1948b. Microfilme, rolo 2176, frame 0100. Arquivos do Museu de Arte Moderna de Nova York.
Alfred Barr Jr. a Maria do Carmo Nabuco, 19 fev. 1949. Microfilme, rolo 2717, frame 1161. Arquivos do Museu de Arte Moderna de Nova York.
Alfred Barr Jr. a Nelson Rockefeller, 27 maio 1956. Coleção René d'Harnoncourt, série VII, pasta 88. Arquivos da Fundação Rockefeller.
Benjamin J. Buttenwieser a Inge Scholl, 29 dez. 1950. Hochschule für Gestaltung Archive.
Benjamin J. Buttenwieser a Inge Scholl, 23 maio 1951. Hochschule für Gestaltung Archive.
Charleston Sprague Smith a Paulo Kneese de Mello, Nova York, 28 nov. 1946. Coleção René d'Harnoncourt, série II, pasta 7. Arquivos da Fundação Rockefeller.
Christl Ritter a Alfred Barr Jr. (com nota de Olive Bragazzi), 5 jun. 1950. Coleção René d'Harnoncourt, série III, pasta 7. Arquivos da Fundação Rockefeller.
David Rockefeller a Raymundo Ottoni de Castro Maya, 24 abr. 1950. MAMIII, pasta 69, doc. 14. Arquivos da Fundação Castro Maya.
Demissão de Raymundo Ottoni de Castro Maya à diretoria do Museu de Arte Moderna do Rio de Janeiro, 26 dez. 1952. MAMIII, pasta 69, doc. 59. Arquivos da Fundação Castro Maya.
Douglas Dillon a William Burden, 2 nov. 1954. Coleção D'Harnoncourt, série IV, pasta 47. Arquivos da Fundação Rockefeller.
Eisenhower a William Burden, 8 nov. 1954. Coleção D'Harnoncourt, série IV, pasta 47. Arquivos da Fundação Rockefeller.
Francisco Matarazzo Sobrinho a René d'Harnoncourt, 25 abr. 1949. Coleção D'Harnoncourt, série II, pasta 38. Arquivos da Fundação Rockefeller.
Germain Bazin a Raymundo Ottoni de Castro Maya, 15 mar. 1950. MAMIII, pasta 69, doc. 10. Arquivos da Fundação Castro Maya.

Henrique Mindlin a René d'Harnoncourt, 15 mar. 1945. Coleção D'Harnoncourt, série II, pasta 7. Arquivos da Fundação Rockefeller.
Ivan Lins a Paulo Bittencourt, 27 jun. 1956. MAM, pasta 1956. Arquivos do Museu de Arte Moderna do Rio de Janeiro.
Jane Sabersky a Alfred Barr Jr., 16 jun. 1954. Coleção Alfred Barr Jr. Microfilme, rolo 2178, frame 1299. Arquivos do Museu de Arte Moderna de Nova York.
Jane Sabersky a Porter McCray, 9 fev. 1955. Coleção Alfred Barr Jr. Microfilme, rolo 2178, frame 1292. Arquivos do Museu de Arte Moderna de Nova York.
Jayme Maurício a Niomar Moniz Sodré, 1958. MAM, correspondência de Niomar Moniz Sodré. Arquivos do Museu de Arte Moderna do Rio de Janeiro.
Josias Leão a Alfred Barr Jr., 10 jun. 1948. Coleção Alfred Barr Jr. Microfilme, rolo 2176, frame 0100. Arquivos do Museu de Arte Moderna de Nova York.
Libby Tennenbaum a Alfred Barr Jr., 10 maio 1950. Coleção Alfred Barr Jr. Microfilme, rolo 2178, frame 1308. Arquivos do Museu de Arte Moderna de Nova York.
Mathilde Pereira de Souza a Niomar Moniz Sodré, 23 jan. 1955a. MAM, correspondência de Niomar Moniz Sodré. Arquivos do Museu de Arte Moderna do Rio de Janeiro.
Mathilde Pereira de Souza a Niomar Moniz Sodré, 8 mar. 1955b. MAM, correspondência de Niomar Moniz Sodré. Arquivos do Museu de Arte Moderna do Rio de Janeiro.
Mathilde Pereira de Souza a Niomar Moniz Sodré, 1955c. MAM, correspondência de Niomar Moniz Sodré. Arquivos do Museu de Arte Moderna do Rio de Janeiro.
Mathilde Pereira de Souza a Niomar Moniz Sodré, 21 nov. 1956. MAM, correspondência de Niomar Moniz Sodré. Arquivos do Museu de Arte Moderna do Rio de Janeiro.
Mathilde Pereira de Souza a Niomar Moniz Sodré, 3 jan. 1957. MAM, correspondência de Niomar Moniz Sodré. Arquivos do Museu de Arte Moderna do Rio de Janeiro.
Mathilde Pereira de Souza a Niomar Moniz Sodré, 3 abr. 1958. MAM, correspondência de Niomar Moniz Sodré. Arquivos do Museu de Arte Moderna do Rio de Janeiro.
Maria Barreto a Raymundo Ottoni de Castro Maya, 18 out. 1947. MAMIII, pasta 69, doc. 3. Arquivos da Fundação Castro Maya.

Maria do Carmo Nabuco a Réne D'Harnoncourt, 17 fev. 1949. Coleção D'Harnoncourt, série II, pasta 38. Arquivos da Fundação Rockefeller.
Marie Alexander a Max Bill, 6 jul. 1963. Microfilme, rolo 2181, frame 1214. Arquivos do Museu de Arte Moderna de Nova York.
Mário Pedrosa a Niomar Moniz Sodré, 24 jul. 1978. Manuscrito. Acervo Mário Pedrosa, Biblioteca Nacional.
Nelson Rockefeller a Dean G. Acheson, 2 nov. 1950. Coleção D'Harnoncourt, série II, pasta 38. Arquivos da Fundação Rockefeller.
Nelson Rockefeller a Maria Martins, 2 abr. 1948. Coleção D'Harnoncourt, série II, pasta 38. Arquivos da Fundação Rockefeller.
Nelson Rockefeller a Raymundo Ottoni de Castro Maya, 26 nov. 1946. MAMIII, pasta 69, doc. 1. Arquivos da Fundação Castro Maya.
Niomar Moniz Sodré a Luppe e Raul Bopp, 2 jan. 1958a. MAM, pasta 1958. Arquivos do Museu de Arte Moderna do Rio de Janeiro.
Niomar Moniz Sodré a Luppe e Raul Bopp, 18 mar. 1958b. MAM, pasta 1958. Arquivos do Museu de Arte Moderna do Rio de Janeiro.
Niomar Moniz Sodré a Luppe e Raul Bopp, 19 maio 1958c. MAM, pasta 1958. Arquivos do Museu de Arte Moderna do Rio de Janeiro.
Niomar Moniz Sodré a Luppe e Raul Bopp, 25 nov. 1958d. MAM, pasta 1958. Arquivos do Museu de Arte Moderna do Rio de Janeiro.
Niomar Moniz Sodré a Luppe e Raul Bopp, 20 mar. 1959. MAM, pasta 1958. Arquivos do Museu de Arte Moderna do Rio de Janeiro.
Niomar Moniz Sodré a Mathilde Pereira de Souza, 3 fev. 1955a. MAM, correspondência de Niomar Moniz Sodré. Arquivos do Museu de Arte Moderna do Rio de Janeiro.
Niomar Moniz Sodré a Mathilde Pereira de Souza, 1955b. MAM, correspondência de Niomar Moniz Sodré. Arquivos do Museu de Arte Moderna do Rio de Janeiro.
Niomar Moniz Sodré a Maurício Nunes de Alencar, 7 jul. 1971. MAM, MS69-09-07. Arquivos da Fundação Getulio Vargas, Rio de Janeiro.
Niomar Moniz Sodré a Raymundo Ottoni de Castro Maya, 17 jul. 1951a. MAMIII, Pasta 69, doc. 45. Arquivos da Fundação Castro Maya.
Niomar Moniz Sodré a Raymundo Ottoni de Castro Maya, 22 ago. 1951b. MAMIII, pasta 69, doc. 46. Arquivos da Fundação Castro Maya.
Niomar Moniz Sodré a Zazi Monteiro de Carvalho, 30 jan. 1952. MAMIII, pasta 69, doc. 50. Arquivos da Fundação Castro Maya.
Paxton Haddow a René d'Harnoncourt, 10 out. 1953. Coleção D'Harnoncourt, série III, pasta 35. Arquivos da Fundação Rockefeller.
Paxton Haddow a René d'Harnoncourt, 20 jan. 1954. Coleção D'Harnoncourt, série III, pasta 35. Arquivos da Fundação Rockefeller.

Porter Macray a Alfred Barr Jr. Nova York, 1957. Microfilme, rolo 2183, frame 0120. Arquivos do Museu de Arte Moderna de Nova York.

Raymundo Ottoni de Castro Maya a Josias Leão, 28 fev. 1951. MAMIII, pasta 69, doc. 28. Arquivos da Fundação Castro Maya.

Raymundo Ottoni de Castro Maya a Niomar Moniz Sodré, 4 set. 1957. MAMIII, pasta 69, doc. 64. Arquivos da Fundação Castro Maya.

Raymundo Ottoni de Castro Maya ao barão de Saavedra, 31 mar. 1951. MAMIII, pasta 69, doc. 31. Arquivos da Fundação Castro Maya.

Raymundo Ottoni de Castro Maya a Oscar Niemeyer, [s.d.]. MAMIII, pasta 69, doc. 25. Arquivos da Fundação Castro Maya.

Raymundo Ottoni de Castro Maya a R. A. Lacroze, 19 jan. 1949. MAMIII, pasta 69, doc. 6. Arquivos da Fundação Castro Maya.

Raymundo Ottoni de Castro Maya a Rodrigo Melo Franco de Andrade, 23 fev. 1951. MAMIII, pasta 69, doc. 26. Arquivos da Fundação Castro Maya.

René d'Harnoncourt a Raymundo Ottoni de Castro Maya, 20 jul. 1950. MAMIII, pasta 69, doc. 18. Arquivos da Fundação Castro Maya.

Richard L. Palmer a Wilder Green, 17 maio 1965. Coleção Alfred Barr Jr., série VII, pasta 145. Arquivos do Museu de Arte Moderna de Nova York.

Rodrigo Melo Franco de Andrade a Raymundo Ottoni de Castro Maya, 22 dez. 1949. MAMIII, pasta 69, doc. 11. Arquivos da Fundação Castro Maya.

Rodrigo Melo Franco de Andrade a Raymundo Ottoni de Castro Maya, 12 maio 1950. MAMIII, pasta 69, doc. 15. Arquivos da Fundação Castro Maya.

Rodrigo Melo Franco de Andrade a Raymundo Ottoni de Castro Maya, 23 fev. 1951. MAMIII, pasta 69, doc. 26. Arquivos da Fundação Castro Maya.

San Tiago Dantas a Niomar Moniz Sodré, 10 set. 1951. MAMIII, pasta 69, doc. 47. Arquivos da Fundação Castro Maya.

San Tiago Dantas a Raymundo Ottoni de Castro Maya, 26 maio 1951. MAMIII, pasta 69, doc. 32. Arquivos da Fundação Castro Maya.

San Tiago Dantas a Raymundo Ottoni de Castro Maya, 27 dez. 1952. MAMIII, pasta 69, doc. 63. Arquivos da Fundação Castro Maya.

William Burden a Alfred Barr Jr., 7 jan. 1955. Coleção D'Harnoncourt, série VI, pasta 49. Arquivos da Fundação Rockefeller.

CATÁLOGOS DE EXPOSIÇÕES

Museu de Arte Moderna. Rio de Janeiro:
Pintura europeia contemporânea, 1949.
Mandello, 1952a. Fotografia.
Museu de Arte Moderna do Rio de Janeiro, 1952b. Exposição permanente
Natal de 1952, 1952c. Exposição de pintura de crianças.
Exposição de Fernando Lemos e Eduardo Anahory, 1953a.
Gravuras modernas da Iugoslávia, 1953b.
II Bienal de São Paulo, 1953c. São Paulo.
Jovens pintores portugueses modernos, 1953d.
Miserere de Rouault, 1953e.
Museu de Arte Moderna do Rio de Janeiro, 1953f. Exposição permanente.
Painéis decorativos, 1953g.
Artistas modernos de Israel, 1954a.
Brasilianische architektur (Viena), 1954b.
Lurçat: tapeçarias, pinturas, guaches, cerâmicas, 1954c.
Modernos italianos, 1954d.
Artistas canadenses, 1955a.
E. Georg, 1955b.
Espace, 1955c.
Fléxor, 1955d.
Grupo Frente — Segunda mostra coletiva, 1955e.
Litografia artística inglesa, 1955f.
Pancetti, 1955g.
Arte alemã contemporânea, 1956a.
Burle Marx, 1956b.
Dois artistas peruanos, 1956c.
Tapeçarias abstratas, 1956d.
Museu de Arte Moderna do Rio de Janeiro, 1956/1957a. Exposição permanente.
Quatre graveurs brèsiliens (Lausanne), 1956/1957b.
Maria Freire e José Castigliolo: Uruguai, 1957a.
Millôr Fernandes, 1957b. Desenho humorístico
Stanley William Hayter, 1957c.
VI exposição de pintura de crianças, 1957d.
Volpi: retrospectiva, 1957e.
Aloísio Magalhães, 1958a. Pintura e arte gráfica.
Antuñez, 1958b.
Ballet triádico: Oscar Schlemmer, 1958c.
Finlândia: arte decorativa, 1958d.

Friedl Loos, 1958e.
Teatro da Áustria, 1958f.
André Bloch, 1959a.
Ausstellung Brasilianischer Kunstler (Viena), 1959b.
Calder, 1959c.
Espaço e cor na pintura espanhola de hoje, 1959d.
Georges Mathieu, 1959e.
I Exposição neoconcreta, 1959f.
Ione Saldanha, 1959g.
Johny Friedlander, 1959h. Gravura.
Milton Dacosta, 1959i.
Pinturas dos alunos do curso de iniciação e orientação de Zélia Salgado, 1959j.

MUSEUM OF MODERN ART. NOVA YORK:
19 Living American artists, 1929.
Cubism and abstract art, 1936.
Brazil builds, 1943.
Painting and sculpture in the Museum of Modern Art, 1948.
Klee, 1949a.
Modern art in your life, 1949b.
Texture and pattern, 1949c.
Twentieth-century Italian art, 1949d.
Soutine, 1950.
Abstract painting and sculpture in America, 1951a.
Alexander Calder, 1951b.
15 Americans, 1952a.
Les fauves, 1952b.
Picasso: his graphic art, 1952c.
Vennice Biennial, 1954.
De David à Toulouse Lautrec, 1955a.
International Exhibition of painters under 35, 1955b. Arquivos do MoMA, pasta ICE F-26-55.
12 Americans, 1956a.
Jackson Pollock, 1956b.
Modern art in the United States, 1956c.
Recent drawings USA, 1956d.
Picasso, 1957a.
Pollock, 1957b.
Jackson Pollock, 1958. Arquivos do MoMA, documentação de Alfred Barr Jr., série V, pasta 35.

16 Americans. Nova York, 1959a.
Recent sculpture USA. Nova York, 1959b.

DIVERSAS

ABSOLUTE Charter of the Museum of Modern Art, 19 mar. 1931. New York: Suny, 1931.
A CAMPANHA do Museu nos EE.UU. *Correio da Manhã,* Rio de Janeiro, 3 jan. 1958.
A CINEMATECA. *Bulletin of the Museum of Modern Art,* New York, Fall 1956.
A ESPANHA condecorou a diretora do Museu de Arte Moderna. *Correio da Manhã,* Rio de Janeiro, 23 jan. 1959.
AMERICANOS unem-se a brasileiros para a concretização do Museu de Arte Moderna. *O Dia,* Rio de Janeiro, 12 jan. 1958.
ANDRADE, Oswald de. *Boletim do Museu de Arte Moderna.* Rio de Janeiro, abr./mar. 1953. Matéria publicada no *Diário Carioca,* 18 jan. 1953.
ANNUAL REPORT. *Bulletin of the Museum of Modern Art,* New York, Winter 1948.
A OPINIÃO de Portinari sobre a Bienal. *Correio da Manhã,* 9 set. 1951. Primeiro caderno, última página.
APRESENTAÇÃO do registro de título do Museu de Arte Moderna ao Departamento Nacional de Propriedade Industrial, 24 set. 1947. MAMIII, pasta 70, doc. 1. Arquivos da Fundação Castro Maya.
ARTE concretista vai escalar a montanha. *Tribuna da Imprensa,* Rio de Janeiro, mar. 1956.
ARTES plásticas: o Grupo Frente expõe pela primeira vez. *Tribuna da Imprensa,* Rio de Janeiro, 19 jun. 1954.
BARATA, Mario. *O Museu de Arte Moderna.* Rio de Janeiro: MAM, 1952.
BARR JR., Alfred. *Advisory Committee Report on Museum Collections.* New York: MoMA, 1941.
_____. *What is modern painting?* New York: MoMA, 1943.
BIDDLE, George. *Memorandum on the advisability of convening a congress of artists, writers, etc. from the 21 American Republics,* 23 dez. 1942. Coleção D'Harnoncourt, série II, pasta 1. Arquivos da Fundação Rockefeller.
BRAZILIAN museum is a woman's dream come true. *Correio da Manhã,* Rio de Janeiro, 7 jan. 1958.
CARVÃO, Aluísio. Depoimento. *O Globo,* 27 jun. 1990.
CASTRO MAYA, Raymunfo Ottoni. Introdução. In: MUSEU DE ARTE MODERNA. *Pintura europeia contemporânea,* Rio de Janeiro, 1949. Catálogo de exposição.

CAVALCANTI, Carlos. Castro Maya e seu museu moderno. *Diário da Noite*, Rio de Janeiro, 8 mar. 1951. MAMIII, pasta 69, doc. 28. Arquivos da Fundação Castro Maya.

COLABORAÇÃO artística de brasileiros e norte-americanos. *Correio da Manhã*, Rio de Janeiro, 2 fev. 1952.

CREATIVE Art. *Bulletin of the Museum of Modern Art*, New York, Fall 1946.

DETALHAMENTO do processo de cessão do terreno no aterro do Flamengo para o Museu de Arte Moderna do Rio de Janeiro. MAM, pasta 1954. Arquivos do Museu de Arte Moderna do Rio de Janeiro.

ESPÍRITO da arte moderna. In: MUSEU DE ARTE MODERNA. *Pintura europeia contemporânea*. Rio de Janeiro, 1949. Catálogo de exposição.

EXEMPLO de mulher às mulheres. *Jornal do Brasil*, Rio de Janeiro, 29 jan. 1958.

FALOU o senhor Flávio Guimarães a propósito da I Bienal de São Paulo. *Jornal do Brasil*, Rio de Janeiro, 6 out. 1951. Primeiro caderno, seção Senado Federal.

GOODYEAR, Conger. The Museum of Modern Art. *Creative Art*, New York, dez. 1931.

_____ . *Theory and contents of an ideal fundamental collection*. 1933. Coleção Alfred Barr Jr., série 9a, pasta 7. Arquivos do Museu de Arte Moderna de Nova York.

GRUPO Frente no IBEU. *Correio da Manhã*, Rio de Janeiro, 30 jun. 1954.

HOMENAGEM das mais importantes feita ao Museu de Arte Moderna. *Correio da Manhã*, Rio de Janeiro, 13 ago. 1959.

HUNTER, Sam. Jackson Pollock. *Bulletin of the Museum of Modern Art*, Winter, 1956-1957.

I EXPOSIÇÃO Nacional de Arte Concreta. *Arquitetura e Decoração*, Belo Horizonte, n. 20, dez. 1956.

INAUGURADO ontem o Museu de Arte Moderna do Rio de Janeiro. In: *Boletim do Museu de Arte Moderna*, Rio de Janeiro, mar./abr. 1953. Matéria publicada no *Correio da Manhã*, 16 jan. 1952.

INICIATIVA de alto sentido cultural: a criação do Museu de Arte Moderna do Rio. *Correio da Manhã*, Rio de Janeiro, 3 maio 1949.

INVENTÁRIO de exposições (1949-2004). Arquivos do Museu de Arte Moderna do Rio de Janeiro.

IV BIENAL de São Paulo — 1957. Press release. Coleção International Circulating Exhibitions, série 32, pasta 57. Arquivos do Museu de Arte Moderna de Nova York.

JEAN, Yvonne. O desenvolvimento dos museus de arte no país. *Correio da Manhã*, Rio de Janeiro, 15 jun. 1951a.

_____. O Museu de Arte Moderna do Rio: Raymundo Castro Maya fala no futuro do museu e relembra atividades passadas. *Correio da Manhã*, Rio de Janeiro, 12 ago. 1951b.

JOÃO Carlos Vital, benemérito do Museu. *Boletim do Museu de Arte Moderna*, Rio de Janeiro, mar./abr. 1953.

KIRSTEN, Lincoln. *The Latin American collection of the MoMA*. New York: MoMA, 1943.

KUBITSCHEK falou sobre arte no Jóquei Clube. *O Estado de S. Paulo*, São Paulo, 22 set. 1959. Primeiro caderno, p. 6.

LOUVOR do Legislativo ao Museu de Arte Moderna. *Boletim do Museu de Arte Moderna*, Rio de Janeiro, nov. 1952.

MAURÍCIO, Jayme. No Museu de Arte Moderna: gente moça renovando a paisagem artística. *Correio da Manhã*, Rio de Janeiro, 15 jul. 1955.

_____. Festiva reunião oferecida por Raymundo de Castro Maya. *Correio da Manhã*, Rio de Janeiro, 1 fev. 1958.

_____. Um povo constrói um museu para um povo. *Correio da Manhã*, Rio de Janeiro, 30 jul. 1959.

MISSÃO civilizadora da arte. *Correio da Manhã*, Rio de Janeiro, 28 jan. 1958.

MUSEU brasileiro é um sonho de mulher transformado em realidade. *Correio da Manhã*, Rio de Janeiro, 1953.

MUSEU de Arte Moderna honra a capacidade de realização do homem moderno no Brasil. *Correio da Manhã*, Rio de Janeiro, 2 abr. 1959.

MUSEUM OF MODERN ART. *An effort to secure [U]S$ 3.250.000 for the Museum of Modern Art*. New York: MoMA, 1931. Official statement.

_____. *Proposed 20th anniversary exhibitions*. New York: MoMA, 1948. Relatório.

NEW acquisitions in american painting. *Bulletin of the Museum of Modern Art*, New York, spring 1944.

NIOMAR Bittencourt, proprietária do *Correio da Manhã*, 87 anos. *O Globo*, Rio de Janeiro, 1 nov. 2003.

OBRA gigantesca fará do nosso país o maior centro cultural. *Correio da Manhã*, Rio de Janeiro, 25 fev. 1959.

O GRUPO Frente expõe pela primeira vez. *Tribuna da Imprensa*, Rio de Janeiro, 19 jun. 1954. Artes plásticas.

O GRUPO Frente quer levar a arte concreta ao interior. *Tribuna da Imprensa*, Rio de Janeiro, mar. 1956.

O GRUPO Frente: sua segunda exposição. *Visão*, São Paulo, v. 7. n. 3, p.34, 5 ago. 1955.

O MINISTRO do Comércio da Grã-Bretanha no Museu de Arte Moderna. *Correio da Manhã*, Rio de Janeiro, 10 abr. 1958.

O MUSEU de Arte Moderna. *Correio da Manhã*, Rio de Janeiro, 23 jan. 1949.

O MUSEU de Arte Moderna do Rio — Raymundo Castro Maya fala no futuro do museu e relembra atividades passadas. *Correio da Manhã*, Rio de Janeiro, 12 ago. 1951. Última página.

O PÚBLICO questionador. *Bulletin of the Museum of Modern Art*, New York, Fall 1947.

PARECER sobre a reforma dos estatutos do Museu de Arte Moderna, 1950. MAMIII, pasta 69, doc. 17. Arquivos da Fundação Castro Maya.

PECHMANN, G. V. *Bericht uber den Plan des Forschungsinstitutes und die Hochschule für Gestaltung*. Ulm, 27 jun. 1951. Höchschule fur Gestaltung Archive.

PROVISIONAL Charter of the Museum of Modern Art, 19 Sept. 1929. New York: Suny, 1929.

QUEREMOS uma arte de vanguarda. *Tribuna da Imprensa*, Rio de Janeiro, 30 jun. 1954. Coluna Artes plásticas.

REBELO, Marques. O começo do museu. *Última Hora*, Rio de Janeiro, 15 fev. 1952a. Conversa do dia.

_____. Intermezzo do museu. *Última Hora*, Rio de Janeiro, 26 fev. 1952b. Conversa do dia.

RELATÓRIO de atividades do Museu de Arte Moderna, 1949/1950. MAMIII, pasta 70, doc. 19. Arquivos da Fundação Castro Maya.

REPORT on international activities of the Museum of Modern Art, 1952-1956. Coleção International Circulating Exhibitions, série VI, pasta 71. Arquivos do Museu de Arte Moderna de Nova York.

SOBY, James Thrall. The museum of modern art. *Bulletin of the Museum of Modern Art*, New York, Spring 1947.

SÓLIDA ponte entre o Brasil e os Estados Unidos. *O Jornal*, Rio de Janeiro, 3 jan. 1958.

THE DEPARTMENT of industrial design. *Bulletin of the Museum of Modern Art*, New York, Fall 1951.

THE MUSEUM of Modern Art: a new institution for NY. New York: MoMA, 1929. Brochura.

THE NEW american painting. New York: MoMA, 1957.

THE NEW american painting as shown in eight European countries. New York: MoMA, 1959.

THIRD International Contemporary Art Exhibition. New York: MoMA, 1957.

TODAS as tendências terão lugar na nova sede do Museu de Arte Moderna. *Correio da Manhã*, Rio de Janeiro, 1958.

TWENTY-FIFTH anniversary ceremonies. New York: MoMA, 1954.

UMA MULHER por trás do mais ambicioso projeto de arte. *Correio da Manhã*, Rio de Janeiro, 3 jun. 1958.

VALLADARES, José. *Museus para o povo*. Salvador: Publicações do Museu do Estado da Bahia, 1946.

WHAT they said: postscript to art criticism. For the benefit of the Museum of Modern Art on its 20th anniversary. New York: MoMA, 1949.

Bibliografia específica

AMARAL, Aracy. *Projeto construtivo na arte: 1950-1962*. Rio de Janeiro: MAM, 1977.

_____. Mário Pedrosa: um homem sem preço. In: MARQUES NETO, José Castilho (Org.). *Mário Pedrosa e o Brasil*. São Paulo: Fundação Perseu Abramo, 2001.

AMARANTE, Leonor. *As bienais de São Paulo*: 1951 a 1987. São Paulo: Projeto, 1989.

A PINTURA me envolve de forma permanente. *O Estado de S. Paulo*, São Paulo, 13 jan. 1996.

ARANTES, Otília Beatriz Fiori. Mário Pedrosa e a tradição crítica. In: MARQUES NETO, José Castilho (Org.). *Mário Pedrosa e o Brasil*. São Paulo: Fundação Perseu Abramo, 2001.

_____. *Mário Pedrosa*: itinerário crítico. São Paulo: CosacNaify, 2004.

ARRUDA, Maria Arminda do Nascimento. *Metrópole e cultura*: São Paulo no meio do século XX. São Paulo: Edusc, 2001.

BANDEIRA, João. *Arte concreta paulista*: documentos. São Paulo: CosacNaify, 2002.

BRÉSIL. *L'Architecture d'Aujourd'hui*, Paris, n. 359, juil./août 2005.

BUCHSTEINER, Thomas et al. *Max Bill*: maler, bildhauer, architekt, designer. Ostfildern: Hatje Cantz, 2005.

CAMPOS, Haroldo de. Prefácio. In: RAMOS, Guerreiro. *A redução sociológica*. Rio de Janeiro: UFRJ, 1996.

CANONGIA, Ligia. *Concretismo e neoconcretismo*: abstração geométrica 1. São Paulo: Funarte, 1987.

CAVALCANTI, Lauro. *Quando o Brasil era moderno, 1928-1960*. Rio de Janeiro: Aeroplano, 2001.

CINTRÃO, Rejane; NASCIMENTO, Ana. *Grupo Ruptura*: arte concreta paulista. São Paulo: CosacNaif, 2002.

COCCHIARALE, Fernando; GEIGER, Anna Bella. *Abstracionismo geométrico e informal*. A vanguarda brasileira nos anos cinquenta. Rio de Janeiro: Funarte, 1987.

COCKROFT, Eva. Abstract expressionism, weapon of the Cold War. *Artforum*, June 1974.

CORRÊA, Flávia Rocha Bessone. *De coadjuvantes a protagonistas*: a trajetória de três mulheres que trocaram os salões de sociedade pelo controle de grandes jornais brasileiros nas décadas de 50 e 60. Dissertação (Mestrado em História) — Programa de Pós-Graduação em História Social da Cultura, Pontifícia Universidade Católica, Rio de Janeiro, 2001.

DEL CARMEM ZÍLIO, Maria. *O Museu de Arte Moderna do Rio de Janeiro*. São Paulo: Banco Safra, 1999.

DURAND, José Carlos. *Arte, privilégio e distinção*. São Paulo: Perspectiva, 1989.

FLEXA RIBEIRO, Carlos. Discurso proferido no seminário de estudos da Unesco sobre a função educativa dos museus, em setembro de 1958. *Boletim do Museu de Arte Moderna*. Rio de Janeiro, jan. 1959.

FORMIGA, Tarcila. *Instituto Brasil-Estados Unidos*: uma experiência no campo artístico carioca. Projeto para dissertação de mestrado. Rio de Janeiro, 2006. ms.

FRASCINA, Francis. A política da representação. In: _____. (Org.). *Modernismo em disputa*: a arte desde os anos 40. São Paulo: CosacNaify, 1998.

FUNDAÇÃO CASTRO MAYA. Site oficial. Disponível em: <www.museuscastromaya.com.br>. Acesso em: 15 nov. 2006.

GOLDWATER, Robert. Modern art in your life. *Bulletin of the Museum of Modern Art*, New York, Winter 1949-1950.

GULLAR, Ferreira. *Etapas da arte contemporânea*: do cubismo à arte neoconcreta. 3. ed. Rio de Janeiro: Revan, 1999.

_____. *Cultura posta em questão, vanguarda e subdesenvolvimento*: ensaios sobre arte. Rio de Janeiro: José Olympio, 2002.

HARRIS, Jonathan. Modernismo e cultura nos Estados Unidos, 1930-1960. In: FRASCINA, Francis (Org.). *Modernismo em disputa*: a arte desde os anos 40. São Paulo: Cosac e Naify, 1998.

HUNTER, Sam. *The Museum of Modern Art, New York*: the history and the collection. New York: Abrams, 1984.

IVAN Serpa morre aos 50 anos vítima de derrame cerebral. *Jornal do Brasil*, Rio de Janeiro, 20 abr. 1973. Primeiro caderno, p. 10.

KAMITA, João Masao. *Experiência moderna e ética construtiva*: a arquitetura de Affonso Eduardo Reidy. Rio de Janeiro: PUC, 1994.

KRAMER, Hilton. Jackson Pollock & the New York School. *The New Criterion*, New Jersey, v. 17, n. 5, 1999.
LEGGIO, James. Alfred Barr Jr., as a writer of allegory. In: ELDERFIELD, John (Ed.). *The Museum of Modern Art at mid-century*: continuity and change. New York: MoMA, 1995. Studies in Modern Art. v. 5.
LEMBRANÇAS do futuro — parte II. Direção: Ana Maria MAGALHÃES. Fotografia: Dib Lufti. Música: maestro Luiz Cláudio Ramos. Narração: Paulo Betti Rio de Janeiro: Nova Era Produções de Arte, 2005 (104 min). Documentário para TV sobre Affonso Eduardo Reidy.
LEVENSON, Jay. O MoMA e a cidade de Nova York. In: SEMINÁRIO MUSEUS: PONTES ENTRE CULTURAS. *Anais...* Rio de Janeiro, 2005.
LOURENÇO, Maria Cecília França. *Museus acolhem o moderno.* São Paulo: Edusp, 1999.
LYNES, Russell. *Good old modern*: an intimate portrait of the Museum of Modern Art. New York: Atheneum, 1973.
MACHADO, Hilda. *Laurinda Santos Lobo*: mecenas, artistas e outros marginais em Santa Teresa. Rio de Janeiro: Casa da Palavra, 2002.
MAFRA DE SOUZA, Alcídio. O Museu Nacional de Belas Artes. São Paulo: Banco Safra, 1985.
MAGALHÃES, Ana Maria. *Lembrança do futuro. Parte II.* Documentário. Rio de Janeiro: Nova Era produções de arte, 2005.
MESSER, Helaine Ruth. *Museum in search of an image.* New York: Columbia University, 1979.
MILLIET, Maria Alice. Ferreira Gullar. *Guia das Artes*, São Paulo, n. 3, p. 91-99, 1989.
MORAIS, Frederico. Quando a pintura toma novo impulso. *O Globo*, Rio de Janeiro, 5 nov. 1982. Segundo caderno.
MORGAN, Carol. From modernist utopia to Cold War reality. In: ELDERFIELD, John (Ed.). *The Museum of Modern Art at mid-century*: continuity and change. New York: MoMA, 1995. Studies in Modern Art. v. 5.

MOURA, Gerson. *Tio Sam chega ao Brasil.* São Paulo: Brasiliense, 1985.
MUSEU DE ARTE MODERNA DO RIO DE JANEIRO. Site oficial. Disponível em: <www.mamrio.org.br>. Acesso em: 24 jan. 2007.
NO ATELIÊ: Aluísio Carvão, metamorfose ambulante. *O Globo*, Rio de Janeiro, 27 jun. 1990. Segundo caderno, p. 1.
NOBRE, Ana Luiza. *Carmem Portinho.* Rio de Janeiro: Relume Dumará, 1999.
_____. A Esdi e a estruturação do meio do design no Brasil. In: III SEMINÁRIO DE SOCIOLOGIA DA CULTURA E DA IMAGEM, 2006, Rio de Janeiro. *Anais...* Rio de Janeiro: Nusc/UFRJ, 2006.

PARADA, Maurício. *A fundação do Museu de Arte Moderna do Rio de Janeiro*: a elite carioca e as imagens da modernidade no Brasil dos anos 50. Rio de Janeiro: PUC, 1993.

PEDROSA, Mário. *Dos murais de Portinari aos espaços de Brasília*. São Paulo: Perspectiva, 1981.

_____. *Mundo, homem, arte em crise*. 2. ed. São Paulo: Perspectiva, 1986.

_____. *Acadêmicos e modernos*. São Paulo: Edusp, 1998.

POHL, Francis. An American in Venice: Ben Shahn and United States foreign policy at the 1954 Venice Biennale or portrait of the artist as an American liberal. *Art History*, Massachusetts, v. IV, n. 3. 1981.

POUGY, Alice. *Cinemateca do MAM e os cineclubes do Rio de Janeiro*: formação de uma cultura cinematográfica na cidade. Rio de Janeiro: PUC, 1996.

RAMOS, Guerreiro. *A redução sociológica*. Rio de Janeiro: UFRJ, 1996.

RIBEIRO, Rosa Maria Costa. A arquitetura moderna, a cidade e a história. In: GUIMARÃES, Cêça (Org.). *Arquitetura e movimento moderno*. Rio de Janeiro: UFRJ, 2006.

ROOB, Rona. James Thrall Soby. In: ELDERFIELD, John (Ed.). *The Museum of Modern Art at mid-century*: continuity and change. New York: MoMA, 1995. Studies in Modern Art. v. 5.

SANT'ANNA, Sabrina Parracho. Pecados de heresia: trajetória do concretismo carioca. Dissertação (Mestrado em Sociologia com ênfase em Antropologia) — Programa de Pós-Graduação em Sociologia e Antropologia, Universidade Federal do Rio de Janeiro, Rio de Janeiro, 2004.

_____. Neoconcretismo e sociabilidade. *Trapézio*, Campinas, v. 5/6, 2005a.

_____. O MAM carioca como projeto de modernidade. *Caderno CRH*, v. 18, n. 44, 2005b.

_____. O Museu de Arte Moderna e a trajetória do concretismo carioca. *Estudos Históricos*, Rio de Janeiro, v. 38, p. 33-48, 2006a.

_____. Rio de Janeiro, Nova York e os museus de arte moderna. In: II SEMINÁRIO PRO ARTE. *Anais...* Teresópolis, 2006b.

SATTERWAIT, A. *The Museum of Modern Art*: building for the future. New York: MoMA, 1998.

SHAPIRO, Cecile; SHAPIRO, David. *Abstract expressionism, a critical record*. Cambridge: Cambridge University Press, 1990.

SIMMEL, Georg. El Cruce de los Círculos Sociales. In: _____. *Sociología. Estudios sobre las Formas de Socialización*. vol. 2. Madrid: Alianza Universidad, 1972.

SIQUEIRA, Vera Beatriz Cordeiro. *A riqueza pelas coisas*: a coleção de Raymundo Ottoni de Castro Maya. Tese (Doutorado em História Social) — Programa de Pós-Graduação em História Social, Universidade Federal do Rio de Janeiro, Rio de Janeiro, 1999.

VARNEDOE, Kirk. The Evolving Torpedo: changing ideas of the collection of painting and sculpture of the Museum of Modern Art. In: ELDERFIELD, John (Ed.). *The Museum of Modern Art at mid-century*: continuity and change. New York: MoMA, 1995. Studies in Modern Art. v. 5.

VENÂNCIO FILHO, Paulo et al. Dossiê Lygia Pape. *Arte & Ensaio*, Rio de Janeiro, ano V, n. 5, p. 7-16, 1998.

VILLAS BÔAS, Glaucia. A experiência concretista e a estética do modernismo: o ateliê do Engenho de Dentro. In: 30º ENCONTRO ANUAL DA ANPOCS. *Anais*... Caxambu, 2006a.

Bibliografia complementar

ABREU, Regina. O diálogo entre intelectuais franceses e brasileiros e a fundação de museus etnográficos no Brasil: uma contribuição aos estudos sobre circulação internacional e formação de escolas de pensamento no campo da memória social, dos museus e do patrimônio cultural. In: 31º ENCONTRO ANUAL DA ANPOCS. *Anais*.... Caxambu, 2007.

ADES, Dawn. Os artistas viajantes, a paisagem e representações do Brasil. *Redescoberta*, Rio de Janeiro, Paço Imperial/MinC Iphan, p. 14-21, set./nov. 1999.

ADORNO, Theodor. Museu Valéry Proust. In: _____. *Prismas*. São Paulo: Ática, 1998.

ALTHUSSER, L. P. *Os aparelhos ideológicos de Estado*. Rio de Janeiro: Graal, 1998.

APPADURAI, Arjun. *Modernity at large, cultural dimensions of globalization*. Minneapolis: University of Minnesota Press, 1996.

BAUDELAIRE, Charles. *Sobre a modernidade*. São Paulo: Paz e Terra, 2002.

BAUDRILLARD, Jean. *A sociedade de consumo*. Lisboa: Edições 70, 1981.

BAUMAN, Zigmunt. *O mal-estar da pós-modernidade*. Rio de Janeiro: Jorge Zahar, 1998.

BECKER, Howard. *Art worlds*. Berkeley: University of California Press, 1982.

BELLUZZO, Ana Maria de Moraes. Os surtos modernistas. In: _____. (Org.). *Modernidade*: vanguardas artísticas na América Latina. São Paulo: Unesp, 1990.

BENDIX, Reinhard. *Construção nacional e cidadania*. São Paulo: Edusp, 1996.
BENJAMIN, Walter. Paris, capital do século XIX. In: KOTHE, Flávio (Org.). *Walter Benjamin*: sociologia. São Paulo: Ática, 1985.
_____. A obra de arte na época de sua reprodutibilidade técnica. In: _____. *Obras escolhidas*. São Paulo: Brasiliense, 1987. v. 1.: Magia e técnica, arte e política.
BENNET, Tony. *The birth of the museum*: history, theory, politics. London: Routledge, 1995.
BERGSON, Henri. *Matéria e memória*. São Paulo: Martins Fontes, 1999.
BERMAN, Marshall. *Tudo que é sólido desmancha no ar*: a aventura da modernidade. São Paulo: Companhia das Letras, 1987.
BOTELHO, André. *O Brasil e os dias*: Estado-nação, modernismo e rotina intelectual. Bauru: Edusc, 2005.
BOURDIEU, Pierre. Algumas propriedades dos campos. In: _____. *Questões de sociologia*. Rio de Janeiro: Marco Zero, 1983.
_____. *La distinction*: critique sociale du jugement. Paris: Les Éditions de Minuit, 1996.
_____. *As regras da arte*. São Paulo: Companhia das Letras. 2002.
BÜRGER, Peter. *The theory of the avant-garde*. Minneapolis: University of Minnesota Press, 1974.
CANCLINI, Néstor García. La modernidad después de la posmodernidad. In: BELLUZZO, Ana Maria de Moraes (Org.). *Modernidade*: vanguardas artísticas na América Latina. São Paulo: Unesp, 1990.
CLIFFORD, J. On ethnographic surrealism. In: _____. *The predicament of culture*: twentieth-century ethnography, literature and art. Cambridge: Harvard UP, 1988a.
_____. On ethnographic authority. In: _____. *The predicament of culture*: twentieth-century ethnography, literature and art. Cambridge: Harvard UP, 1988b.
CÔRTES, Norma. Antimímeses: despojamento, diálogo, democracia. *Estudos Históricos*, Rio de Janeiro, n. 30, p. 91-109, 2002.
CRIMP, Douglas. *On the museum's ruins*. London: Massachusetts Institute of Technology, 1993.
DABUL, Lígia. *Um percurso da pintura*: a produção de identidades de artista. Niterói: Eduff, 2001.
DOMINGUES, José Maurício. Desenvolvimento, modernidade e subjetividade. In: VILLAS BÔAS, Gláucia; MAIO, Marcos Chor (Orgs.). *Ideais de modernidade e sociologia no Brasil*. Porto Alegre: UFRGS, 1999.
DOMOSH, Mona. *Invented cities*: the creation of landscape in nineteenth-century. New York and Boston. New Haven: Yale University Press, 1995.

DRESDNER, Albert. *La genèse de la critique d'art*. Paris: École Nationale des Beaux-Arts, 2005.

ELIAS, Norbert. *O processo civilizador*. Rio de Janeiro: Jorge Zahar, 1990. v. 1.

_____. *Os estabelecidos e os outsiders*. Rio de Janeiro: Jorge Zahar, 2000.

_____. *A sociedade de corte*. Rio de Janeiro: Jorge Zahar, 2001.

ELSTER, Jon. *Peças e engrenagens nas ciências sociais*. Rio de Janeiro: Relume Dumará, 1994.

FABRIS, Annateresa. A questão futurista no Brasil. In: BELLUZZO, Ana Maria de Moraes (Org.). *Modernidade*: vanguardas artísticas na América Latina. São Paulo: Unesp, 1990.

FOSTER, Hal. The primitive unconcious of modern art, or white skins in black masks. In: _____. *Recodings*: art, spectacle, cultural politics. Seattle: Bay Press, 1985.

FOUCAULT, Michel. Os intelectuais e o poder. In: _____. *Microfísica do poder*. Rio de Janeiro: Graal, 1999.

FUNDAÇÃO DARCY RIBEIRO. Site oficial. Disponível em: <www.fundar.org.br/darcy_antropologia_musindio_1.htm>. Acesso em: 12 jun. 2007.

GENET-DELACROIX, Marie Claude. Académisme et avant-garde dans la peinture française au XIXème siècle. In: DUCLERT, Vincent et al. (Org.). *Avenirs et avant-gardes en France*: XIXème-XXème siècles. Hommage à Madeleine Rebérioux. Paris: La Découverte, 1999.

GIDDENS, Anthony. *As consequências da modernidade*. São Paulo: Unesp, 1991.

GOLDWATER, Robert. *Primitivism in modern painting*. New York: Harper and Brothers, 1938.

GONÇALVES, José Reginaldo S. *A retórica da perda*: os discursos do patrimônio cultural no Brasil. Rio de Janeiro: UFRJ/Iphan, 2002a.

_____. Monumentalidade e cotidiano: os patrimônios culturais como gênero de discurso. In: OLIVEIRA, Lúcia Lippi. Cidade: história e desafios. Rio de Janeiro: FGV, 2002b.

HABERMAS, Jürgen. *O discurso filosófico da modernidade*. São Paulo: Martins Fontes, 2000.

HALBWACHS, Maurice. *La topographie légendaire des évangiles en terre sainte*. Paris: PUF, 1971.

_____. *A memória coletiva*. Rio de Janeiro: Vértice, 1990.

HASKELL, Francis. *Mecenas e pintores*: arte e sociedade na Itália barroca. São Paulo: Edusp, 1997.

HEINICH, Nathalie. *La gloire de Van Gogh*: essai d'anthropologie de l'admiration. Paris: Éditions de Minuit, 1991.

HOLANDA, Sérgio Buarque de. *Raízes do Brasil*. São Paulo: Companhia das Letras, 2004.

HOUAISS, Antonio (Ed.). *Dicionário Houaiss de sinônimos e antônimos da língua portuguesa*. Rio de Janeiro: Objetiva, 2003.

HUYSSEN, Andreas. *Memórias do modernismo*. Rio de Janeiro: UFRJ, 1997.

_____. *Seduzidos pela memória*. Rio de Janeiro: Aeroplano, 2000.

JAMESON, Fredric. *Pós-modernismo*: a lógica cultural do capitalismo tardio. São Paulo: Ática, 2002.

KOSELLECK, Reinhart. *Futuro pasado. Para una semántica de los tiempos históricos*. Barcelona: Paidós Ibérica, 1993.

_____. Les monuments aux morts comme fondateurs de l'identité des survivants. *Revue de Métaphysique et de Morale*, Paris, n. 1, p. 33-61, jan./mars 1998.

_____. *Crítica e crise*. Rio de Janeiro: Eduerj/Contraponto, 1999.

LATOUR, Bruno. *Jamais fomos modernos*. Rio de Janeiro: Editora 34, 2005.

LUKÁCS, Georg. *História e consciência de classe*. Porto: Elfos, 1974.

LYOTARD, Jean-François. *A condição pós-moderna*. Rio de Janeiro: José Olympio, 1998.

MANN, Michael. Estados-nacionais na Europa e noutros continentes: diversificar, desenvolver, não morrer. In: BALAKRISHNAN, Gopal (Org.). *Um mapa da questão nacional*. Rio de Janeiro: Contraponto, 2000. p. 311-334.

MANNHEIM, Karl. O problema da 'intelligentsia'. Um estudo de seu papel no passado e no presente. In: _____. *Sociologia da cultura*. São Paulo: Perspectiva, 2001.

MARINETTI, Filippo Tommaso. Manifesto futurista. In: MENDONÇA TELLES, Gilberto (Org.). *Vanguarda europeia e modernismo brasileiro*. Petrópolis: Vozes, 1972.

MAUSS, Marcel. Ensaio sobre a dádiva. Forma e razão da troca nas sociedades arcaicas. In: _____. *Sociologia e antropologia*. São Paulo: EPU/Edusp, 1974.

MELLO, Thiago de. O Museu de Arte Moderna e Niomar Moniz Sodré. *Diário Carioca*, Rio de Janeiro, 15 jan. 1953.

MICELI, Sérgio. Prefácio: modernidade precária. In: ARRUDA, Maria Arminda do Nascimento. *Metrópole e cultura*: São Paulo no meio do século XX. Bauru: Edusc, 2001.

_____. *Nacional estrangeiro*: história social e cultural do modernismo artístico em São Paulo. São Paulo: Companhia das Letras, 2003.

MILLS, Wright. *A elite do poder*. Rio de Janeiro: Zahar, 1968.

MITCHELL, Timothy. The world as exhibition. *Comparative Studies in Society and History*, v. 31, n. 2, p. 217-236, Apr. 1989.

MULKAY, Michael. Science and the wider society. In: _____. *Science and the sociology of knowledge*. London: George Allen and Unwin, 1979.

NORA, Pierre. *Entre histoire et memoire*: les lieux de memoire. Paris: Gallimard, 1986. v. 1: La république.

NOVAIS, Fernando; CARDOSO DE MELLO, João Manuel. Capitalismo tardio e sociabilidade moderna. In: SCHWARCZ, Lilia Moritz. *História da vida privada no Brasil*. 3. reimp. São Paulo: Companhia das Letras, 2004. v. 4.

OLIVEIRA, Márcio de. *Brasília*: o mito na trajetória da nação. Brasília: Paralelo 15, 2005.

ORTIZ, Renato. *A moderna tradição brasileira*: cultura brasileira e indústria cultural. São Paulo: Brasiliense, 2001.

PANOFSKY, Erwin. *Significado nas artes visuais*. São Paulo: Perspectiva, 1979.

PARETO, Vilfredo. Tratado de sociologia geral. In: RODRIGUES, José Albertino (Org.). *Vilfredo Pareto*: sociologia. São Paulo: Ática, 1984.

PEVSNER, Nikolaus. *Academias de arte*: passado e presente. São Paulo: Companhia das Letras, 2005.

POGGIOLI, Renato. *The theory of the avant-garde*. Massachusetts: Harvard University Press, 1968.

POMIAN, Krzysztof. *Collectors and curiosities*: Paris and Venice, 1500-1800. London: Polity Press, 1990.

PONTES, Heloisa. Cidades e intelectuais: os "nova-iorquinos" da *Partisan Review* e os "paulistas" de *Clima* entre 1930 e 1950. *Revista Brasileira de Ciências Sociais*, São Paulo, v. 18, n. 53, out. 2003.

RUBIN, William S. Modernist primitivism: an introduction. In: _____. *Primitivism in 20th century art*: affinity of the tribal and the modern. New York: Museum of Modern Art, 1984. 2 v.

RUBINO, Silvana. Lúcio Costa e o patrimônio histórico e artístico nacional. *Revista da USP*, São Paulo, v. 53, p. 6-17, 2002.

SAHLINS, Marshall. Cosmologias do capitalismo: o setor transpacífico do "sistema mundial". *Religião e Sociedade*, Rio de Janeiro, v. 16, 1992.

SCHAMA, Simon. *Paisagem e memória*. São Paulo: Companhia das Letras, 1996.

SCHUTZ, Alfred; BRODERSER, Arvid. *Estudios sobre teoria social*. Buenos Aires: Amorrortu, 1974.

SCHWARTZ, Roberto. *Ao vencedor as batatas*. São Paulo: Duas Cidades, 1977.

SEPÚLVEDA, Myriam. Museu Imperial: a construção do Império pela República. In: ABREU, R.; CHAGAS, M. (Orgs.). *Memória e patrimônio*. Rio de Janeiro: DP&A, 2003.

_____. Museus brasileiros e política cultural. *Revista Brasileira de Ciências Sociais*, São Paulo, v. 19, n. 55, 2004.

SEVCENKO, Nicolau. *Orfeu extático na metrópole*: São Paulo, sociedade e cultura nos frementes anos 20. São Paulo: Companhia das Letras, 1998.

SEYFERTH, Giralda. Etnicidade, política e ascensão social: um exemplo teuto-brasileiro. *Mana*, Rio de Janeiro, v. 5, n. 2, 1999.

SIMMEL, G. A metrópole e a vida mental. In: VELHO, O. (Org.). *O fenômeno urbano*. Rio de Janeiro: Zahar, 1969.

_____. Como as formas sociais se mantêm. In: MORAES FILHO, Evaristo de (Org.). *Simmel*. São Paulo: Ática, 1983.

SÜSSEKIND, Flora. *O Brasil não é longe daqui*: o narrador, a viagem. 1. reimp. São Paulo: Companhia das Letras, 2000.

TOLEDO, Caio Navarro de. *Iseb*: fábrica de ideologias. Campinas: Unicamp, 1997.

TRABALHO combina estética e ação política. *O Estado de S. Paulo*, São Paulo, 22 abr. 1995. Caderno 2, p. D-5.

UM VELHO amigo: o bilionário americano fala de sua relação com o Brasil e diz que filantropia é um dever das empresas. *Veja*, São Paulo, 29 nov. 2006.

VALÉRY, Paul. O problema dos museus. *Revista do Patrimônio Histórico e Artístico Nacional*, Brasília, n. 31, p. 32-35, 2005.

VEBLEN, Thorstein. *A teoria da classe ociosa*. São Paulo: Abril Cultural, 1983.

VERÍSSIMO, Érico. *Gato preto em campo de neve*. São Paulo: Companhia das Letras, 2006.

VILLAS BÔAS, Glaucia. Evaristo de Moraes Filho e a maioridade dos trabalhadores brasileiros. *Revista Brasileira de Ciências Sociais*, São Paulo, v. 19, n. 55, 2004.

_____. *Mudança provocada*: passado e futuro no pensamento sociológico brasileiro. Rio de Janeiro: FGV, 2006b.

WALTER, Benjamin. *Charles Baudelaire*: um lírico no auge do capitalismo. São Paulo: Brasiliense, 1989. Obras escolhidas. v. 3.

WEBER, Max. Les concepts fondamentaux de la sociologie. In: _____. *Économie et societé*. Paris: Librairie Plon, 1995.

WEINREICH, H. *Lete*: arte e crítica do esquecimento. Rio de Janeiro: Civilização Brasileira, 2001.

YATES, F. *The art of memory*. London: Penguin Books, 1966.

ZÍLIO, Carlos. *A querela do Brasil*: a questão da identidade da arte brasileira: a obra de Tarsila, Di Cavalcanti e Portinari – 1922/1945. Rio de Janeiro: Funarte, 1982.

ZOLBERG, Vera. *Para uma sociologia das artes*. São Paulo: Senac, 2006.

Apêndice
Sobre Ulm

A comparação com o MoMA, o diagnóstico da diferença e a eterna suspeita de ser o MAM cópia e instituição inautêntica levam a buscar a justificativa de sua especificidade novamente alhures. A hipótese insistente de influências internacionais e o caráter universalista deliberadamente proposto pela instituição conduzem, de fato, a buscar outros caminhos possíveis de pesquisa e comparação. As constantes referências à escola de Ulm (Del Carmem Zílio, 1999; Nobre, 2006) e à inspiração que poderia ter proporcionado seu caráter didático conduzem, com efeito, a uma possível comparação que prefiro apenas apontar neste último momento. A escola de Ulm aparece como importante referência para o modo como o MAM carioca construiu seu modelo pedagógico.

Fundada em 1953, cinco anos depois da fundação do Museu de Arte Moderna do Rio de Janeiro, a Escola Superior da Forma, construída como instituição privada em Ulm, no sul da Alemanha, foi criada pela Fundação Geschwister-Scholl como parte do esforço de recuperação da Alemanha após a II Guerra Mundial. A fundação privada, concebida e dirigida por Inge Scholl-Aicher, foi instituída em homenagem a seus irmãos, Sophie e Hans Scholl, que durante a guerra haviam participado da resistência ao nacional-socialismo hitlerista e sido executados pelo regime nazista em 1943. Fundadores do grupo Weiße Rose, antimilitarista e notadamente cristão, os irmãos eram, então, escolhidos como símbolos da juventude alemã que se queria construir no futuro. O ideal político parece se ter revestido de ideais de reforma estética em 1952, quando Inge Scholl se casou com Otl Aicher, *designer* gráfico. Os dois, juntamente com Max Bill, fundariam a nova Escola Superior da Forma. A ideia do grau zero e da reconstrução alemã encontrava no *design* um meio de tomar materialidade.

Embora a escola de Ulm tenha sido fundada cinco anos depois do momento inicial de criação do MAM carioca, fato é que, talvez, as drásticas mudanças ocorridas no modelo pedagógico do museu no decorrer de seus primeiros anos de vida possam ser atribuídas ao contato estabelecido entre as duas instituições. De fato, não são poucos os registros da relação nesse período.

O modelo proposto por Max Bill aparece citado pela primeira vez na documentação do museu quando de sua visita ao Brasil em 1953. O boletim de julho daquele ano é praticamente todo dedicado ao trabalho do artista (*Boletim do Museu de Arte Moderna*, jul. 1953). A conferência e a palestra dadas no museu foram transcritas e publicadas, e um coquetel foi oferecido em sua homenagem.

Àquela altura, Max Bill já havia exposto e dado conferências em São Paulo, a convite de Pietro Maria Bardi, em 1950; já havia sido premiado na I Bienal de São Paulo em 1951, e uma de suas esculturas estampava a capa do catálogo da *Exposição permanente*, de 1953, do Museu de Arte Moderna do Rio de Janeiro. À época de sua visita ao museu, o boletim o apresentaria como "o famoso escultor modernista Max Bill" e o "homem que está tentando reconstruir a Bauhaus".[292] Seu nome contava com relativo prestígio, como atestam os ilustres comparecimentos ao coquetel organizado para recebê-lo. Segundo o boletim, ao evento

> compareceram, além de elementos do mundo artístico, críticos de arte, jornalistas, a alta sociedade carioca e paulista, elementos do mundo oficial, notando-se, entre outros, o vice-presidente Café Filho, o senador Marcondes Filho, vice-presidente do Senado, ministros João Neves da Fontoura, Horácio Láfer e Simões Filho.[293]

---

[292] *Boletim do Museu de Arte Moderna*, jul. 1953.
[293] Id.

Foi, contudo, à época de sua visita ao MAM e das conferências pronunciadas em 1953 que a ênfase pareceu recair sobre o projeto pedagógico da escola de Ulm, e que se pôde ver uma possível relação entre este e o projeto pedagógico da Escola Técnica de Criação do Museu de Arte Moderna do Rio de Janeiro (posteriormente Escola Superior de Desenho Industrial — Esdi). Nas duas conferências publicadas pelo *Boletim do Museu de Arte Moderna* de julho de 1953 não são poucas as referências à nova instituição alemã:

> Max Bill disse que outra pergunta que lhe fazem é sobre a criação da nova Bauhaus em Ulm. E conta a história. Fora convidado para sair de Munique e ir à Alemanha realizar duas conferências. Nesse país esteve em contato com elementos da resistência espiritual, que tinham fundado em Ulm uma escola, uma espécie de Escola Superior de Criação (artística naturalmente). Desses contatos resultou que Bill foi encarregado de fazer o projeto de uma nova escola nas bases da *Bauhaus*. Para esse fim está trabalhando, e o grupo também procura obter os fundos indispensáveis.[294]

Ao ler o primeiro trecho em que o boletim, transcrevendo a conferência de Max Bill, cita a nova escola de Ulm, algumas referências chamam imediatamente a atenção. Em primeiro lugar, o emprego da expressão "Escola Superior de Criação" traz, sem dúvida, elementos para reflexão. O termo, provavelmente traduzido do nome Hochschule für Gestaltung, como era designada a nascente escola de Ulm, dá indicações das apropriações que se dariam para constituir a escola do MAM.

A Hochschule für Gestaltung, numa tradução mais rigorosa, é correntemente denominada Escola Superior da Forma ou, se quisermos, "da Formação". Quis o tradutor, porém, ou o desavisado jornalista que documentava a conferência dada, ou mesmo Max Bill — que falava em francês — que a escola se chamasse Escola Superior de Criação. Anos mais tarde, ao descrever o novo projeto do prédio do museu no *Boletim do Museu de Arte Moderna* (jul. 1953) em homenagem à nova sede, Affonso Eduardo Reidy se referiria ao bloco escola

---

[294] *Boletim do Museu de Arte Moderna*, jul. 1953.

como lugar onde funcionaria a "Escola Técnica de Criação do MAM". E o nome seria usado para designar o projeto de Carmem Portinho para a escola do MAM, até que este se desvinculasse do museu para tornar-se autônomo, como Escola Superior de Desenho Industrial.

Não param, contudo, no nome as relações entre um e outro projeto. Na entrevista que se seguiu à conferência, transcrita pelo boletim à época de sua visita ao museu, Max Bill descreveria o projeto de Ulm. Diria ele:

> Essa escola é a continuação do Bauhaus, um pouco à maneira do avião a reação, que é a evolução do avião a hélice. Isto quer dizer que o princípio do voo permanece, e o princípio da energia se transforma um pouco.
>
> O Bauhaus baseava-se ainda sobre o princípio da aliança das artes e da arquitetura. Nós já sabemos, por experiência, que esta base não é suficiente. Acrescentamos, então, à formação profissional a formação da personalidade mesma do estudante, para garantir à sua atividade futura uma influência tão grande quanto possível, no domínio da cultura de nossa idade técnica. Esperamos que esta elite vá formar cursos, para criar, por toda parte do mundo, centros com o mesmo espírito da nossa escola de Ulm, que é uma escola para apenas uma pequena elite. Ela só comporta 150 alunos, que vêm de diversos países.
>
> As seções do plano de educação, que formam um círculo, são arquitetura, urbanismo, criação de objetos, criação visual, informação. A base dessas seções é um curso de formação fundamental, no qual o estudante adquire conhecimentos criativos no mais vasto plano. É impossível falar mais sobre essa questão, que atualmente é muito importante. Perderíamos muitos dias para dar explicações sobre os pontos do estatuto, o programa; eu poderia ter-me baseado sobre as experiências do Bauhaus de Gropius e sobre as experiências que eu próprio fiz. Entretanto, trabalhamos aqui durante três anos na elaboração dos estatutos da escola e ainda não paramos de modificá-lo.[295]

A evocação da Bauhaus, da função profissional e espiritual da escola, sua correspondência com a "idade técnica" são categorias

---

[295] *Boletim do Museu de Arte Moderna*, jul. 1953.

que estariam também na base de fundação do projeto da Escola Técnica de Criação do Museu de Arte de Moderna. A estreita relação entre a formação de artistas e a construção de um horizonte de futuro são elementos que possibilitaram o diálogo entre os dois projetos.

De um lado, em 1953 Max Bill falava na "formação da personalidade mesma do estudante, para garantir à sua atividade futura uma influência tão grande quanto possível, no domínio da cultura de nossa idade técnica". De outro lado, em 1958, falando da escola do MAM em seminário promovido pela Unesco, Flexa Ribeiro chamava a atenção para a ideia de "educação integral de indivíduos, para realizar um trabalho inovador nos dois sentidos: no domínio das comunicações visuais entre os homens e no terreno do equipamento material da vida moderna" (Flexa Ribeiro, 1959). Um e outro projeto pareciam certos de que a formação de profissionais, para uma estética que entrasse na vida de fato das pessoas, poderia ser responsável pela criação de uma nova sociedade.

De um lado, a escola de Max Bill encontrava na nova forma os caminhos de reconstrução da Alemanha no pós-guerra. O diagnóstico da crise e o desejo de reconstrução (*Wiederaufbau*) buscaram na pedagogia e na estética os caminhos possíveis de começar de novo (cf. Pechmann, 1951).

De outro lado, a escola do MAM, buscando superar o "quadro de subdesenvolvimento econômico e de atraso cultural"[296] em que se inseria o país, encontrava no museu e na educação artística as chaves para fazer um Brasil moderno. A ideia de tábula rasa se fazia mais uma vez presente, não para superar a destruição da guerra, mas as ausências de cultura e desenvolvimento então diagnosticadas.

Se a Hochschule für Gestaltung se construía sobre os escombros da guerra, o MAM se construía sobre o passado de uma natureza que agora era preciso domar (Sant'Anna, 2006b).

Uma e outra escola se construíam com vistas ao futuro e se ancoravam sobre financiamentos e esforços de expansão norte-americanos dos primeiros anos de Guerra Fria. De um lado, o MAM, sem grande apoio financeiro dos Estados Unidos, mas com o apoio

---

[296] *Boletim do Museu de Arte Moderna*, jul. 1953.

do MoMA, de que recebia o modelo no qual se basear; de outro, a escola de Ulm, sem apoio das mesmas instituições artísticas,[297] mas com investimentos diretos do Escritório Norte-Americano de Alto Comissariado para a Alemanha.[298] Ambos pareciam se enquadrar nos moldes de democracia e modernidade do novo capitalismo do pós-guerra. Voltados para a produção da arte industrial, apoiavam-se num sentido educacional universalista, que encontrava na forma plástica o sentido do entendimento.

Com efeito, muitas poderiam ser as semelhanças que explicariam a ênfase dada pelo MAM à formação de profissionais técnicos para estetização da vida. Que haja uma relação entre a Escola Superior de Desenho Industrial e a escola de Ulm é caso que já foi, em outras ocasiões, investigado (Nobre, 1999, 2006). Contudo, ao voltar à questão da formação das vanguardas no museu, pouca parece ser a relação entre Ulm, a Escola Técnica de Criação do MAM, orientadas para a formação de quadros profissionais para a indústria,[299] e o ateliê de Ivan Serpa, voltado para a formação de artistas para a experimentação.

Criados já em 1952, um ano antes da visita de Max Bill, os cursos livres do MAM voltavam-se, sobretudo, para a conquista de soluções estéticas e expressividade individuais. O discurso que lá se forjava, embora estivesse ligado aos conceitos universalistas da abstração geométrica, buscava neles um vocabulário gráfico para

---

[297] Na documentação do Museu de Arte Moderna de Nova York, a única referência a Max Bill ou à escola de Ulm é uma carta datada de 6 de julho de 1963. Trata-se de uma reposta a carta escrita por Max Bill a Alfred Barr Jr., informando-o de sua estadia em Nova York e de uma possível visita ao museu. Ao contrário da calorosa acolhida recebida no Rio de Janeiro, Max Bill encontraria, em resposta, carta de Marie Alexander, secretária, informando que Alfred Barr Jr. estaria deixando a cidade no mesmo dia da chegada do artista. Enviava ainda, em todo caso, um ingresso de admissão complementar, com o qual poderia entrar no museu em qualquer momento de sua conveniência. Para além dos desejos de uma visita satisfatória, não havia menção a qualquer tipo de recepção especialmente preparada para sua chegada. Ao que parecia, o museu sequer designara um funcionário para recebê-lo (cf. carta de Marie Alexander a Max Bill, 1963).
[298] Cf. cartas de Benjamin J. Buttenwieser a Inge Scholl (1950, 1951).
[299] Seminário de estudos da Unesco sobre a função educativa dos museus (1959).

a liberdade de experimentação. As aulas de Ivan Serpa, ainda que se tenham traduzido nas obras concretistas de muitos dos membros do Grupo Frente, ancoravam-se na ideia de formação livre e pessoal.

A ênfase conceitual de Max Bill na escola, no trabalho anônimo do artesão parece ter efetivamente recebido muito pouca adesão do projeto didático de Serpa. Liberdade de criação e expressividade parecem ser categorias cunhadas no léxico dos ateliês do museu carioca. Com efeito, para os artistas do concretismo carioca, o nome do artista suíço chegaria mesmo a tornar-se sinônimo de rigidez e dogmatismo. Em 1990, diria Aluísio Carvão:

> Tudo que não fosse cor primária, que não fosse Max Bill, era traição, especialmente para o pessoal de São Paulo, Cordeiro em particular. Este chegou a referir-se a mim como um surrealista, pelo simples fato de usar cores complementares. Ora, isso me parecia uma limitação; eu sempre reagi ao emprego unicamente das cores puras. Tinha minhas vivências e, às vezes, queria empregar um violeta intenso posto em confronto com um azul [Morais, 1982].

Assim, o ateliê livre permaneceria no museu por toda a década de 1950, sobrevivendo mesmo à autonomia conferida à Esdi em 1963. Marcava-se, então, a distinção entre os dois projetos. Embora sejam notáveis as referências a seu trabalho no projeto de formação de uma vanguarda concretista (Gullar, 1999; Pedrosa, 1998) e seu nome apareça na memória do movimento como importante influência,[300] pouca parece ter sido de fato a relação de Max Bill com a criação de uma escola de formação artística para a ruptura no MAM.

Embora esteja estreitamente ligado ao projeto de criação de uma escola de desenho industrial no museu, o projeto de Max Bill para a escola de Ulm em muito se distingue daquele que já vinha sendo executado pelo MAM. Não é por acaso que, ao deixar a guar-

---

[300] "Discutíamos — eu, Serpa, Almir Mavignier, Palatnick, Lygia Clark etc. — Mondrian, Max Bill, questões de espaço, cor, tempo. Eram discussões muito intensas, nas quais se cobravam, do outro, posições. Cheguei ao grupo por afinidades com as preocupações em torno de um novo espaço" (Carvão, 1990).

da do museu, o projeto da Esdi deixa de associar-se à instituição e passa a ser encampado, sobretudo, por Carmem Portinho.

Assim, ainda que ambos pertencessem aos projetos relativos aos primeiros anos do MAM, os "ateliês livres" e os cursos da "Escola Técnica de Criação" apareciam como modelos educacionais distintos. Por oposição a livres experimentos da criação artística, haveria de ser criada uma escola de profissionais. Ao aprendizado da técnica, que deveria se dar em âmbito universitário, desvinculado do fazer artístico, pareciam corresponder formações estanques de carreiras próprias, separadas das belas-artes, da arquitetura e também da engenharia.

A vocação didática do MAM, embora se tenha por vezes confundido com o projeto de fundação da Escola Técnica de Criação, parecia supor uma clara distinção entre a formação de artistas e a formação de técnicos. O museu concedia, assim, aos primeiros o espaço da vanguarda, e aos segundos reservava o lugar de uma estetização pragmática da vida.

Esta obra foi produzida nas
oficinas da Imos Gráfica e Editora na
cidade do Rio de Janeiro